Wissen in digitalen Netzwerken

D1670415

Robert Gutounig

Wissen in digitalen Netzwerken

Potenziale Neuer Medien
für Wissensprozesse

 Springer VS

Robert Gutounig
Fachhochschule Joanneum
Graz/Kapfenberg, Österreich

Zgl. Dissertation an der Universität Graz, Österreich, 2012

Gedruckt mit Unterstützung der Universität Graz

ISBN 978-3-658-02109-2   ISBN 978-3-658-02110-8 (eBook)
DOI 10.1007/978-3-658-02110-8

Die Deutsche Nationalbibliothek verzeichnet diese Publikation in der Deutschen Natio-
nalbibliografie; detaillierte bibliografische Daten sind im Internet über http://dnb.d-nb.de
abrufbar.

Springer VS
© Springer Fachmedien Wiesbaden 2015
Das Werk einschließlich aller seiner Teile ist urheberrechtlich geschützt. Jede Verwertung,
die nicht ausdrücklich vom Urheberrechtsgesetz zugelassen ist, bedarf der vorherigen Zu-
stimmung des Verlags. Das gilt insbesondere für Vervielfältigungen, Bearbeitungen, Über-
setzungen, Mikroverfilmungen und die Einspeicherung und Verarbeitung in elektronischen
Systemen.

Die Wiedergabe von Gebrauchsnamen, Handelsnamen, Warenbezeichnungen usw. in diesem Werk berechtigt auch ohne besondere Kennzeichnung nicht zu der Annahme, dass
solche Namen im Sinne der Warenzeichen- und Markenschutz-Gesetzgebung als frei zu betrachten wären und daher von jedermann benutzt werden dürften.

Gedruckt auf säurefreiem und chlorfrei gebleichtem Papier

Springer VS ist eine Marke von Springer DE. Springer DE ist Teil der Fachverlagsgruppe
Springer Science+Business Media.
www.springer-vs.de

Inhalt

Vorwort

Für zahlreiche kritische Diskussionen sowie für die Durchsicht von Vorstufen des Manuskripts danke ich Christian Vohl und Harald Schuster. Für alle verbliebenen Schwachstellen trage ich selbstverständlich alleine die Verantwortung. Für die ebenfalls stets anregenden und befruchtenden Gespräche zu den Themen dieser Arbeit danke ich Uwe Unterberger. Alle diese Dialoge waren für mich stets der Ansporn anders und weiter zu denken, als ich es allein je vermocht hätte. Uwe Unterberger schulde ich auch besonderen Dank für Unterstützung bei der Erstellung der für diese Arbeit entwickelten grafischen Darstellungen. Wertvolles Feedback zu Vorstufen dieser Arbeit haben auch Wolfgang Friedhuber und Michael Mühlmann geliefert. Einen Motivations- und Entwicklungsschub brachten die Diskussionen in den von Prof. Peter Baumgartner organisierten Forschungswerkstätten der Donau Universität Krems mit sich. Danken möchte ich auch meiner Familie, die mich bei meinen Vorhaben immer unterstützt hat.

Herrn Univ. Prof. Peter Payer danke ich für die Möglichkeit, dass ich Teile der Arbeit in seinem Seminar vortragen durfte sowie für die dabei erhaltenen Hinweise. Die TeilnehmerInnen der Seminare von Univ. Prof. Johann Götschl waren stets im Dienste der Sache bereit, meine Ansätze kritisch zu hinterfragen und gemeinsam weiterzuentwickeln. Die Ideen und Thesen Prof. Götschls, die mich seit meinen allerersten Studientagen an der Karl Franzens Universität Graz begleitet haben, haben nicht nur zur Entstehung der vorliegenden Arbeit wesentlich beigetragen. Vielmehr sind sie mir kritische Richtschnur, um Lebensprobleme in gleichsam rationaler wie menschlicher Form zu meistern. Dass dies keine Gegensätze sind, sondern dass vielmehr das dynamische Gleichgewicht von Kognition und Emotion die Realisierung der Potenziale des Menschseins bildet, hat er einer Vielzahl von Generationen von Studierenden vorgelebt – und tut dies unermüdlich bis heute.

1 Einleitung

Es lässt sich als zentrale Einsicht in unser Lebenszeitalter formulieren, dass die „Computergalaxis" die menschliche und außermenschliche Welt zu weiten Teilen in ein dynamisches Meganetz verwandelt hat, in Richtung eines „Daten-Information-Wissensorganismus" (Götschl 2012, 57). Informatisierung und Digitalisierung prägen in Form von zunehmender Durchdringung aller Lebensbereiche mit Informations- und Kommunikationstechnologien das Leben der BewohnerInnen der entwickelten Länder – und in rasch fortschreitendem Ausmaß auch von Schwellen- und Entwicklungsländern. Neu gegenüber vorangegangenen Lebenszeitaltern ist nicht die technologische Veränderung an sich, sondern sind die Charakteristika, dass sich (1) der Wandel ständig beschleunigt, (2) dass Technik alle Lebensbereiche erfasst und (3) die weltweite Verbreitung der Technik (vgl. Rapp 1993, 36). Daran knüpfen Menschen zahlreiche Hoffnungen, aber auch Befürchtungen: Wie wirkt sich dieser Prozess auf unser Selbstverständnis als Menschen aus? Löst sich die Privatheit auf? Können wir für die Zukunft ein optimistisches oder müssen wir ein pessimistisches Szenario annehmen? Sind der technologische Fortschritt und Ethik neu zueinander in Beziehung zu setzen? Diese und viele weitere ähnliche Fragestellungen sind Gegenstand anhaltender Debatten. Die gegenwärtigen Netzwerkmedien, die sich durch das Internet realisieren, haben einen großen Reflexionsbedarf ausgelöst, der die etablierten Theorien der öffentlichen Sphäre auf den Prüfstand stellt. Fragen der Verteilung von Wissen, der öffentlichen Meinungsbildung und neuer politischer Organisationsformen werden uns in Zukunft vermehrt beschäftigen. Neue Kulturen der Offenheit (*Open Everything)* und der Kooperation sind im Internet entstanden und breiten sich auf weitere Lebensbereiche aus. Schlagworte wie *Demokratisierung des Wissens* zeigen eine Veränderung an, die wir letztlich auch in politischen Veränderungsprozessen ablesen können: Wir bestimmen heute mehr mit denn je, die Abhängigkeit von etablierten Institutionen – seien es politische Parteien, Gewerkschaften, Verbände, weltanschauliche Gruppen etc. – sinkt zunehmend. Soziale Veränderungen passieren heute vielfach ohne deren Zutun, sie laufen den Veränderungen eher hinterher als dass sie diese selbst anstoßen. Diese Oberflächenbetrachtung gesellschaftlicher Phänomene soll uns hier lediglich als Ausgangspunkt dienen, nach den maßgeblichen Faktoren dieser Entwicklung zu fragen.

Das von Tim Berners Lee konzipierte World Wide Web erlebte seit Mitte der 1990er Jahre einen beispiellosen Aufstieg. Doch auch dies geschah nicht ganz ohne Rückschläge. Bereits im Jahr 2000 wurde durch das Platzen einer großen Spekulationsblase, der so genannten *Dotcom-Blase*, auch eine Finanzkrise ausgelöst. Ein Ereignis, das nicht auf die Börse und wirtschaftliche Prozesse allein beschränkt blieb. Zusammen mit dem vorläufigen Ende der hoffnungsvollen Zukunftsaussichten ging zunächst auch ein ungeheurer, von euphorischer Hoffnung in die neuen Technologien getragener Optimismus zu Ende, der die glorreiche Zukunft des *digitalen Zeitalters* gepriesen hatte. Die damit einhergehenden Veränderungen waren von Predigern der neuen Ära, wie z. B. Nicholas Negroponte, in aller Welt publikumswirksam verbreitet worden. Der Umgang des Menschen mit Wissen in einer *total digital* vernetzten Gesellschaft sollte laut diesen Prognosen einer grundsätzlichen Veränderung und Beschleunigung unterworfen sein (vgl. Negroponte 1996). Die Heilsversprechen der neuen Technologien nahmen mitunter überbordende Züge an, was für die wirtschaftliche Hochstimmung, wohl aber auch für deren jähes Ende mitverantwortlich war. In den Jahren nach dem Platzen der Dotcom-Blase wurde merklich weniger breitenwirksam über neue Zukunftstechnologien und ihre sozialen Implikationen berichtet. Die Ära der Berufsoptimisten und Utopisten schien erst einmal vorbei.

Innerhalb von technischen Umwälzungen und ihrer sozialen Wahrnehmung ist häufig eine interessante Verzerrung zu beobachten: Ein als *Amaras Gesetz* bekannt gewordenes Statement besagt, dass wir die kurzfristigen Auswirkungen von Technologien über- und die langfristigen unterschätzen.[1] Dies trifft m. E. auch auf die digitalen Netzwerkmedien zu, deren weitreichende Folgen wir trotz ihrer Allgegenwärtigkeit erst in ihren Umrissen erahnen können. Tatsache ist, dass das Internet und die damit synchron laufende Entwicklung der Informationstechnologien unser Leben und unseren Umgang mit Information und Wissen radikal verändert haben, ohne dass uns dies im Alltag immer bewusst wäre. Einige der Technologien arbeiten im Hintergrund und erleichtern unser Leben, indem Systeme intelligent verknüpft werden. Das *Internet of things* z. B. verknüpft nicht UserInnen, sondern Systeme und stellt so etwa den reibungslosen logistischen Support für unsere komplexe Welt bereit. Zum anderen wurde über die Einfachheit der Benutzeroberflächen der Siegeszug der mobilen Geräte angetreten, die wir fast ständig mit uns tragen. Am radikalsten wurde die Einfachheit an sich komplexer Systeme bei zahlreichen Produkten der Firma *Apple*[2] realisiert. Fast gleichzeitig entstanden auch immer mehr Internetanwendungen, die eine große Anzahl von UserInnen direkt miteinander vernetzen konnten und die heute als *Social Media* bekannt sind. Auch die kühnen wirtschaftlichen Prognosen der Boom-Jahre vor der Dotcom-Blase gelten - u.a. durch diese mobilen Technologien und die mit ihnen verknüpften Anwendungen - mittlerweile als erfüllt (vgl. Bundesverband Digitale Wirtschaft 2012, 7).

Für unsere Wissenskultur ist der Wandel hin zum digitalen Zeitalter zumindest ebenso bedeutend wie die Erfindung des Buchdrucks im 15. Jahrhundert. Wir konstruieren unser Wissen als vernetzte Individuen, wir organisieren Protest über *Neue Medien,* wir kommunizieren fast ohne Unterbrechung. Die dafür erforderliche Information holen wir uns selbst online, oft abseits von Bildungsinstitutionen. Dieser mediale Faktor ist in unserer Gesellschaft nicht mehr wegzudenken. Die *Edge-Frage 2010* an führende Intellektuelle, WissenschafterInnen und Künstlerinnen lautete daher nicht zufällig: „Wie hat das Internet Ihr Denken verändert?" (vgl.

---

1 Benannt nach dem Zukunftsforscher Roy Amara (vgl. PC Magazine 2012).
2 Hier besonders Geräte wie iPod, iPhone oder iPad.

Brockman 2011). Sie wird zwar unterschiedlich, jedoch von der überwiegenden Mehrzahl der befragten dahingehend beantwortet, dass das Internet einen bestimmenden Einfluss auf das gegenwärtige Denken habe. U.a. deshalb, weil es aufgrund seiner starken Vernetztheit emergente Phänomene hervorbringe (vgl. Goldenfeld 2011, 252 u. Kap. 5.1.1). In dieser Frage kristallisiert sich auch die Verbindung zwischen dem menschlichen Wissen und der Technik heraus. Diese Verbindung ist auch keinesfalls allein ein Zeichen der modernen wissenschaftlich-technologischen Gesellschaft. Der Mensch ist seit jeher das Wesen, das sich sowohl Wissen als auch Werkzeuge schafft und auf beides angewiesen ist (vgl. Mittelstraß 2000b, 29)

Die vorliegende Arbeit geht von der Überlegung aus, dass eine kritische Analyse der Phänomene unserer Zeit – der Wissensgesellschaft (vgl. Kap. 3.2) – dazu beiträgt, der Beantwortung dieser Fragen näher zu kommen. Wenn wir dem Motto folgen „Die beste Art die Zukunft vorauszusagen, ist die Zukunft zu erfinden"[3] kann sie auch mithelfen, eine solche wünschenswerte Umwelt mitzugestalten. Auch hält sie sich an die These Neil Postmans, „daß man den klarsten Einblick in eine Kultur gewinnt, indem man ihre Werkzeuge zum kommunikativen Austausch untersucht" (Postman 1985, 18). Die überwiegende Mehrheit dieser Werkzeuge sind gegenwärtig digitale Technologien. Als ein Teilbereich der Technik bilden sie einen der zentralen Bereiche menschlicher Schaffenskraft und Welterzeugung. Zu untersuchen, welchen Funktionsprinzipien sie unterworfen sind und wie wir kulturell damit umgehen, schaffen ein tieferes Verständnis und Orientierung für die Welt, in der wir leben.

Den engeren Kontext der vorliegenden Analysen bildet das Aufkommen der digitalen Netzwerkgesellschaft. Diese gestaltet sich in zahlreichen Facetten der menschlichen Existenz (Unterhaltung, Emotion,

---

3 Alan Kay zugeschrieben (vgl. Isaacson 2011, 95). Doch bereits Immanuel Kant wusste auf die Frage zu antworten, auf welche Weise der Gang der Geschichte zuverlässig vorauszusagen wäre: „Wenn der Wahrsager die Begebenheiten selber macht und veranstaltet, die er zum voraus verkündigt" (Kant 1917, 80).

Beziehung etc.) aus, wobei hier auf die Wissensorientierung fokussiert werden soll. Auch weitgehend parallel dazu aufkommende Phänomene wie z. B. das Wissensmanagement bilden thematische Schwerpunkte. Eine der zu untersuchenden Grundthesen ist, dass diese Phänomene einen tiefgreifenden Wandel in der Art und Weise mit sich bringen, wie wir mit Wissen umgehen und was dieses Wissen bewirkt. Ein Thema, das auch innerhalb der digitalen Wissensgesellschaft erst in den letzten Jahren bedeutender wurde und fast alle Teile der vorliegenden Arbeit explizit bzw. implizit durchzieht, ist *Offenheit*. Neue Kulturen der Offenheit sind im bzw. letztlich auch durch das Internet entstanden und lassen sich teilweise aus der wechselvollen Entwicklungsgeschichte informations-technologischer Netzwerkinfrastrukturen ableiten (vgl. Kelty 2009). Die Frage, wie sich sozio-kulturelle Systeme mit tendenziell größerer Offen-heit verhalten, stellt für mich eines der Kernthemen unserer Zeit dar und kann auch mithilfe systemtheoretischer Ansätze analysiert werden (s. Kap. 5.1.1.). Dies betrifft eben nicht nur die uns umgebenden Infor-mationssysteme, sondern auch die Frage, wie sich diese auf unsere Kultur, Sozialität, letztlich auf uns selbst als menschliche Wesen auswirken.

An eine Ethik im Zeitalter allumfassender Technisierung werden neben weiteren u.a. die Ansprüche erhoben, sich auf die „Probleme der Macht und des Wissens sowie der Kooperation und der pragmatischen Dringlichkeit" (Lenk 1993, 136) auszurichten. Einige Aspekte der genannten Punkte werden in mehreren Abschnitten der Arbeit the-matisiert. Im abschließenden Teil (Kap. 6.3) sollen die ethischen Potenziale Neuer Medien zumindest skizziert werden. Das Internet als gegen-wärtiges Paradigma eines tendenziell offenen Systems scheint sowohl Hoffnungen als auch Befürchtungen zu bestätigen. Beides ist möglich: Die Befreiung arabischer Völker von jahrhundertelanger Unterdrückung angefacht durch die modernen Netzwerkmedien als auch die Herstellung eines konspirativen Weltbildes und die Vorbereitung eines terroristischen Aktes, etwa durch den norwegischen Attentäter Anders Behring Breivik, dessen menschenverachtendes Manifest zahlreiche im Internet gefundene Versatzstücke enthält. Dieses nutze er auch, um sein hasserfülltes Weltbild zu verbreiten. Auch die Enthüllungen von Edward Snowden, die nahelegen, dass eine fast lückenlose geheimdienstliche Überwachung von Aktivitäten von UserInnen im World Wide Web möglich ist, werden hinsichtlich ihrer ethischen Bewertung kontrovers diskutiert. Diese Beispiele veranschaulichen zunächst nur eines: Technologie, Medien, im Grunde alle Systeme, die wir konstruieren sind letztlich Werkzeuge, die wir zum Wohl oder zum Leidwesen unserer Mitmenschen einsetzen können und die geeignet sind, sowohl das Gute als auch das Schlechte im Menschen zu verstärken. Dennoch besteht die Hoffnung, dass der Grad an Humanisierung des Menschen durch Netzwerktechnologien ihre negativen Potenziale übersteigt.

Dass die Themen Internetfreiheit und der freie Austausch von Wissen gesellschaftlich insgesamt an Relevanz gewinnen, zeigen z.B. in verschiedenen Ländern die Erfolge der Piratenpartei, die ebendies als Wahlprogrammatik anführt. Es wird interessant sein zu beobachten, ob sich die Idee der Offenheit auch zur Lösung sozialer Probleme in anderen Bereichen eignet. Einiges deutet darauf hin, dass wir Zeitzeugen eines Wandels sind, der sich durch die allumfassende digitale Vernetzung ergibt und nicht nur in der Lage ist bessere Informationen und bessere Software bereitzustellen, sondern eines Wandels, der unser kulturelles und intellektuelles Leben und in der Folge die Gesellschaft und Demokratie tiefgreifend zu verändern vermag (vgl. Bruns 2008, 34).

2 Ziele und Methoden

2.1 Fragestellungen und Ziele

Übergeordnetes Ziel der vorliegenden Arbeit ist die Analyse ausgewählter multifunktionaler Aspekte von Wissen unter den Bedingungen digitaler Vernetzung, die in unterschiedlichen Ausformungen die Wissensgesellschaft bestimmen. In gewisser Hinsicht – und selbstverständlich ohne Vollständigkeit anstreben zu wollen – handelt es sich um eine Re-Aktualisierung der von Jean-François Lyotard im Jahre 1979 aufgeworfenen Frage nach dem Zustand des Wissens in den postindustriellen Gesellschaften (vgl. Lyotard 1994), die sich in den vergangenen Jahrzehnten durch einen radikalen Wandel hin zu wissensbasierten Netzwerkgesellschaften entwickelt haben.

Zu den untersuchten Aspekten zählen Wissensprozesse (vgl. Kap. 3.4.2), die – unter der Voraussetzung einer interdisziplinären Zusammenschau von Ergebnissen verschiedener Forschungsrichtungen – auf ihre jeweiligen Systembedingungen untersucht werden können. Die Untersuchung dynamischer Wissensprozesse in digitalen Netzwerkstrukturen legt auch die sozialen, kulturellen und symbolischen Umwelten offen, unter denen neues Wissen generiert, distribuiert und angewandt wird. Mithilfe solcher Analysen lässt sich der Wissensprozess in netzwerkartigen Systemen besser verstehen und modellieren. Das Modell einer operationalen Erkenntnistheorie, welche die Handlung in den Prozess der Erkenntnisgewinnung integriert, zeigt die kritischen Punkte auf, an denen ein informationsverarbeitender Organismus beeinflusst werden kann. Insgesamt soll mittels einer transdisziplinären Herangehensweise ein Beitrag zur Wissensforschung im Zeitalter digitaler Netzwerkmedien geliefert werden.

Diese Arbeit möchte sich auch nicht dem Anwendungskontext entziehen, sodass schlussendlich geprüft werden soll, ob auch Handlungsempfehlungen und Implikationen für die Konzeption von wissensrelevanten Projekten (z. B. *Social Media*, Wissensmanagementsysteme u.Ä.) aus den theoretischen Modellen bzw. aus den Fallbeispielen abgeleitet werden können. Zu diesen wissensrelevanten Projekten zählen z. B. die Konzeption und Einrichtung von Wissenssystemen und Wissensplattformen mithilfe digitaler Hypermedien sowie Wissensmanagement-Projekte innerhalb von Organisationen. U.a. folgende Fragestellungen sollen in diesem Kontext beantwortet werden: Welche methodologischen Voraussetzungen müssen für die Analyse von Wissenssystemen vorhanden sein? Welche theoretischen Modelle eignen sich für die Analyse von Wissensnetzwerken? Welche Erklärungsmodelle lassen sich für das Handeln von AkteurInnen in digitalen Netzwerksystemen entwickeln?

Die o.a. Erklärungsmodelle werden anhand explorativer Analysen zweier Wissensnetzwerke – der Open-Source-Software-Produktion sowie der Online-Enzyklopädie Wikipedia[4] – zur Anwendung gebracht. In einem abschließenden Teil wird die Frage gestellt, welche sozialpolitischen bzw. ethischen Konsequenzen sich aus der netzwerkartigen Verknüpfung von WissenträgerInnen ergeben bzw. ergeben können. Am Ende soll zusammenfassend noch darauf Bezug genommen werden, welche Folgerungen sich daraus für die Gestaltung von wissensbasierten Systemen ableiten lassen. Als methodische Instrumente bei der Beantwortung dienen vor allem theoriegestützte qualitative sowie quantitative Analysen, Interpretation sowie theoretische Modellierung.

---

4 S. http://www.wikipedia.org.

2.2 Disziplinarität – Interdisziplinarität – Transdisziplinarität

2.2.1 Transdisziplinarität als wissenschaftliche Vorgehensweise

Aufgrund der Heterogenität der o.a. Fragestellungen und der Tatsache, dass eine Vielzahl von Phänomenbereichen (Mensch, Kultur, Technologie etc.) berührt wird, ist methodisch ein ausschließlich disziplinäres Vorgehen nicht zielführend. Generell ist es so, dass die „Probleme, die technische Kulturen, d. h. die modernen Industriegesellschaften, heute im überreichen Maße haben, (...) uns nicht den Gefallen [tun], sich als Probleme für disziplinäre Spezialisten zu definieren" (Mittelstraß 1987, 154f.). Daher ist für eine Vielzahl von sozialen Problemstellungen ein Untersuchungsdesign im Spannungsfeld zwischen (I) Disziplinarität, (II) Interdisziplinarität und (III) Transdisziplinarität kennzeichnend.

Von einer interdisziplinären Vorgehensweise (II) versprach man sich v. a. eine Überwindung der Erkenntnishemmungen, die durch die Entwicklung immer spezialisierter Einzeldisziplinen aufgetreten ist. Da man darunter aber meist die Zusammenarbeit verschiedener Disziplinen unter Wahrung der institutionellen Grenzen verstand (vgl. Mittelstraß 2010, 31), wurde bald klar, dass dieser Anspruch nur zum Erfolg geführt werden kann, wenn einer Einstellungsänderung auch entsprechende Änderungen an den Studiengängen folgen, wenn also auch interdisziplinär ausgebildet wird und die Chance besteht, dass sich neu entstandene Forschungsausrichtungen auch institutionell verorten können.

Diejenige Herangehensweise, die Phänomene anhand einer konkreten, lebensweltlich relevanten Fragestellung bearbeitet, wurde unter dem Begriff *Transdisziplinarität* (III) zusammengefasst. Im Kontext dieser Arbeit wird unter Transdisziplinarität der Versuch verstanden, anhand einer Problemorientierung die Grenzen der eigenen Disziplin mit dem Ziel der Erkenntniserweiterung zu überschreiten und sie unter Zuhilfenahme eines methodischen Rahmens zu synthetisieren. „Transdisziplinäre Forschung" ist nach Jürgen Mittelstraß Forschung, „die sich aus ihren dis-

19

ziplinären Grenzen löst, die ihre Probleme disziplinenunabhängig definiert und disziplinenunabhängig löst" (Mittelstraß 1998, 44). Transdisziplinarität „hebt die historischen Grenzen der Disziplinen und Fächer auf, [...] wo eine allein fachliche oder disziplinäre Definition von Problemlagen nicht möglich ist (...)" (Mittelstraß, 2000a, 39). Als Forschungsprinzip macht sie nicht an den Disziplinengrenzen halt, sondern verschiebt sie problemorientiert, wo ein Erklärungsgewinn zu erwarten ist. Wissenschaftliche Disziplinen lösen ihre Fragestellungen durch Analyse, d.h. durch Unterteilung von Untersuchungsphänomenen in bearbeitbare Einheiten. Insofern jedoch auch lebensweltliche – d.h. in der Regel hochkomplexe – Phänomene untersucht werden sollen, ist die Integration mehrerer disziplinärer Ansätze erforderlich. Transdisziplinäre Vorgangsweise ist daher auch die bevorzugte Form der Wissensproduktion im anwendungsorientierten *Mode 2* der Wissenschaft (vgl. Kap. 6.1.4), in welchem der Nutzungskontext das Untersuchungsdesign mit beeinflusst. Wissenschaft im Mode 2 kann auch nicht mehr direkt einer einzelnen Disziplin zugerechnet werden (vgl. Gibbons u.a. 1997, 27). Umgekehrt lässt die transdisziplinäre Arbeitsweise wiederum neue Wissenschaftsdisziplinen entstehen (z. B. Umweltsystemwissenschaften u.a.). Das Aufkommen der Transdisziplinarität wird auch mit den Entwicklungen der Wissensgesellschaft in Verbindung gebracht, die durch Komplexität, Hybridität, Nicht-Linearität und Reflexivität gekennzeichnet sind (vgl. Thompson Klein 1994 und Kap. 5.1.1).

Das Spannungsfeld zwischen den drei unterschiedlichen wissenschaftlichen Organisationsformen (I-III) ist jedoch auch durch Feedbackschleifen gekennzeichnet. Da erfolgreiche inter- bzw. transdisziplinäre Forschungsansätze die Tendenz zeigen, sich zu institutionalisieren, entstehen wiederum neue Disziplinen einschließlich ihrer institutionellen Manifestationen. Erste Ansätze für die im Kontext der vorliegenden Arbeit behandelten Problemstellungen (Mensch-Computer-Interaktion, Wissensprozesse sowie die Analyse Neuer Medien) finden sich außer in der Medienphilosophie in den jungen Forschungsrichtungen der *Science and Technology Studies*, der Internetforschung sowie im Wissensmanagement.

2.2.2 Die Rolle der Philosophie

Transdisziplinäre Ausbildungswege sind zumindest an Universitäten erst schrittweise im Entstehen, deshalb wird je nach akademischer Sozialisation eine disziplinäre Sichtweise – und nicht zuletzt auch eine disziplinär erworbene Qualifikation – bei der Wahl der Analysemethode bestimmender sein als eine andere. Als Ausgangspunkt nutzt daher selbst eine transdisziplinäre Herangehensweise zunächst meist den Ansatz der eigenen Disziplin (hier der Philosophie). Es ist jedoch nicht allein diesem Umstand geschuldet, dass im Kontext der vorliegenden Arbeit die Geistes- und Kulturwissenschaften für besonders geeignet gehalten werden, transdisziplinäre Forschungsaufgaben zu bewältigen. Tatsächlich findet sich ein Methoden- und Theorienpluralismus in den transdisziplinär ausgerichteten Kulturwissenschaften wieder (vgl. Feichtinger/Mitterbauer/Scherke 2004, 14). Aufgrund ihrer Ausrichtung auf kulturelle Phänomene, die per se dazu tendieren disziplinäre Grenzen zu sprengen, bieten die Kulturwissenschaften ein breites Spektrum methodischer Herangehensweisen an, die beispielsweise dazu dienen, kulturelle Praktiken mithilfe heuristischer Verfahren besser zu verstehen. Sie werden durch Einbeziehung von naturwissenschaftlichen und systemtheoretischen Denkfiguren zu einer Art „evolutionär-systemischer Geisteswissenschaft" (Götschl 2012, 58). Im Sinne eines „dynamischen Forschungsparadigmas" (vgl. Götschl 2005b, 3) wird jedenfalls großer Wert auf Analysen gelegt, die kognitive, soziale und technische Wissenschaften zusammenführen und Ergebnisse dieser Einzeldisziplinen in die Darstellung integrieren.

Erfolgreiche inter- und transdisziplinäre Arbeit richtet großes Augenmerk auf einen gemeinsam gebildeten und benutzten Begriffsrahmen, der Missverständnisse beim Gebrauch bestimmter Begriffe minimieren soll (vgl. Götschl 2010, 93). Dementsprechend entwickelt der erste Teil der Arbeit einen fächerübergreifenden Begriffsrahmen, insbesondere für den Wissensbegriff. In signifikantem Ausmaß greift diese Analyse auch auf empirische Daten zurück, die jedoch ohne Kontext und ohne Argumentationszusammenhang sinnleer bleiben (vgl. Kap 3.4.1.1).

Eben die Entwicklung eines theoretisch grundierten, intersubjektiv nachvollziehbaren Argumentationsrahmens kann man – wenn man möchte – als philosophischen Anteil dieser Arbeit sehen. Über die reine Begriffsarbeit hinaus kann die Philosophie durch Reflexion eine „Sicht unseres Selbst- und Weltverhältnisses im Großen und Ganzen" preisgeben (Kramer 2008, 340, Herv. i. O.). Sie tut dies jedoch nicht durch mysteriöse Wesensschau, sondern macht das innerhalb von einzelnen Fachdisziplinen Implizite explizit und thematisiert immer wieder Sachverhalte, die sonst einer kritischen Analyse verborgen geblieben wären. Philosophie kann – auch ohne selbst empirisch zu forschen – Sachverhalte synthetisieren, die bislang als unzusammenhängend betrachtet wurden und kann z. B. durch das Aufspüren struktureller Analogien auf Forschungsdisziplinen steuernd einwirken. Darüber hinaus bildet die philosophische Reflexion über Wissenschaften und Kulturphänomene immer auch ein beträchtliches Reservoir für Innovationen und ist ein potenzieller Produzent von Ideen und Hypothesen (vgl. Baumgartner/Höffe 2009, 305). Aus der Überschreitung – auch der philosophischen – Disziplinengrenzen

> „eröffnet sich angesichts der gegenüber den traditionellen Gesellschaften veränderten soziokulturellen Lage ein Aufgabenfeld, in dem die Philosophie exemplarisch ihre Kompetenz und Relevanz erproben kann, statt ihre Nutzlosigkeit oder auch ihre intangible Bedeutungslosigkeit bloß zu beteuern" (Baumgartner/Höffe 2009, 310).

Dies trifft sich mit der Forderung nach einer pragmatischen Philosophie, die praxisnah lebensweltliche Problemstellungen aufgreift (vgl. Lenk 2009, 328), einer Aufgabe, der sich die Philosophie durchaus immer wieder mit Erfolg gestellt hat. Als ein Beispiel dafür, das aus dem für die vorliegende Arbeit relevanten Bereich der Sozialphilosophie stammt, sei hier stellvertretend die Konzeption der politischen Öffentlichkeit bei Jürgen Habermas angeführt. Habermas arbeitet sowohl die Rolle politischer Foren (z. B. Salons und Tischgesellschaften) für die öffentliche Meinungsbildung in historischer Perspektive heraus (vgl. Habermas 1990, 90ff.) als auch die Bedeutung der Medienformen des 20. Jahrhunderts (Zeitungen, Radio, Fernsehen und kürzlich auch des Internets etc.) (vgl. Habermas 2006a, 103 u. Kap. 6.2.1).

22

2.3 Orientierungswissen

2.3.1 Orientierungswissen als Hilfestellung zur Problembewältigung

Die hohe Veränderungsdynamik unserer Zeit bringt auch den Wunsch vieler Menschen mit sich, eine besser begründete Orientierung zu erreichen. Nicht zuletzt intendiert die vorliegende Arbeit, den theoretischen Grundlagen zu beobachtender Entwicklungen nachzuspüren und sie durch reflexive Betrachtung als *Orientierungswissen* für die Wissensgesellschaft wiederzugeben. Orientierungswissen meint in diesem Zusammenhang zunächst den Versuch, gegenwärtige soziale Phänomene unter Einbeziehung größerer Kontextausschnitte und unter Zuhilfenahme transdisziplinärer Instrumente zur Darstellung zu bringen. Es soll dabei gerade nicht die kleinste noch analysierbare Einheit gesucht werden, sondern reflexiv jenen Entwicklungen nachgespürt werden, die eine Gesamtorientierung für Teilnehmende dieser Gesellschaftsformen ermöglichen. Auf Grundlage dieser holistischen Orientierung scheint es möglich, dass Geistes- und Kulturwissenschaften die Ausdifferenzierung von reversiblen und irreversiblen Faktoren des Kulturgeschehens bewältigen können (vgl. Götschl 1986, xix). Ein Aufgabenfeld desjenigen Typus von Geisteswissenschaften, die wie im vorliegenden Fall an der Schnittstelle zwischen Informationswissenschaft, Sozialwissenschaft und Kulturwissenschaft operieren, ist demnach die Bereitstellung desjenigen Orientierungswissens, das auch den zahlreichen Facetten des komplexen Mensch-Maschine-Verhältnisses gerecht wird. Analysen zu solchen bedürfnisorientierten und lebensweltlichen Fragestellungen können von den jeweiligen Einzelwissenschaften alleine aufgrund ihrer fachspezifischen und hochgradigen Differenzierung oft nicht mehr geleistet werden (vgl. Mittelstraß 1987, 155f). Ähnliches gilt für soziale Entscheidungsprozesse, die neben einer fachlichen Grundlage auch einer Orientierung in Bezug auf die Gesamtheit der symbolisch vermittelten Umwelt bedürfen. Der philosophischen Analyse

geht es dabei nicht allein darum, diese Zusammenhänge möglichst vollständig zu beschreiben, sondern sie fallweise auch – besonders im Hinblick auf ihre Konsequenzen – zu beurteilen.

Mitbestimmt wird Forschung im Bereich von Wissensprozessen in
digitalen Netzwerken (vgl. Kap. 3.4.2) immer auch von den technologischen Möglichkeiten, somit von Anwendungswissen, welches den
jeweiligen Stand des wissenschaftlichen Fortschritts sowie das jeweils
Machbare repräsentiert. In Unterscheidung dazu wird der hier
unternommene Zugang als ein Beitrag zum Orientierungswissen zu wer-
ten sein, der die systemischen Bedingungen gegenwärtiger Wissensproduktion mit erhöhter Sensibilität wahrnimmt und den inter- wie
transdisziplinären Versuch unternimmt, diese Phänomene unter Zuhilfenahme von Erkenntnissen verschiedener Wissenschaftsdisziplinen
darzustellen. Wissensprozesse realisieren sich zunehmend in Form von
dynamisierten und netzwerkartigen Verknüpfungen zwischen Akteur-
Innen, dies gilt in einer immer stärker digital vernetzten Welt mehr denn
je. Daher stellen neue und bessere Zugänge zur Analyse von Wissensnetzwerken ein Forschungsdesiderat dar (vgl. Kap. 4.1.2).

2.3.2 Orientierungswissen als Handlungsform

Der Stellenwert von Wissen in einer als Wissensgesellschaft titulierten
Epoche (vgl. Kap 3.2) scheint evident und legitimiert für sich genommen
bereits eine philosophische Reflexion. Eine solche möge aber nicht in einem Reflexionsprozess stehen bleiben, sondern sollte sich nach Möglichkeit auch die Frage nach einem Anwendungszusammenhang stellen. Eine
Anforderung an eine solche transdisziplinäre Untersuchung bildet daher
die Analyse gegenwärtiger Formen von Wissensprozessen unter Einbeziehung ihres Anwendungskontextes. Die Wissensgesellschaft kann ohne die
Produktivkraft Wissen nicht funktionieren, da dieses zum wesentlichen
Gestaltungsprinzip der sozio-dynamischen und technologischen Entwicklung geworden ist. Auch der Verwertungsprozess des Wissens (z. B. in
Form von Innovationen) kann nicht aufrechterhalten werden, ohne die

Systemeigenschaften und die Wirkmächtigkeit von Wissen zu untersuchen. Je nach eingestelltem Fokus handelt es sich dabei um die Frage nach der Anwendung von Wissen (im Wissensmanagement) oder auch der Frage der Implikationen eines freieren Wissenszugangs für sozio-dynamische Prozesse (s. Kap. 6.2).

Geistes- und Kulturwissenschaften im oben angeführten Sinne sind geeignet, dieser Herausforderung zu begegnen. Im Zeitalter postmoderner Begrifflichkeiten können sie dies natürlich nicht im Sinne von eindeutiger Sinnorientierung leisten. Die Pluralität von Deutungsangeboten wird zweifellos bestehen bleiben und sich nur graduell durch unterschiedliche Begründungsniveaus verschieben. Die Bereitstellung von Heils- und Erlösungswissen werden die Orientierungswissenschaften auch weiterhin anderen Anbietern am Markt überlassen müssen.

2.4 Resümee 1

Der Heuristik einer transdisziplinären Untersuchung kommt ein besonderer Stellenwert zu, da hier der Rahmen und die Problemlage (Ziele) sowie die methodischen Grundlagen expliziert werden. Dieser Rahmen wird einerseits durch die gegenwärtige Wissensgesellschaft gebildet, auf deren Charakteristika sowie auf die Bedeutung ihres Grundstoffs Wissen noch näher eingegangen wird (vgl. Kap. 3.2 und 3.4). Zum anderen ist durch die digitalen Netzwerke nicht nur die wesentliche Infrastruktur zur Wissensdistribution, sondern auch ein nicht zu unterschätzender Motor für neue Formen von Wissensgenerierung gegeben. Die ausgewählten Beispiele von Wissensprozessen (Wikipedia und Open-Source-Software), die einer näheren Analyse unterzogen werden, sind diesen Bereichen entnommen (vgl. Kap. 5.4 und 5.3). Um der Intention dieser Arbeit – einen Beitrag zur gegenwärtigen Wissensforschung zu leisten – näher zu kommen, ist eine begrifflich-epistemologische Analyse erforderlich, welche die oft sehr divergierende Verwendung der Terminologie in verschiedenen Bereichen dieser Forschung deutlicher strukturiert (s. Kap. 3).

Die vorliegende Untersuchung versteht sich als transdisziplinäres Projekt und versucht, die Ergebnisse aus verschiedenen Wissenschaftsbereichen zu synthetisieren. Transdisziplinarität kann jedoch nur im Kontext des Spannungsfeldes Disziplinarität und Interdisziplinarität einschließlich ihrer Wechselwirkungen gedacht werden. Während also das Untersuchungsdesign verlangt, die Grenzen der eigenen Disziplin – hier der Philosophie – zu überschreiten, kann auch die Frage gestellt werden, wie die Philosophie, hier vor allem verstanden im kulturwissenschaftlichen Kontext, sich verstärkt und mit erweitertem methodischen Rahmen ähnlichen Problemstellungen widmen könnte. Einer Aufgabe, die sie sich als universitäre Institution in Zeiten knapper Universitätsbudgets schon aus der Frage des Weiterbestands heraus stellen sollte. Da transdisziplinäre Fragestellungen zumeist durch konkrete Problemstellungen aus der Lebensumwelt charakterisiert sind, sollte aus diesen Forschungen zumindest teilweise auch anwendungsorientiertes Wissen gefolgert werden können. Diese Aufgabenstellung befindet sich im Übrigen im Trend der gegenwärtigen Wissenschaftsentwicklung des *Mode 2* (vgl. Kap. 6.1.4). Zahlreiche im Laufe dieser Arbeit erwähnte philosophische und kulturwissenschaftliche Forschungsarbeiten zeigen, dass ihre Fachbereiche eine transdisziplinäre Ausrichtung besitzen und einen wesentlichen Beitrag zum Wissenskanon der Gegenwart zu liefern imstande sind.

3 Wissen als Gegenstand der Forschung

Nicht nur die Weiterentwicklung, sondern auch die Reflexion über die Natur und Beschaffenheit von Wissen stehen seit Jahrtausenden im Blickpunkt des wissenschaftlichen Interesses. War es zunächst hauptsächlich die Philosophie, die sich mit der Frage „Was ist Wissen?" beschäftigte, so gesellen sich – v. a. seit dem 19. Jahrhundert – zunehmend andere traditionelle und neu entstandene Disziplinen hinzu, parallel zum technologischen Fortschritt, der durch den Ausbau des wissenschaftlichen Wissens erheblich befördert wurde. Zunächst soll daher das Forschungsgebiet beleuchtet und Disziplinen dargestellt werden, die für den Kontext dieser Untersuchung Relevanz besitzen.

3.1 Wissen in der philosophischen Tradition

Wissen als Desiderat philosophischer und wissenschaftlicher Tätigkeit im Allgemeinen hat eine Problemgeschichte, die bis in die Anfänge der Philosophie zurückführt. Hier sei lediglich auf einige ausgewählte Aspekte in der Erkenntnistheorie, der Wissensanalyse im Pragmatismus sowie der Diskurstheorie verwiesen, um den problemgeschichtlichen Rahmen der philosophischen Wissensanalyse zu skizzieren.[5]

Bereits einer der Anfangspunkte einer systematischen Reflexion über die menschliche Erkenntnis – die *Metaphysik* des Aristoteles – beginnt mit dem Satz: „Alle Menschen streben von Natur aus nach Wissen" (Aristoteles I 1, 980a 21). In *De anima* wird darüber hinaus Wissen auch als schön und in sich wertvoll dargestellt (Aristoteles I 1, 402a 1-4). Wir haben

---

5 Darüber hinaus existieren auch in der philosophischen Forschung selbstverständlich noch zahlreiche weitere Ansätze, nicht zuletzt die Wissenstypologien in der Wissenschaftstheorie.

es demgemäß mit einem Gegenstand zu tun, der eng mit den anthropologischen Grundbedingungen verknüpft ist und der auf den Menschen seit jeher große Faszination ausübt. Bis zur Gegenwart wurden mit Wissen verbundene Fragestellungen von PhilosophInnen, zunehmend aber auch von anderen Disziplinen (Psychologie, Linguistik u.a.) aufgeworfen: Was ist Wissen? Welche Kriterien müssen erfüllt sein, um von Wissen sprechen zu können? Welche Zustände im kognitiven Apparat sind kennzeichnend, wenn ein Mensch etwas weiß? In welchem Verhältnis steht Wissen zur Welt? In welcher Beziehung stehen die externe Welt, Wissen als kognitiver Zustand und Sprache? Kann Wissen nur sprachlich ausgedrückt werden? Falls es auch nicht-sprachliche Formen des Wissens gibt, wie werden sie in Sprache überführt? U.a.m.

Verschärft wurden diese Problembereiche noch einmal mit dem Aufkommen des Computerzeitalters: Kann man Wissen in binärem Code repräsentieren bzw. kann man Daten bzw. Informationen in einem Informationssystem als Wissen bezeichnen? Um der Beantwortung zumindest einiger dieser Fragestellungen näherzukommen, erfolgt zunächst ein kursorischer Rückgriff auf ausgewählte epistemologische Konzepte, die von Philosophen in den letzten 2500 Jahren entwickelt wurden.

3.1.1 Wissen als wahre gerechtfertigte Überzeugung

Eine der grundlegenden Konzeptionen von Wissen ist seit Platon die Charakterisierung als *wahre gerechtfertigte Überzeugung*. Wir können dann sagen, dass eine Person etwas *weiß*, wenn (1) eine Person von einer bestimmten Proposition (Aussage) selbst überzeugt ist, (2) der durch die Proposition ausgesagte Sachverhalt besteht, und (3) die Person durch rationale Gründe dazu bewogen wurde, davon überzeugt zu sein (vgl. Musgrave 1993, 2f). Bloß geratene oder z. B. durch übersinnliche Erfahrung gewonnene Erkenntnis kann nach dieser Definition daher nicht als Wissen gelten. Dahinter steckt der Anspruch, dass man nur von Wissen sprechen kann, wenn man es auch entsprechend begründen kann. Auch wohnt diesem

Wissensbegriff bereits ein pragmatischer sowie sozialer Aspekt inne, da Bedingung (3) dann als erfüllt gilt, wenn wir einen „guten Informanten" haben, dessen Aussagen wir gerechtfertigt folgen dürfen (vgl. Craig 1993, 42f). Fürderhin handelt es sich im Kern auch um einen repräsentationalen Wissensbegriff, da eine Entsprechung des ausgesagten Wissens mit außerhalb des wissenden Subjekts liegenden Sachverhalten erforderlich ist.

Im Wesentlichen sind dies die hinreichenden Bedingungen der klassischen Analyse des Wissens in der Philosophie, die bis 1963 weithin anerkannt waren. In diesem Jahr jedoch veröffentliche Edmund Gettier seinen Aufsatz „Is Justified True Belief Knowledge?" An der dort geäußerten Kritik am o.a. Wissensbegriff mühen sich seitdem ErkenntnistheoretikerInnen ab mit Versuchen, diesen zu verbessern (vgl. Beckermann 2001, 573). Das in mehrere Varianten existierende „Gettier-Problem" lässt sich folgendermaßen rephrasieren (vgl. Gettier 1963):

Wir nehmen Folgendes an:
a. A besitzt ein rotes Auto und parkt es hinter dem Haus seines Freundes B.
b. B sieht das Auto dort und A versichert ihm, dass es die Nacht über dort stehen würde.
B folgert daraus, nachdem er ins Haus zurückgekehrt ist:

*Hinter meinem Haus steht ein rotes Auto.

Inzwischen hat A jedoch unerwartet sein Auto entfernen müssen und ein anderes rotes Auto hat dort geparkt. Obwohl also die Bedingungen 1-3 erfüllt sind, können wir dennoch nicht sagen, dass B *weiß*, dass hinter dem Haus ein rotes Auto parkt. Auf die zahlreichen Lösungsversuche des Gettier-Problems sei hier lediglich verwiesen (vgl. Lycan 2006). Für die Erkenntnistheorie stellte dies jedoch einen herben Rückschlag und seitdem eines ihrer Hauptprobleme dar.

Im Rahmen der klassischen Erkenntnistheorie spielen pragmatische Argumente meist keine sehr große Rolle. Wir werden uns im Anschluss noch einer Wissensdefinition im Umfeld der pragmatischen Philosophie sowie später auch noch einer pragmatischen Wissensdefinition aus den anwendungsorientierten Feldern der Wissensforschung zuwenden (vgl. Kap. 3.4.1). Einen Schritt innerhalb der Erkenntnistheorie, der bereits in Richtung eines pragmatischen Auswegs weist, stellt die Untersuchung Edward Craigs in seinen Bayreuther Wittgenstein-Vorlesungen (1993) dar. Er unternimmt dies, indem er den o.a. Begriff des „guten Informanten" zentral setzt, den so problematischen Wissensbegriff in einen funktionalen Zusammenhang bringt und „auf einen für die Alltagspraxis lebensnotwendigen und damit auch unproblematischen und weniger anspruchsvollen Begriff zurückführt" (Anacker 2007, 365). Gute InformantInnen sollten auf die grundsätzliche Relevanz ihrer Informationen (ist z. B. die Information hinsichtlich meiner Frage relevant?) ebenso hin geprüft werden wie auf die kontextuelle Bedeutung des Wissens, dass ich in meiner spezifischen Situation benötige. Auch wenn nicht alle Bedingungen von Wissen überprüft vorliegen, kann etwa eine Wegauskunft auf diese Weise für mich zu relevantem Wissen werden. Da die Anspruchskriterien für Wissen in Lebenssituationen meist nicht vollständig erreicht werden können, genügt es, dass sie diese Kriterien teilweise erfüllen und sich für die Lebenspraxis als nützlich erweisen (vgl. Anacker 2007, 366). Die Güte solcher InformantInnen lässt sich graduell abstufen, auch was die Objektivität – hier als Neutralität verstanden – betrifft. Je größer die Neutralität, also je weiter die Auskunft eines Informanten von meinem Lebenskontext entfernt ist, desto neutraler und allgemeiner anwendbar ist sie (vgl. Anacker 2007, 366).

3.1.2 Die pragmatische Wissensauffassung in der Philosophie

Für den hier behandelten Kontext von Wissen scheinen insbesondere zwei philosophische Traditionen mit pragmatistischen Aspekten relevant: Einerseits der philosophische Pragmatismus selbst sowie andererseits die späte Sprachphilosophie Ludwig Wittgensteins. Beiden Ansätzen gemein-

sam ist, dass die Sinn– und Bedeutungshorizonte von Sprache und Sprech-
handlungen erst durch die soziale Praxis konstituiert werden (vgl. Keller
2007, 201ff).

Der philosophische Pragmatismus entstand im Amerika der 2. Hälfte
des 19. Jahrhunderts aus einem Diskussionszirkel, dem u.a. Charles
Sanders Peirce und William James angehörten. Das von ihnen entwickelte
philosophische Verfahren prüft unter Anwendung naturwissen-
schaftlicher und logisch-mathematischer Methoden Erkenntnisprozesse
hin auf ihre praktischen Folgen (vgl. Lorenz 1995, 325). Wahrheit wird
nicht mehr als Korrespondenz mit objektiver Realität verstanden, sondern
auf ihre praktische Nutzenanwendung gestützt (vgl. Schreiter 1990, 842).
Da alle Empfindungen durch das Bewusstsein gehen, wohnt der
Wirklichkeit einerseits ein subjektives Moment inne, andererseits wird
dieses konsensual wieder aufgebaut:

> „Was gemeinschaftlich geglaubt und als Glaube fixiert wird, soll das sein, was wir
> unter Realität zu verstehen haben. (...) Wir handeln aber nicht etwa als ob eine Sache
> real existieren würde, sondern indem wir glauben und der Gewohnheit entsprechend
> handeln, fixieren wir den Glauben und die Realität. So gesehen wäre etwas real, weil
> wir es glauben, und nicht umgekehrt" (Schreiter 1990, 845, Herv. i.O.).

Somit weist die pragmatistische Konzeption stark konsensuale und konstruktive Element auf, was sie in die Nähe des radikalen Konstruktivismus
und der *Kybernetik 2. Ordnung* (vgl. Kap. 3.4.1.2), aber auch einer Kohä-
renztheorie der Wahrheit rückt (vgl. Pape 2010, 2120). Selbst die wissenschaftlichen Methoden sind von dieser Konzeption nicht ausgenommen
und daher nicht statisch, sondern unterliegen einer dynamisch-evolutiven
Entwicklung. Diesen Prinzipien gemäß nehmen pragmatische Untersuchungen ihren Ausgang bei empirischen Phänomenen des Alltags (S.
Peirce) und orientieren sich stark am Modell der biologischen Evolution
(G.H. Mead) (vgl. Lorenz 1995, 326).

Ein zumindest verwandter Wissensbegriff findet sich in den
„Philosophischen Untersuchungen" Ludwig Wittgensteins. Er betont dort
die enge Verknüpfung der Ausdrücke „wissen" und „können" und legt so
die im Sprachgebrauch begründete pragmatische Verwendung des Wortes

offen: „Die Grammatik des Wortes ‚wissen' ist offenbar eng verwandt der Grammatik der Worte ‚können', ‚imstande sein'. Aber auch eng verwandt der des Wortes ‚verstehen' (Eine Technik ‚beherrschen'.)" (Wittgenstein 1995, 315). Eine Berufung auf einen mentalen Zustand oder eine Disposition ist demgemäß nicht erforderlich. Das „Wissen", das „Können" oder auch das „Verständnis" offenbart sich eben in der korrekten Ausführung, die zudem gesellschaftlich etabliert ist (vgl. Puhl 1998, 135). Unabhängig von der Ausführung ist es unsinnig von „wissen" oder „können" zu sprechen (vgl. Kap. 3.4.1). Dies hätte zur Folge, dass die Konzeption von Wissen in stark unterschiedlichen Gesellschaften auch stark voneinander abweichen kann. Zwar ist die o.a. Passage in den „Philosophischen Untersuchungen" in einen komplexen Argumentationsgang über Regelfolgen eingebunden, jedoch lassen sich, auch ohne darauf näher einzugehen, bei Wittgenstein deutliche Ähnlichkeiten sowohl zum Wissensbegriff im Pragmatismus als auch zu dem in den Praxisfeldern zumeist gebrauchten Wissensbegriff finden (vgl. Kap. 3.3).

3.1.3 Wissen im Machtdiskurs

Die Verknüpfung der eher erkenntnistheoretisch orientierten Fragestellungen mit den Formen sozialer Machtausübung erfolgte im 20. Jahrhundert u.a. durch die Arbeiten Michel Foucaults. Den theoretischen Rahmen für seine Untersuchungen bilden dabei gesellschaftliche *Diskurse*, die ein Konglomerat aus Denkmustern, Rollenbildern, Konventionen u.Ä. darstellen, die kommunikativ verbreitet werden (z. B. über die Massenmedien). Die diskursive Praxis führt letztendlich zur Herausbildung und Verfestigung von gültigem und relevantem Wissen:

> „Diese Menge von einer diskursiven Praxis regelmäßig gebildeten und für die Konstitution einer Wissenschaft unerläßlichen Elemente, obwohl sie nicht notwendig dazu bestimmt sind, sie zu veranlassen, kann man Wissen nennen" (Foucault 1973, 259).

Die Diskurse bilden Versuche, „verbindliche Wissens– und Praxisordnungen in sozialen Kollektiven zu institutionalisieren" (Keller 2007, 199). Die

Institutionen, die sich die Definitionsmacht über das Wissen aneignen (Wissenschaft, ExpertInnen), produzieren Wahrheiten und Wahrheitsspiele, die Produkte wissensförmiger Praktiken sind. Sie formen damit das Denken und Handeln der Mitmenschen, welche die Institutionen und ihre Hervorbringungen ihrerseits legitimieren (vgl. Krassmann 2007, 287). Diskursanalyse ist keine spezifische *Forschungsmethode*, sondern eher eine *Forschungsperspektive* auf als Diskurse aufgefasste Phänomene (vgl. Keller 2007, 200). Letztere können sich in Texten, Kommunikationshandlungen, Praktiken manifestieren, jedoch ebenso in dominanten Forschungsrichtungen oder Institutionen.

Foucaults Analyse folgend dient Wissen – im Gegensatz zur aufklärerischen Maxime – weniger dazu, den Freiheitsspielraum des Individuums zu erhöhen. Es stellt vielmehr ein Mittel dar, die Kontrollfunktion über soziale Gruppen zu erhöhen (vgl. Giddens 1999, 13). Das Wissen entfaltet sich erst in der Praxis, ist somit zugleich praktisches Wissen (vgl. Krassmann 2007, 282) und weist damit in diesem Punkt Ähnlichkeiten zur Auffassung Wittgensteins auf (vgl. Kap. 3.1.2). Eine saubere Trennung in *Begründungs- und Entdeckungszusammenhang*, wie sie noch von Hans Reichenbach vertreten wurde, lässt sich hier nicht mehr ziehen. Ersterer meint eine rationale Nachkonstruktion des Erkenntnisvorgangs und wird von letzterem, der die psychologischen und sogar subjektiven Faktoren der Wissenschaftsausübung beinhaltet, konzeptuell scharf getrennt (vgl. Reichenbach 1983, 3). Bei Foucault jedoch bilden Wissensgenerierung und Formen der zweckgeleiteten Wissensanwendung eine Einheit.

Sinnbildlich schildert er dies anhand der Untersuchung von Jeremy Benthams „Panoptikon", einem Gefängnistyp, der jederzeit die volle und uneingeschränkte Kontrolle der Wärter über die Insassen ermöglicht: Jeder Häftling kann von einer zentralen Stelle aus gesehen werden, ohne selbst die Wächter oder die Mitgefangenen sehen zu können. Es handelt sich zwar nicht um eine Form der totalitären Überwachung, da die Gefängnisanlage als solche demokratisch kontrolliert wird (vgl. Taureck

1997, 96), dennoch wird sie zur Belehrung und Disziplinierung eingesetzt. Das Panoptikon dient als Modell moderner Modellierungsinstitutionen,

> „es kann ein Mischsystem konstituieren, in welchem sich die Macht- (und Wissens-)beziehungen genauestens und bis ins Detail in die zu kontrollierenden Prozesse einpassen; es kann eine direkte Beziehung zwischen der Machtsteigerung und der Produktionssteigerung herstellen" (vgl. Foucault 1977, 265).

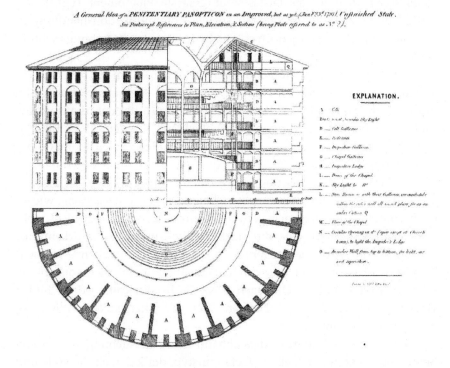

Abbildung 1: Panopticon (Bentham 1843, 172–d)

Durch die Herausstellung der Tatsache, dass der Utilitarist Bentham der maßgebliche Theoretiker des Panoptikons war, zeigt Foucault zugleich auch die subtile Verknüpfung von Macht und Wissen auf (vgl. Taureck 1997, 96f.). Die Einrichtung bedarf einer genauen und wissenschaftlichen

Konzeption und Planung und ermöglicht in Folge weitgehende Kontrolle der in ihr befindlichen Insassen. Sie wird damit zum Symbol der neuzeitlichen, wissenschaftlich fundierten Form der Machtausübung. Die Disziplinarinstitutionen haben sich seit dem 18. Jahrhundert vervielfältigt, die durch sie ausgespannten Netze sind dichter geworden. Es lässt sich berechtigterweise die Frage stellen, ob die (vernetzte) Informationstechnologie diese Entwicklung noch beschleunigt hat. Viele der Kritikpunkte, die an Überwachungsgesellschaften geübt werden, treffen auch auf die durch die Informationsgesellschaften eingeführten Kontrollinstrumente zu. An vielen Stellen wirken Wissensmanagementmaßnahmen, die stark von Informations- und Kommunikationstechnologien dominiert sind, an verstärkten Kontrollmechanismen über das Verhalten der MitarbeiterInnen (vgl. Schneider 2006, 33) mit. In Form von technologischem Verfügungswissen wird den Menschen ein bestimmtes Handlungs- und Denkmuster vorgegeben. In dieser Arbeit werden jedoch weniger solchen Bedrohungsszenarien durch Überwachungsinstrumente, sondern stärker der Analyse der durch die digitalen Technologien hervorgerufenen Möglichkeiten zur Konzentration bzw. die Gefahrenpotenziale durch Vorenthaltung (Monopolisierung) von Wissen Aufmerksamkeit geschenkt werden. Der letzteren Fragestellung, die v. a. durch die Analysen Jean-François Lyotards aufgeworfen wurde, ist eine kritische Lektüre im Lichte gegenwärtiger Entwicklungen gewidmet (vgl. Kap. 6.1.1).

3.2 Wissensgesellschaften

Auf die zahlreichen Arbeiten zur Wissensgesellschaft sei hier lediglich verwiesen (vgl. z. B. UNESCO 2005). In den übergeordneten Zügen wird übereinstimmend ein neuer Gesellschaftstyp geortet, der wechselweise als „Informationsgesellschaft" (Naisbitt 1986 24ff. u. Masuda 1983) oder „Wissensgesellschaft" (Stehr 2001, 89) beschrieben wird, wobei erstere Bezeichnung in weiter zurückliegenden Untersuchungen zu dominieren scheint (vgl. z. B. Sveiby/Lloyd 1990, 5). In den darauf folgenden Jahren wird dieser jedoch zunehmend durch „Wissensgesellschaft" verdrängt. Während die Informationsgesellschaft stärker auf die technologische Komponente fokussiert scheint, bildet die Wissensgesellschaft einen breiteren Ansatz, der soziale, ethische und politische Aspekte miteinschließt (vgl. UNESCO 2005, 17). Es lässt sich von einer Wissensgesellschaft sprechen, wenn

> „die Strukturen und Prozesse der materiellen und symbolischen Reproduktion einer Gesellschaft so von wissensabhängigen Operationen durchdrungen sind, dass Informationsverarbeitung, symbolische Analyse und Expertensysteme gegenüber anderen Faktoren der Reproduktion vorrangig werden" (Willke 2001a, 291).

Trotz heftig diskutierter Abgrenzungsproblematik eignet sich der Begriff *Wissensgesellschaft* zur Charakterisierung von gegenwärtigen sozialen und speziell von *Wissensprozessen* (vgl. Kap. 3.4.2). Im Folgenden sollen darunter soziale Gemeinschaften einschließlich der sie umgebenden Rahmenbedingungen (z. B. Kommunikationsinfrastruktur etc.) verstanden werden, die ihr vornehmliches Interesse auf Generierung (Forschung, Innovation etc.), Distribution und Anwendung von Wissen legen und dessen Bedeutung für die kulturelle und wirtschaftliche Entwicklung selbst hoch einschätzen. Dementsprechend gut entwickelt sind in Wissensgesellschaften die Bildungssysteme (vor allem im Bereich tertiärer Bildung) und der Anteil wissensbasierter Produktion und Dienstleistungen an der Gesamtwertschöpfung (vgl. Willke 2001a, 296ff). Dies drückt sich nicht zuletzt im Anteil der arbeitenden Bevölkerung an wissensintensiven Dienstleistungen (ca. 80%) sowie am historisch höchsten Anteil von ForscherInnen an der Gesamtbevölkerung aus (vgl. Aschenbrenner 2004, 65). Spezifischere Indikatoren, wie z. B. das Wissen über die Wissensgesellschaft sind bislang noch nicht entwickelt worden (vgl. Evers/Gerke/Schweißhelm 2004, 9f.). Es ist daher nicht verwunderlich, dass in Untersuchungen zum Entwicklungsgrad von Wissensgesellschaften zumeist doch nur infrastrukturelle Faktoren verglichen werden, z. B. die Anzahl der Personal Computer bzw. die Anzahl der Internetzugänge gemessen an der Gesamtbevölkerung (vgl. Evers/Gerke/Schweißhelm 2004, 9f. bzw. Deutsche Gesellschaft für die Vereinten Nationen 2010, 245ff.). Wenn damit auch der umfassende

Anspruch der Wissensgesellschaft keineswegs eingelöst ist, hat die Verbindung zwischen Informationstechnologie und Wissen doch ihre Berechtigung. Einerseits wird in dieser Arbeit auf die vielfältigen Zusammenhänge zwischen Information und Wissen noch näher eingegangen (vgl. Kap. 3.4), andererseits hat – eingebettet in den größeren Kontext der Globalisierung – doch vor allem die Computerisierung die Tendenz hin zur Wissensgesellschaft wesentlich verstärkt. Dieser Trend ist vor allem durch Ausbreitung neuer Informationstechnologien und die zunehmende Zahl von Computernetzwerken charakterisiert (vgl. Stewart 1998, 23f), weshalb auch vom digitalen Zeitalter gesprochen wird. Einen differenzierteren, multifaktoriellen Ansatz stellt der Knowledge Index (KI) sowie der Knowledge Economy Index (KEI) dar, die insgesamt 109 Indikatoren in ihren Index mit einbeziehen, darunter die Bereiche Wirtschaft, Innovation, Bildungssystem und Informations- und Kommunikationstechnologien (vgl. World Bank 2012).

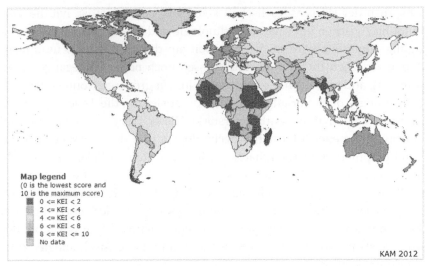

Abbildung 2: Knowledge Assessment Methodology 2012 (Quelle: World Bank 2012)

Der Blickwinkel der Wissensperspektive steht bei der Mehrzahl der o.a. Ansätze wie auch in der vorliegenden Arbeit im Fokus: „Wenn wir also die neue Gesellschaft beschreiben, die wir entwickeln, ist es sinnvoll, sie in Begriffen des Wissens zu deuten" (Sveiby 1998, 50). Analog zur Analyse der Begriffe Information und Wissen (vgl. Kap. 3.4) kann auch die Wissensgesellschaft als der umfassendere Begriff interpretiert werden, der denjenigen der Informationsgesellschaft miteinschließt.

3.2.1 Sozio-ökonomische Aspekte von Wissensgesellschaften

Auch auf sozio-ökonomischer sowie sozio-politischer Ebene lassen sich diese Entwicklungen verfolgen. Gemäß den o.a. Indizes KI und KEI stellen gegenwärtig die skandinavischen Staaten Dänemark und Schweden die am höchsten entwickelten Wissensgesellschaften dar. Innovationsorientierte Staaten, deren Wirtschaftspolitik eine schnelle Umsetzung zulässt wie z. B. Singapur vollziehen den Wandel bewusst und unterwerfen sich einem Transformationsprozess zu einer *knowledge economy*. Darunter ist ein Wirtschaftsgefüge zu verstehen, das durch verstärkte Handels- und Investitionsströme, neue Produktionsformen und intensivierten Finanztransfer gekennzeichnet ist sowie hohe qualitative Ansprüche an die personelle und materielle Infrastruktur stellt und dessen Wertschöpfung stark auf der Basis von Wissen beruht (vgl. Blazek 1999). Wissen wird so zum zentralen Wettbewerbsvorteil dieser Wirtschaft und gewinnt gegenüber den klassischen Produktionsfaktoren zunehmend an Bedeutung (vgl. Kap. 3.3). Besonders wichtig beim organisatorischen Aufbau dieser hochentwickelten Wirtschaft ist eine gut ausgebaute Kommunikationsinfrastruktur, welche leistungsstarke Möglichkeiten zum Austausch und zur Ansammlung von Informationen bietet. In diesem Gesellschaftstyp sind immer mehr Menschen damit beschäftigt, Informationen in Wissen umzuwandeln, d.h. zu internalisieren. Lebensweltliche Beispiele dafür sind die zahlreichen Angebote an höherer Bildung, Berufliche Weiterbildung, E-Learning u.a.m. Andererseits wird das persönliche Wissen in Form von Informationen zugänglich gemacht, d.h. externalisiert (vgl. Sveiby 1998, 122 und Kap. 3.4.1.3). Dies betrifft zahlreiche Bereiche der Dienstleistungsbranche wie BeraterInnen, ForscherInnen, PR-Fachleute u.a.m. Andere asiatische Staaten wie Malaysia und Indonesien sind dem Beispiel Singapurs auf dem Weg in diese gesellschaftliche Entwicklung gefolgt (vgl. Evers/Gerke/Schweißhelm 2004).

3.2.1.1 Wissensorientierung der Europäischen Union

Nicht zuletzt hat auch die Europäische Union im Zuge ihrer strategischen Entwicklung die Devise „Wachstum durch Wissen" als eines der prioritären Ziele festgelegt und die wissensbasierten sowie kreativwirtschaftlichen Industriezweige als Hauptsäulen für Beschäftigung und Wirtschaftsdynamik anerkannt. Eine Förderung des menschlichen Talents als strategisches Schlüsselinstrument wird ebenso als notwendig erachtet wie „soziale, wirtschaftliche und rechtliche Rahmenbedingungen [...] in denen

Forschung, Kreativität und Innovation florieren können" (Projekt Europa 2030, 21). Auf Ebene der Politiken ist dies durch den Versuch bemerkbar, die drei Seiten des knowledge triangle (Wissen – Bildung – Innovation) zu verbinden (vgl. Rodrigues 2007, 4).

Die starke Ausrichtung auf wissensbasierte Produkte und Services war auch schon Teil der so genannten „Lissabon-Agenda". Diese sah vor, den Raum der Europäischen Union bis 2010 zum „wettbewerbsfähigsten und dynamischsten wissensbasierten Wirtschaftsraum der Welt zu machen" (vgl. Bewertung der Lissabon-Strategie 2010, 2). Ein Ziel, das als klar gescheitert angesehen werden kann. Eher wird ein Rückfall Europas hinter die asiatische Innovationsleistung befürchtet (vgl. Projekt Europa 2030, 21). Dennoch wird die eindeutig wissensorientierte Schwerpunktsetzung auf Forschung & Entwicklung (F&E), Innovation und Arbeitskräfte als grundsätzlich richtig angesehen (vgl. Bewertung der Lissabon-Strategie 2010, 4) und inhaltlich in der Agenda „Europa 2020" weitergeführt. Neben ökologischen und wachstumsorientierten Zielen, ist dort die Entwicklung einer auf Innovation und Wissen gestützten Wirtschaft eine der Hauptprioritäten (vgl. Europa 2020, 5). Inhaltlich wird darunter u.a.

> „eine erhöhte Qualität unseres Bildungssystems, die Steigerung unserer Forschungsleistungen, die Förderung von Innovation und Wissenstransfer innerhalb der Union, die Ausschöpfung des Potenzials der Informations- und Kommunikationstechnologien" (Europa 2020, 14)

verstanden. Gerade im letzteren Bereich – der digitalen Gesellschaft – ortet die Europäische Union einen Nachholbedarf, v. a. was die Online-Wissensverbreitung, das Hochgeschwindigkeitsinternet und den Online-Handel betrifft (vgl. Europa 2020, 15). Diese Politiken wurden im Juni 2010 vom Europäischen Rat beschlossen und werden seither von der Europäischen Kommission im Detail ausgearbeitet und auf Fortschritte überprüft.

3.2.1.2 Wissensorientierung am Fallbeispiel Steiermark

Als ein Beispiel, wie eine Wissensgesellschaft auch regional entwickelt werden kann, kann das österreichische Bundesland Steiermark herangezogen werden. Die Region war in der 2. Hälfte des 20. Jahrhunderts durch grundstofflastige Industrie dominiert und erlebte deren Höhen, zunehmend aber auch deren Tiefen – v. a. hohe Arbeitslosigkeit in den 1980er Jahren – mit. Ab den 1990er Jahren erfolgte verstärkt der Umbau zu einer Technologie- und Innovationsregion (vgl. Wachstum durch Innovation 2011, 4). Angestrebt wird für den Zeitraum bis 2020 die Weiterentwicklung zu „einer wissensbasierten Produktionsgesellschaft mit wachsenden Service-Anteilen" sowie die Etablierung als „Benchmark für intelligenten Wandel hin zu einer wissensbasierten Produktionsgesellschaft" (vgl. Wachstum durch Innovation 2011, 9;17). Der Verbindung von Technologiebetrieben und Kreativwirtschaft wird dabei besonderes Augenmerk geschenkt.[6] Als Schlüsselfaktoren für die Zielerreichung werden folgende Faktoren angesehen (Wachstum durch Innovation 2011, 13):

- Verbesserung und weitere Systematisierung der Ankoppelung von Unternehmen an die Forschungs- und Wissenslandschaft,
- Erhöhung der wirtschaftlichen Verwertung der „Wissensbasis" zur Steigerung der regionalen Wertschöpfung sowie
- Steigerung der Zahl an qualifizierten MitarbeiterInnen

Auch wird – abgeleitet von der digitalen Agenda der Europäischen Union (vgl. Europa 2020, 16f.) – die Bedeutung des Zugang zu hochwertiger Kommunikationsinfrastruktur als „enabling"-Technologien betont (vgl. Wachstum durch Innovation 2011, 29). Organisationen sollen – z. B. durch strategische Weiterbildungsmaßnahmen – zu lernenden Organisationen entwickelt werden, die über ein Kompetenz- und Wissensmanagement

---

6 Dies wird auch in speziellen Förderungsprogrammen unterstützt, z. B. Erlebniswelt Wirtschaft (s. http://www.erlebniswelt-wirtschaft.at/).

verfügen (vgl. Wachstum durch Innovation 2011, 36). Das Innovationssystem einschließlich der Bereiche Bildung, Wissenschaft und Energie soll eng verzahnt sein, um zu einer wissensbasierten Produktionsgesellschaft zu werden.

Insgesamt ist die Wissensorientierung sowie Innovationsorientierung der Strategie klar erkennbar. Einige Makroindikatoren für die Steiermark zeigen an, dass die Ausrichtung mittelfristig erfolgreich ist. So ist der für die wirtschaftliche Weiterentwicklung wichtige Wert der F&E-Ausgaben[7] gemessen am Bruttoinlandsprodukt bis 2009 auf 4,3% angestiegen (Vergleich Österreich 2,7%) (Wirtschaftsbericht Steiermark 2013). Damit wird auch die von der Lissabon-Agenda geforderte Quote von 3% deutlich überschritten.

3.3 Wissen im ökonomischen Kontext

Wie an den Beispielen der Wissensgesellschaften bereits ersichtlich, wird Wissen immer stärker in einem sozio-ökonomischen Rahmen wahrgenommen. Dies erfolgt nicht ausschließlich auf makroökonomischer Ebene, sondern auch im Bereich der Unternehmen selbst, wo Wissen in den letzten Jahrzehnten als vierter Produktionsfaktor neben den bekannten Produktionsfaktoren Land, Kapital und Arbeit etabliert wurde (vgl. Stewart 1998).[8] Tatsächlich lässt sich die Bedeutung von „nützlichem Wissen", das sich häufig in Form von neuen Technologien verkörpert (vgl. Mokyr 2002, 2ff), als die wesentliche Grundlage für das ökonomische Wachstum Europas seit dem 18. Jahrhundert ausmachen (vgl. Mokyr 2002, 297).

---

7 Vgl. die Argumentation bei Berger (2006).
8 Im Übrigen ein Umstand, den bereits Karl Marx erkannt hat, worauf Lyotard in seiner hellsichtigen Analyse „Das postmoderne Wissen" hinweist (vgl. Lyotard 1986, 24f.). Selbst Johannes Paul II. hat diesem Paradigmenwechsel 1991 in der Enzyklika Centesimus Annus Rechnung getragen: „Aber besonders in der heutigen Zeit gibt es noch eine andere Form von Eigentum, der keine geringere Bedeutung als dem Besitz der Erde zukommt: Es ist das der Besitz von Wissen, von Technik und von Können. Der Reichtum der Industrienationen beruht zu einem viel größeren Teil auf dieser Art des Eigentums als auf dem der natürlichen Ressourcen" (Paulus 1991).

Es ist evident, dass die Wissensbasierung für ökonomische Prozesse im 20. Jahrhundert noch weiter an Bedeutung zugenommen hat. Auf einer solchen Veränderung der Kräfteverhältnisse zugunsten des Wissens und der daraus resultierenden Produktivität, die aufgrund seiner Eigenschaften stets individuell verankert ist (vgl. Kap. 3.4.1), basiert beispielsweise Peter F. Druckers einflussreiche Analyse des Aufkommens des Wissensarbeiters im 20. Jahrhundert (vgl. Drucker 2005, 189ff). In einem noch weiter elaborierten Modell meint Wissensarbeit Tätigkeiten,

> „die dadurch gekennzeichnet sind, dass das erforderliche Wissen nicht [nur] einmal im Leben durch Erfahrung, Initiation, Lehre, Fachausbildung oder Professionalisierung erworben und dann angewendet wird. Vielmehr erfordert Wissensarbeit im hier gemeinten Sinn, dass das relevante Wissen (1) kontinuierlich revidiert, (2) permanent als verbesserungsfähig angesehen, und (3) prinzipiell nicht als Wahrheit, sondern als Ressource betrachtet wird und (4) untrennbar mit Nichtwissen gekoppelt ist (...)" (Willke 2001a, 4).

Dadurch, dass diese Ressource durch Qualifikation individuell verankert ist, bedeutet dies für WissensarbeiterInnen, dass sie auch als Individuen in einem größeren Ausmaß über die notwendigen Produktionsmittel verfügen als noch vor einigen Jahrzehnten. Betont wird hier außerdem neben dem pragmatischen Charakter des in Frage stehenden Wissens auch dessen dynamischer, spiralförmiger Charakter (vgl. Kap. 3.4.2), der sich durch die hier im Zentrum der Analyse stehenden Formen von Social Media zusätzlich verstärkt hat und den Alltag von zahlreichen WissensarbeiterInnen prägt (vgl. Kap. 4.1.1).

Die wirtschaftlichen Wachstumspotenziale liegen heute weniger in einer Steigerung von physischer Leistung und Produktion, sondern in der Effizienz und Geschwindigkeit der Verbreitung von Information und Wissen, wobei die digitalen Netzwerkmedien einen positiven Katalysator für diese Entwicklung bilden. In diesem Kontext wird dem so entstandenen Wissen auch ein Warencharakter zugeschrieben, der vorwiegend mit der Bedeutung von wissensbasierten Dienstleistungen in der Wissensgesellschaft legitimiert wird: „Wir kaufen und verkaufen

Wissen" (Stewart 1998, 8). Gemeint ist dabei neben den reinen Informationsdienstleistungen - deren Warenwert ist in Zeiten des Internets zugunsten automatisiert aggregierter bzw. von UserInnen selbst zusammengestellter Information sogar tendenziell eher im Sinken begriffen -, v. a. das Angebot von Know-how durch die WissensarbeiterInnen selbst. Realisiert wird die „Wissensökonomie" meist durch dienstleistungsorientierte Unternehmen, die das Wissen ihrer MitarbeiterInnen in immaterielle Leistungen übersetzen. Als Beispiele können hier die in den letzten Jahrzehnten stark an Bedeutung gewinnenden Branchen Unternehmensberatung, Datenverarbeitung, Wirtschaftsprüfung etc. herangezogen werden (vgl. Willke 2001a, 137ff). Nicht zuletzt wird Wissen in Form von Patenten, Technologien, Fertigungstechniken, externalisiertes Erfahrungswissen u.Ä. materialisiert. Diese Liste ließe sich mittlerweile beinahe beliebig um Beispiele aus weiteren Branchen (Gesundheit, öffentlicher Dienst u.a.m.) erweitern.

3.3.1 Wissensmanagement

Im Kontext des *Wissensmanagements* wird Wissen nicht nur im Hinblick auf seinen theoretischen Erkenntnisgehalt sowie seine praktischen Handlungskonsequenzen untersucht, sondern auch in einen betriebswirtschaftlichen bzw. funktionalen Verwertungszusammenhang gestellt. Dies kann als ein weiterer Hinweis darauf gelten, dass neue Relationen zwischen Begründungs- und Entdeckungszusammenhang entstehen, indem die Wissensproduktion bereits im Kern funktionalisiert wird. Wissen soll als Produktivkraft in Organisationen einen Beitrag zum Organisationsziel beisteuern. Gerade vor dem Hintergrund des bereits erwähnten annähernd exponentiellen Anstiegs des Wissensbestandes entsteht eine beständige Nachfrage nach Techniken und Methoden, um Wissen einerseits „beherrschbar" und andererseits produktiv werden zu lassen. Wissen wird dadurch zunehmend instrumentalisiert, in einen Funktionszusammenhang gestellt, und als Managementobjekt gehandelt. Der Unübersichtlichkeit des heutigen Wissens soll damit entgegengewirkt werden. Dies bedeutet auch, dass Wissensmanagement dazu beiträgt, Komplexitäten zu reduzieren (bzw. fallweise auch zu erhöhen, vgl. Kap 5.2).

Die Disziplin Wissensmanagement selbst ist ein „Hybrid aus Praxiserfahrung und Theorieentwicklung" (Willke 2001a, 58), der vor allem vor dem Hintergrund der Computerisierung in den 1990er Jahren einen rasanten Aufschwung erlebt hat und nach einigen Krisenerscheinungen in die Phase der Konsolidierung und Institutionalisierung eingetreten ist (vgl. Reinmann/Mandl 2010, 1049f.). Da es sich bei Wissensmanagement um ein Konglomerat aus verschiedenen Ansätzen und Disziplinen handelt – somit um eine Querschnittsdisziplin – kann sie auch als Beispiel für einen transdisziplinären Ansatz dienen, der sich durch wissenschaftliche Forschung als Disziplin etabliert hat (vgl. Kap. 2.2). Durch die Heterogenität der involvierten Ansätze (Organisationssoziologie, Informatik, Psychologie u.a.m.) herrscht jedoch oft weitgehende Uneinigkeit über die Begriffsbestimmung, Methoden und selbst den Gegenstand. Als Fach steht Wissensmanagement auch stark im Spannungsfeld zwischen den Anwendungswissen und Orientierungswissen. Einerseits verlangt die ökonomische Ausrichtung leicht umsetzbare – d.h. in der Regel auch monetarisierbare – Instrumente, andererseits soll in Organisationen nachhaltig eine Verankerung der Bedeutung von Wissen erfolgen. Während Handbücher für die Praxis den Begriff als „Gestaltung von Rahmenbedingungen und Prozessen einer Organisation unter besonderer Berücksichtigung des Produktionsfaktors Wissen" (Gutounig u.a. 2007a, 13) definieren und die Kriterien der Effizienz und Effektivität in den Vordergrund rücken, wird in dieser Arbeit Wissensmanagement in einem weiteren Sinne v. a. als Aufgabe von Individuen, Organisationen bzw. Gemeinschaften verstanden, mit ihren immateriellen Ressourcen in einer effektiven und nachhaltigen Weise umzugehen. In beiden Begriffsbestimmungen sind jedenfalls Interventionen auf der technischen, organisationalen und mentalen Ebene enthalten.

Die Methoden des Wissensmanagements lassen sich auf unterschiedliche Phänomenbereiche anwenden. V.a. für die folgenden drei Ebenen bietet es Lösungsansätze:

- Individuelles Wissensmanagement
- Organisationales Wissensmanagement
- Regionales Wissensmanagement

Während individuelles Wissensmanagement direkt am Wissenspotenzial des einzelnen Menschen ansetzt, hat das organisationale Wissensmanagement den betriebswirtschaftlichen Organisationsrahmen im Blickfeld. Regionales Wissensmanagement versucht, die Wissensprozesse im Hinblick auf eine vorteilhafte Entwicklung von Regionen hin zu steuern und „Lernende Regionen" zu schaffen (vgl. Kap. 3.2.1.2). Diese drei Perspektiven konvergieren in großem Ausmaß in ihrer Zielsetzung Organisationen effektiver und effizienter zu machen bzw. die Wertschöpfung von Unternehmen zu erhöhen.

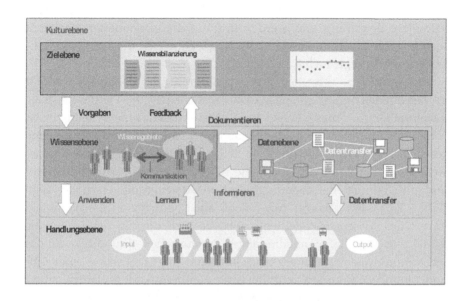

Abbildung 3: Basismodell des Wissensmanagements (Gutounig u.a. 2007)

Fassen lassen sich die mit Wissensmanagement verbundenen Aufgaben am ehesten, indem man die damit verknüpften Bereiche als Ebenen darstellt. Das Basismodell des Wissensmanagements (vgl. Abbildung 3) versucht dies, indem die Bereiche Handlungs-, Wissens-, Daten- und Zielebene getrennt dargestellt, jedoch deren Wechselwirkungen anschaulich gemacht werden (vgl. Gutounig u.a. 2007, 20f). Basierend auf seiner Eigenschaft als Querschnittsdisziplin integriert sich Wissensmanagement in bestehende Managementdisziplinen (z. B. Qualitätsmanagement, Personalmanagement etc.) und hebt jeweils die Wissensaspekte in diesen Bereichen stärker hervor. Wissensmanagement soll die Anschlussfähigkeit des vorhandenen Wissens sicherstellen bzw. darauf aufbauend neues Wissen generieren (insbesondere Innovationen). Damit zusammenhängend wird auch Innovationsmanagement zunehmend unter der Berücksichtigung von Wissensaspekten gestaltet (vgl. Winkler u.a. 2007, 47ff). Besonders das regionale Innovationssystem und dessen Schnittstellen verdienen dabei besondere Beachtung und werden in innovationsorientierten Regionen auch in zahlreichen Initiativen (z. B. Netzwerktreffen der Innovationsakteure) gestärkt (vgl. auch Kap. 3.2.1.2).

Diese Ansätze verstehen sich v. a. aufgrund der hohen Komplexität der betroffenen organisationalen bzw. regionalen Systeme in der Regel als systemische. Auf diese Weise wird Wissensmanagement heute meist verbunden mit der Frage der Steuerung komplexer sozialer Systeme gesehen (vgl. Willke 2001a, 69). Die Möglichkeit der hierarchischen Steuerung komplexer Sozialsysteme wird dabei meist kritisch beurteilt und in Richtung Selbststeuerung und Kontextsteuerung verschoben (vgl. Willke 2001a, 92). Dies ist zunehmend auch bei neueren Erscheinungsformen des Wissensmanagements zu beobachten, die folgerichtig über die Gestaltung von Rahmenbedingungen hinausgehen und direkt in das Innovationssystem hineinwirken. Dies kann die Etablierung einer Off- und Online-Community mithilfe einer Kommunikationsplattform und Netzwerktreffen (z. B. Plattform Wissensmanagement[9]) sein oder die Vorbereitung von Barcamps (vgl. Kap. 5.5), die ihrerseits wiederum ihrer TeilnehmerInnen zu einem guten Teil über Social Media (vgl. Kap. 4.1.1) rekrutieren. Es lässt sich mittlerweile eine starke Konvergenz zwischen Web 2.0[10] und Wissensmanagement beobachten (vgl. Stocker/Tochtermann 2010, 2). Letzteres ist daher unter dem Einfluss von Social Media daher neu zu denken, wobei ausgewählte Instrumente und Organisationsformen dieser neuartigen Wissensprozesse in dieser Arbeit analysiert werden. Wie sich das Basismodell des Wissensmanagements unter dieser Beeinflussung von Social Media entwickelt, soll später analysiert werden (vgl. Kap. 4.1.1).

---

9 S. http://www.pwm.at
10 Die Begriffe Social Media und Web 2.0 werden hier annähernd gleichbedeutend gebraucht. Für eine genauere Unterscheidung s. Kap. 4.1.1.

48

Exkurs: Information overload und Hypertelie

Eine scheinbar paradoxe Folge der Beschleunigung der Informationsübertragung durch digitale Netzwerksysteme stellt ein Übermaß von Information für ebenjene Entscheidungs- und HandlungsträgerInnen in Organisationen dar, für die diese Systeme gerade geschaffen wurden. Dieses Phänomen konstatierte John Naisbitt bereits in den frühen achtziger Jahren des vorigen Jahrhunderts und brachte es auf den Punkt: „Wir ertrinken in Informationen, aber hungern nach Wissen" (Naisbitt 1986, 41). Die Bewältigung dieser Informationsüberflutung bzw. Information overload - in Form kontinuierlich auf das Individuum einströmenden Informationen - wird vielfach als subjektiv belastend empfunden (vgl. Reinmann-Rothmeier/Mandl 2000, 70). Das Überangebot kombiniert mit der Ubiquität des Zugangs kann daher negative Effekte mitbringen, die ursprünglich nicht intendiert waren. Jean Baudrillard analysiert dies anhand seines Begriffes der Hypertelie. Diese dient als Metapher für „Prozesse, die zu ihrem Ende gekommen und zugleich über dieses Ende hinausgelaufen sind" (Baudrillard 1994, 12). Der Mensch ist durch die auf ihn einströmenden Kommunikationskanäle überinformiert, wobei zu viel Information die gleiche Wirkung hat wie zu wenig Information, denn um zu selektieren benötigt man wiederum Zeit. Das Paradox des Informationszeitalters lautet daher: „Es fehlt die Zeit für genaue Informationen" (Baudrillard 1994, 16). Der Traum der Automatisierung (und Informatisierung), für die Menschen mehr Freizeit zu schaffen, hat sich in das Gegenteil verkehrt. Indem WissensarbeiterInnen überall Zugang zu digitalen Netzwerkmedien haben, sind sie auch überall arbeitsfähig. Indem sie in der klassischen Dichotomie von Arbeit und Freizeit die Arbeitszeit potenziell verabsolutieren, haben sie sich nach Baudrillard als chronophag erwiesen, die handelnden Subjekte sind zu Geiseln der Information geworden.

Ein Zuviel an Kommunikation raubt Organisationen Veränderungs- und Innovationskraft. Sowohl der Menge an übermittelter Information als auch den Kommunikationstechnologien scheint gleichsam ambivalent eine Verzögerung eingeschrieben. Das verfügbare Überangebot an Informationen scheint die Qualität von Entscheidungen nicht mehr zu verbessern, sondern im Gegenteil zu schmälern. Eine mögliche Gefährdung unserer Gesellschaft könnte daher darin bestehen, dass mehr informations- statt wissensbasierter Entscheidungen getroffen werden. D.h., dass zu wenig auf die Kontextualisierung von Information geachtet wird. Während Information heute über die Datennetze inflationär zur Verfügung steht, ist die Einbettung in ein System von Relevanzen für ein System von vorrangiger Bedeutung, um von handlungsrelevantem Wissen sprechen zu können (vgl. Kap. 3.4.1.2). Naisbitt hat erkannt, dass Informationstechnologie einen wichtigen Beitrag dazu leisten kann, „Ordnung in das Chaos der Informationsüberschwemmung" (Naisbitt 1986, 41) zu bringen, jedoch wird der Blick heute über den rein technologischen Aspekt hinaus gewagt. Wissensmanagement als transdisziplinäre Querschnittsdisziplin versucht über die Gestaltung von Informationssystemen hinaus die z.T. paradoxen Effekte vernetzter Gesellschaften, wie z. B. die Informationsüberflutung, durch Bereitstellung von handlungsrelevantem Wissen zu vermeiden. Voraussetzung für den Erfolg eines solchen Unterfangens ist ein besseres Verständnis von Wissen, als dasjenige, das wir bereits entwickelt haben. Deshalb wird später ein Blick auf die verschiedenen Formen geworfen, in denen Wissen auftreten kann (vgl. Kap. 3.4).

3.3.2 Immaterielle Vermögenswerte

Das in Unternehmen zum Erzielen von Wettbewerbsvorteilen vorhandene Wissen wird auch hinsichtlich seiner ökonomischen bzw. bilanztechnischen Bewertung bedeutsam:

> „Wissen wird zu Vermögen, wenn es systematisiert wird, wenn es eine schlüssige Form annimmt, z. B. in Form einer Adreßliste, einer Datei oder einer Prozeßbeschreibung: wenn es eine Form erhält, die beschreibbar, nutzbar und teilbar ist. Intellektuelles Kapital ist eine Ansammlung nützlichen Wissens" (Stewart 1998, 77).

Während klassische Vermögenswerte wie Anlagen, Maschinen und Finanzbeteiligungen in Unternehmensbilanzen ausgewiesen werden, existierten bis vor kurzem kaum Kriterien, wie das Wissenspotenzial dargestellt werden kann. Bei Produktionszweigen wie der Softwareindustrie, deren größtes Kapital die Fähigkeiten ihrer MitarbeiterInnen ist, erscheint diese Diskrepanz offensichtlich. Doch auch anlagenintensive Industrieunternehmen steigern kontinuierlich den wissensbasierten Anteil ihrer Produktion. So überstieg im Jahre 1991 die Summe der Investitionsausgaben für Informations- und Kommunikationstechnologie in den USA erstmals die Summe der Investitionen für klassische Produktionstechnologien. Seit damals „investierten Unternehmen also mehr in das Sammeln, Verarbeiten, Analysieren und Verbreiten von Information, als für Maschinen" (Stewart 1998, 37). Der Dienstleistungssektor, der traditionell wissensbasiert ist, überholte im Jahre 1995 im Hinblick auf die Zahl der Unternehmen erstmals den Industriesektor in den USA (vgl. Sveiby 1998a, 42). Letztlich sind alle Unternehmen, wenn auch in unterschiedlichem Ausmaße, wissensbasiert. Sie erwirtschaften einen Teil ihrer Erträge durch Verarbeitung von Wissen.

Durch die wachsende Bedeutung immaterieller Vermögenswerte entstand begreiflicherweise auch der Wunsch der Unternehmen, dieses Kapital anschaulich zu machen und einem Wissenscontrollingprozess zu unterziehen. Gerade wissensbasierte Unternehmen haben größtes Interesse das kreative Potenzial, das in ihnen schlummert, auch beziffern zu können. Es besteht einerseits in der Kompetenz der MitarbeiterInnen, aus internen Strukturen (Patenten, Konzepten etc.) und externen Strukturen (z. B. Kundenbeziehungen oder dem Image des Unternehmens) (vgl. Sveiby 1998, 28f). Ein einfacher Indikator in diesem Bereich, um Wissenskapital zu quantifizieren, ist die Differenz zwischen dem (meist börsennotierten) Marktwert eines Unternehmens und dem offiziellen Eigenkapitalwert zu berechnen (vgl. Abbildung 4). Dem Phänomen, dass in Aufschwungzeiten der Börsenwert von bestimmten Unternehmen ein Vielfaches des Eigenkapitals ausmacht, war einer der Ausgangspunkte dafür, auch im Unternehmenskontext immaterielle

Vermögenswerte zu fokussieren (vgl. Sveiby 1998a, 20ff). Der Börsenwert wird dabei als Marktbewertung des Eigenkapitals gesehen und der Gap zwischen den Kapitalsorten wird von manchen AutorInnen als die „Beurteilung der zukünftigen Ertragskraft des Unternehmens" (Sveiby 1998a, 25) bzw. als das Wissenspotenzial der Organisation interpretiert.

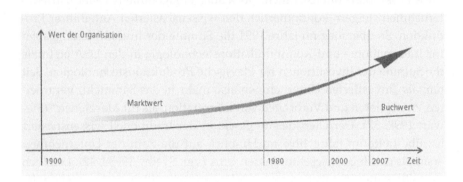

Abbildung 4: Entkoppelung von Buchwert und Marktwert (Winkler u.a. 2007)

Dieser Wert ist zwar einfach zu ermitteln, ist jedoch andererseits – wie leidgeplagte AnlegerInnen in Krisenzeiten immer wieder erfahren – stark konjunkturabhängig. Andererseits gibt er dem Management auch keinerlei Hinweise darauf, wie strategisch zu verfahren sei. Ein anderer Ansatz, wie er etwa von stark innovationsorientierten Unternehmen wie Hewlett Packard oder 3M verfolgt wird, ist, den Umsatzanteil von neuen Produkten zu berechnen und so die Bedeutung von Innovationen für die Firma anschaulich zu machen oder Kompetenzmodelle, die MitarbeiterInnen nach ihrem Anteil an den erzielten Betriebsergebnissen bewerten und auf diese Weise versuchen, ihr intellektuelles Kapital auch in monetären Einheiten anschaulich zu machen.

Eine andere Methode ein wissensbasiertes Unternehmen zu charakterisieren, ist, sich seine Ausgaben für Forschung und Entwicklung (F&E)

anzusehen. Sind die Ausgaben für diesen Bereich größer als für Investitionsgüter, so kann man vom Übergang eines produzierenden zu einem „denkenden" Unternehmen sprechen (vgl. Sveiby 1998, 42). Dies schlägt sich letztendlich auch in der Rendite nieder. Frank Lichtenberg hat errechnet, dass die Rendite bei Investitionen in F&E durchschnittlich sieben Mal höher ist, als eine Investition in eine neue Maschine für den Produktionsprozess (vgl. Lichtenberg 1993, 26). Für Unternehmen ist Wissensorganisation kein Selbstzweck. Wissen sollte einen Vermögenswert darstellen, der letztlich die Gesamtperformance des Unternehmens positiv beeinflusst.

Dennoch sind die meisten dieser Ansätze unbefriedigend, da sie allein auf finanzielle Messgrößen abzielen, was Karl Sveiby als Nachwirkung des Industriezeitalters sieht (vgl. Sveiby 1998, 221). Eine Annäherung besteht etwa in der Mischung von finanziellen (z. B. Wertschöpfung) als auch nichtfinanziellen Kennzahlen. Doch die Kritik an der Messbarkeit ist auch grundlegender und berührt Charakteristika von Wissen, auf die noch näher eingegangen werden soll (vgl. Kap. 3.4.1). V. a. die Ausbreitung von Wissenscontrolling auf gemeinnützige Organisationen wie z. B. Universitäten hat zu Einwänden hinsichtlich der Messbarkeit geführt. In Österreich sind Universitäten verpflichtet eine Wissensbilanz zu erstellen und dem Wissenschaftsministerium vorzulegen.[11] Kritisiert wird an der damit verbundenen Messbarkeitsvorstellung akademischer Forschungsleistung u.a. das Fehlen einheitlicher Evaluationskriterien ebenso wie deren normative Wirkung. Die Festlegung von Indizes wie z. B. Publikationshäufigkeit, Science Citation Index, Anzahl der Projektanträge als Leistungskriterien, wird durch Verhaltenssteuerung eine Steigerung der diesbezüglichen Outputs erreichen und dient als Kontroll- und Steuerungsinstanz der Universitäten (vgl. Liessmann 2006, 98;156). Im Sinne des Diskursbegriffs von Foucault (vgl. Kap 3.1.3) erreicht so eine

---

11 Vgl. Verordnung der österreichischen Bundesministerin für Wissenschaft und Forschung über die Wissensbilanz (BGBl. II Nr. 216/2010).

Übernahme der Strukturmuster aus dem Unternehmensbereich schlussendlich eine Neudefinition des wissenschaftlichen Wissensbegriffs.

3.3.3 Besonderheiten des Produktionsfaktors Wissen

Wissen und Information verfügen über Besonderheiten, die sie, wenn sie
Gegenstand wirtschaftlicher Transaktionen werden, von materiellen Gütern grundlegend unterscheiden. Wie bereits erwähnt, werden beide als
Güter in der Wissensgesellschaft zum Objekt von Kauf und Tausch. Dies
birgt jedoch eine missverständliche juristische Analogie: Nämlich dass wir
über sie mittels Eigentum verfügen könnten wie über andere Dinge auch
(vgl. Sachsse 1993, 63). Die Produktion bzw. Generierung von Wissen verursacht nur einmalige Kosten, während die Vervielfältigung in Informa-
tionsform im digitalen Zeitalter nahezu kostenfrei ist. Die Produkte von
wissensbasierten Unternehmen sind daher meist durch hohe Entwick-
lungskosten und sehr niedrige Herstellungskosten charakterisiert (vgl.
Sveiby 1998a, 44). Dadurch steigen etwa die Grenzkosten bei der Herstellung von Industriegütern (z. B. durch zusätzlichen Rohstoffbedarf) an,
während sie bei Wissensproduktion durch jeden zusätzlichen Einsatz sinken (vgl. Welsch 2005, 287). Im Unterschied zu den klassischen Produktionsfaktoren (Arbeit, Kapital und Boden) unterliegt das *intellektuelle Kapital*
daher nicht wie materielle Güter der Knappheit.[12] Eine neue Form der
Knappheit liegt dort vor, wo durch fehlende Systemintegration neue Informationen nicht in Wissen umgewandelt werden und so nutzlos bleiben
(vgl. Caraca 2003, 19 u. Kap. 3.4.1). Diese Knappheit, die sich z. B. in feh-
lender Kompetenz der HandlungsträgerInnen bzw. in einer wissensmäßig
suboptimalen Organisationsform von Institutionen ausdrückt, bildet zugleich einen der Hauptanknüpfungspunkte von Wissensmanagement.

---

12 Es sei denn, man versteht Wissen im engeren Sinne (z. B. als Expertise, vgl. auch Kap.
3.4.1.2), die für den Erfolg von wissensintensiven Unternehmen erforderlich ist. Dann ist Wissen für diese Unternehmen knapp, weil – auch hier ein Unterschied zu den materiellen Ressourcen – nie genügend vorhanden sein kann (vgl. Willke 2001a, 64).

Eine weitere markante Systemeigenschaft von Wissen und Information in Hinblick auf die pragmatische Wissensdefinition (vgl. Kap. 3.4.1) ist ihr Charakter als nicht-verbrauchende Ressource. Der Gebrauch ist nicht rivalisierend und nur bedingt ausschließbar.[13] D.h., dass mehrere Personen das Wissen gleichzeitig nutzen können, sobald es in ihr eigenes kognitives System integriert ist. Dieser Umstand hat mitunter zur Einschätzung geführt, dass jeglicher Tauschverkehr mit Information eine Fiktion sei, da man sie nicht abgeben, höchstens teilen könne (vgl. Sachsse 1993, 63). Unter welchen Bedingungen Wissen in der digitalen Gesellschaft vom Gebrauch ausgeschlossen werden kann, soll später noch eingehender diskutiert werden (vgl. Kap. 6.1). Desweiteren gilt das Gesetz des abnehmenden Grenznutzens bei Wissen nicht. Während bei Konsumgütern z. B. das zweite oder dritte Auto wesentlich weniger Nutzen für ein Individuum schafft als das erste, gilt bei intellektuellem Kapital das Gegenteil: Je mehr Expertise eine Person besitzt, desto besser kann relevanter Informationsinput wiederum in Wissen umgesetzt werden (vgl. Willke 2001a, 65).

3.4 Modelle des Wissens und Wissensprozesse

Um Wissensprozesse in unterschiedlichen Kontexten der Informations- und Wissensgesellschaft besser verstehen zu können, ist eine epistemologisch-grundierte Bestimmung der Begrifflichkeiten erforderlich. Diese soll in diesem Abschnitt anhand von unterschiedlichen Wissensmodellen entwickelt werden. Mit diesem begrifflichen Instrumentarium erfolgt sodann die Analyse von Wissensprozessen in digitalen Netzwerken.

---

13 Es sei hier auf die u.a. Differenzierung des Wissensbegriffs verwiesen. An dieser Stelle ist von Wissen im weiteren Sinne die Rede (vgl. Kap 3.4.1).

3.4.1 Modelle des Wissens

Das digitale Zeitalter hat den Rationalitätstypus der digital-pragmatischen Rationalität hervorgebracht (vgl. Schinagl 2005, 90ff), welche zugleich eine klare Unterscheidung zwischen Daten, Information und Wissen und eine Strukturierung der Begriffshierarchien mehr denn je erforderlich macht (vgl. Götschl/Schinagl 2003, 87). Diese Differenzierung zwischen den verschiedenen Wertigkeiten des Wissens ist heute als Orientierung in der Informations- und Wissensgesellschaft unumgänglich, da sie die erkenntnistheoretische Grundlage schafft, auf der Überlegungen zur Modellierung des Mensch-Maschine-Verhältnisses durchgeführt werden können. Um die Unterschiede zwischen deterministischen (Maschinen) und nicht-deterministischen bzw. teil–deterministischen, evolutionären Systemen (Mensch) besser zu verstehen, ist es notwendig, eine Epistemologie bereitzustellen, welche die für die Entwicklung von informations- und wissensverarbeitenden Systemen relevanten Phänomene abdeckt. Darunter fällt u.a. die Frage nach dem Ort des Wissens und daran anknüpfend, ob und wie Wissen (digital) gespeichert werden kann. Motiviert wird eine solche Darlegung auch durch eine oft unklare Begriffsunterscheidung im anwendungsorientierten Sektor (z. B. Wissensmanagement), welcher häufig durch eine Schwerpunktsetzung im informationstechnologischen Bereich gekennzeichnet ist und zahlreiche erkenntnistheoretische, lerntheoretische und symbolisch-kulturelle Kontexte von Wissensprozessen ausblendet. Die für den Nutzungskontext so bedeutsame Unterscheidung zwischen Informations- und Wissenssystemen wird vielfach nicht beachtet. Nicht zuletzt sind solche vereinfachenden Konzepte von Wissen und Organisationen mitverantwortlich für zahlreiche fehlgeleitete Investitionen in Wissensmanagementprojekte, weil sie z. B. zu einseitig auf den Faktor Informationstechnologie gesetzt haben und so die gesteckten Ziele nicht erreichen konnten (vgl. Schneider 2001a, 16).

Eine solche operationale Erkenntnistheorie wird auch von Wissensmanagement-Forschern als Desiderat gesehen (vgl. etwa Schneider 2001b, 557f). Die in der Folge angeführte klassifizierte Darstellung der Begriffshierarchien führt die bereits bestehenden Ansätze des Wissensmanagementansatzes weiter und ist somit im Kontext eines pragmatischen Wissensbegriffes zu sehen, der den Handlungsaspekt immer mitberücksichtigt. Hinsichtlich des Inhalts und auch des Ziels unterscheidet sich dieser Wissensbegriff von der klassischen Problemstellung in der Erkenntnistheorie, da es hier um das Zustandekommen bzw. um die Operationalisierung von Wissen geht (vgl. Born 2001, 529).

3.4.1.1 Aspekte von Daten, Information und Wissen

Innerhalb der Wissensmanagementliteratur wird selten klar definiert, was unter den für die Analyse relevanten Termini Daten, Information und Wissen zu verstehen ist. Gerade wenn Organisationen Wissen als wichtige Ressource entdeckt haben und daran gehen, systematische Interventionen auszuführen, sollte ein genaues Verständnis des zu behandelnden Objekts vorausgesetzt werden. Dieses Manko wird mitunter sogar positiv umgedeutet und führt so weit, dass Wissensmanagement-Ratgeber, die sich als besonders praxisnah verstehen, vor der Auseinandersetzung mit dieser Frage warnen, da sie mehr Verwirrung als Mehrwert stifte (vgl. Lucko/Trauner 2002, 9), oder aber es wird - mit Verweis auf die mangelnde Auswirkung von Definitionen - die Diskussion darüber abgekürzt (vgl. Lehner 2009, 47). Nicht völlig zu Unrecht wird daher bisweilen kritisch angemerkt, dass im Wissensmanagement unklar sei, was überhaupt gemanagt werde (vgl. Liessmann 2006, 151).

Wollte man Wissen rein aus der philosophischen Tradition als „wahren, gerechtfertigten Glauben" definieren (vgl. Kap. 3.1), so fiele ein großer Teil dessen, womit Wissensökonomien handeln, aus der Betrachtung heraus (vgl. Kocyba 2004, 300). Im Wissensmanagementbereich haben sich unterschiedlich ausgeprägte Formen einer pragmatisch orientierten Wissensdefinition etabliert. Um diese herum gliedern sich damit in Beziehung stehende Begrifflichkeiten wie z. B. Daten und Information, die aufeinander aufbauen (vgl. Abbildung 5).

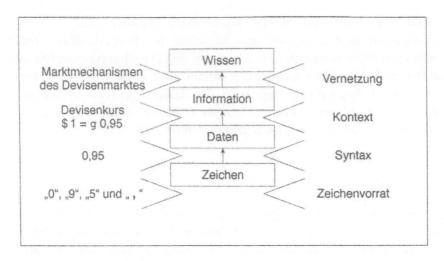

Abbildung 5: Die Beziehungen zwischen den Ebenen der Begriffshierarchie (Quelle: Probst/Raub/Romhardt 2012, 16)

Beginnend von den grundlegendsten Einheiten, den Zeichen, die notwendig sind, um bedeutungstragende Einheiten überhaupt erst aufzubauen, erfolgt der Übergang zu Daten, die bereits nach bestimmten Regelmechanismen (Syntax, Algorithmen etc.) zusammengesetzt sind. Der kontinuierliche Übergang von Zeichen zu Daten wird als Anreicherungsprozess verstanden, an deren Spitze Wissen steht (vgl. Probst/Raub/Romhardt 2006, 16).

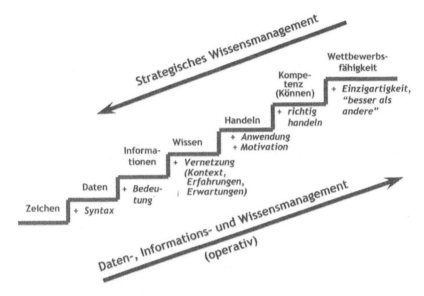

Abbildung 6: Wissenstreppe (North 2011, 36)

In der Darstellung der ebenfalls hierarchisch aufgebauten „Wissenstreppe" führt Wissen auch noch zu Können, Handeln und Kompetenz (vgl. North 2011, 36. u. Abbildung 6). Das Können steht gemäß der pragmatischen Handlungsorientierung als Form des umgesetzten Wissens eine Stufe höher.

Daten sind in einem bestimmten Kontext – ihrer Bedeutung – interpretierbar und können damit für den Empfänger als Information gelesen werden. Die Vernetzung von Informationen ermöglicht deren Nutzung in einem bestimmten Handlungsfeld, was bereits als Wissen bezeichnet werden kann. Daten, Informationen und Wissen stellen gemeinsam die Grundelemente der Wissensbasis dar. Eine Darstellung, die beispielhaft die Ebenen auseinanderhält sieht folgendermaßen aus:

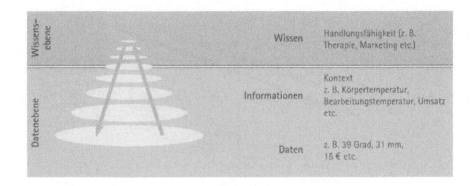

Abbildung 7: Abgrenzung der Ebenen Daten – Wissen – Information (Gutounig u.a. 2007a)

Daten und Informationen bilden demnach die notwendige Grundlage für die Generierung von Wissen. Anhand von Common-Sense-Beispielen lassen sich die zugrunde liegenden Begriffe wie folgt definieren:

(1) Daten bestehen aus systematisierten Beobachtungsreihen oder aus Messergebnissen, z. B.: „Die Temperatur beträgt 39 Grad." Daten allein sind ohne Personen, die sie in einen sinnvollen Kontext bringen können, jedoch nutzlos. Diese Analogie ließe sich auch auf Organisationsebene übertragen, wo Informationsmanagement mit einer zu starken Ausrichtung auf Datenmanagement ohne Wissensorientierung erfolglos bleibt, weil für die NutzerInnen der Vorteil der Anwendung nicht erkennbar ist. Dass Daten allein kein Wissen ausmachen, kann ebenfalls anhand eines trivialen Beispiels erklärt werden: Das Notenheft beinhaltet die Notation einer Symphonie (die wiederum möglicherweise Ausdruck einer genialen Fähigkeit ist), doch erst die MusikerInnen sind durch ihre Expertise (Wissen) in der Lage, daraus Musik zu erschaffen. Für die RezipientInnen ergibt sich daraus ein großer Unterschied.

(2) Ist ein Umweltkontext für die Daten gegeben, so kann man auch von Information sprechen.[14] Voraussetzung dafür ist, dass Daten so strukturiert werden, dass eine qualitative Aussage möglich wird: „Die Körpertemperatur von X beträgt 39 Grad." Informationen können daher als Daten gesehen werden, die in einem Bedeutungskontext stehen (vgl. North 2011, 37). Die Begriffe Daten und Information werden häufig synonym verwendet und befinden sich auch im Ebenenmodell auf der gleichen Stufe (vgl. Abbildung 7). Soll mit einem Kommunikationsprozess auch eine komplex strukturierte Verhaltensaufforderung verbunden sein, sind Informationen allein oft nutzlos (vgl. Sveiby 1998, 127). Dies hat zur Folge, dass die Zurverfügungstellung von Informationstechnologie in Organisationen alleine meist nicht den gewünscht positiven Effekt hat. Da das Sammeln und Verarbeiten von Information ressourcenintensiv ist, kann sich Information für die NutzerInnen sogar negativ auswirken, sofern sie sich als nutzlos erweist (vgl. Sveiby 1998, 178).

(3) Von Wissen kann gesprochen werden, wenn aus Daten bzw. Informationen eine handlungsrelevante Schlussfolgerung gezogen werden kann, also z. B.: „X hat Fieber und muss behandelt werden." Wir können also von Wissen sprechen, wenn aus den vorhergehenden Schritten eine Schlussfolgerung gezogen wird, die handlungsrelevante Aspekte beinhaltet. Dies setzt selbstverständlich bereits die zur handlungsorientierten Interpretation der Information notwendigen Kenntnisse, also z. B. eine entsprechende medizinische Ausbildung voraus. Wissen wird gesehen als „die Gesamtheit der Kenntnisse und Fähigkeiten, die Individuen zur Lösung von Problemen einsetzen" (Probst/Raub/Romhardt 2006, 23). Aus Wissen folgt somit immer auch eine veränderte Praxis und es ist Bestandteil eines zweckorientierten Produktionsprozesses (vgl. Willke 2004, 33f). Es wird als „Fähigkeit zu

---

14 Darüber hinaus existiert noch eine Vielzahl weiterer Definitionen von Information, z. B. der mathematische Informationsbegriff von Shannon (1948), der Information als über Telekommunikationsmenge übertragene Datenmenge definiert, jedoch aufgrund seiner semantischen Indifferenz in diesem Kontext wenig brauchbar erscheint. Vgl. Übersicht bei Sveiby (1998b).

handeln" definiert (Sveiby 1998, 65). Informationen bilden die notwendige Grundlage für die Generierung von Wissen. Auf die Dependenz von Information und Wissen weist auch Drucker in Bezug auf organisationale Kontexte hin:

> „Der Kontakt der Manager zu ihren Kollegen, zu ihrer Organisation und zu ihrem 'Netzwerk' wird in Zukunft immer stärker von Informationen abhängen. Mit anderen Worten: nur wer über Informationen verfügt, kann sein Wissen einsetzen" (Drucker 2005, 177).

Gemäß einer solchen Konzeption basiert Wissen auf Daten und Informationen, ist jedoch im Unterschied zu diesen stets personengebunden (vgl. Probst/Raub/Romhardt 2006, 23 u. Abbildung 8).

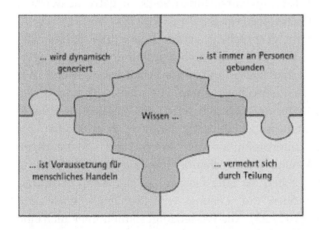

Abbildung 8: Grundlegende Merkmale von Wissen (Gutounig u.a. 2007a)

Auch wenn versucht wurde, die Unterschiede herauszuarbeiten, so soll nicht verhehlt werden, dass eine exakte Unterscheidung der Begriffshierarchie im Einzelfall schwierig ist, da ja z. B. Wissen einen hohen Subjektivitätsfaktor aufweist. Eine präzise Abgrenzung scheint auch aus epistemologischen Überlegungen heraus mit Schwierigkeiten behaftet, auf die noch näher eingegangen wird (vgl. Kap. 3.4.1.2). Es ist daher weniger ein sprunghafter Übergang zwischen den Ebenen anzunehmen, als ein kontinuierlicher (vgl. Probst/Raub/Romhardt 2006, 17).

Entscheidend bei dieser pragmatisch orientierten Wissensdefinition ist der Handlungsaspekt. Unter Wissen in diesem Sinne werden theoretische Erkenntnisse sowie Alltagsregeln gleichermaßen erfasst (vgl. Kap. 3.4.1.3), jedoch manifestieren sich diese stets in Handlungen (vgl. North 2011, 37). Im Kontext des Wissensmanagements (vgl. Kap. 3.3.1) wird Wissen dem pragmatischen Charakter entsprechend als Unternehmenskapital angesehen, wobei sich Wissen hier zunehmend weniger über Wahrheit legitimiert als über seinen Ressourcencharakter (vgl. Kocyba 2004, 300). Einen solchen hat es jedoch nur, wenn es nützliche, d.h. dem Organisationszweck förderliche Konsequenzen entfalten bzw. zu einem immateriellen Vermögenswert werden kann (vgl. Kap. 3.3.2). Nützliches Wissen ist hier vor allem jenes, das in der Lage ist, einem Unternehmen Wettbewerbsvorteile zu verschaffen (vgl. Stewart 1998, 7). Diese Definition bezieht jedoch in dieser Form die NutzerInnen von derartig systematisierten Daten nicht mit ein. Was nützlich ist, ergibt sich erst aus der Möglichkeit für ein Individuum, diese Information für sinnvolles Handeln zu nutzen und so für sich zu Wissen umzuformen. Stewart betont zwar den Wert von scheinbar nebensächlichem Alltagswissen als potenziell wertvoll, bleibt jedoch auf einer überindividuellen Ebene verhaftet, welche die konkreten Bedingungen der Weitergabe und Generierung von Wissen zu wenig beachtet (vgl. Stewart 1998, 77). Er erweitert daher die Klassifikation und bringt den bereits erwähnten subjektiven Charakter von Wissen auf den Punkt: „Wie Schönheit existiert Wissen nur im Auge des Betrachters" (Stewart 1998, 78).

Weiters scheint Information und insbesondere Wissen ein sozialer Charakter innewohnend. Zwar ist letzteres in einem engeren Sinne an Personen gebunden, bedarf jedoch, um bedeutungstragend zu sein, kollektiv geteilter Informationseinheiten. Dies ergibt sich u.a. aus der pragmatisch orientierten Sprachphilosophie, bei der sich die Bedeutung eines Wortes erst aus dem Gebrauch desselben ergibt (vgl. Wittgenstein 1995). Information und Wissen scheinen nur in einem sozialen Netzwerk relevant. Es ist nicht sinnvoll bei einem einzelnen Menschen, von Wissen zu sprechen, wenn es keinerlei soziale Anschlussfähigkeit gibt.

Informations- vs. wissensorientierte Strategien

Anhand der getroffenen Begriffsunterscheidung lassen sich nun auch in Hinblick auf Wissensmanagement eine informations- bzw. eine wissensorientierte Strategie unterscheiden (vgl. Sveiby 1998, 181ff). Beide Strategien können in unterschiedlichen Kontexten erfolgversprechend sein. Daten- und Informationsebene einerseits bzw. umfassender die Wissenseben bilden dabei die entsprechenden Interventionslevel, an denen Wissensmanagement ansetzen kann (in Form von Daten- und Informationsmanagement bzw. Wissensmanagement).

Auch wenn der Einsatz von Informationstechnologie allein für eine wissensorientierte Strategie nicht ausreicht, ist der Einsatz von Neuen Medien dadurch keineswegs ausgeschlossen (vgl. Sveiby 1998, 194). Vielfach erleichtert der Einsatz von offen strukturierten Informationssystemen (z. B. Wikis, Foren, Groupware etc.) bereits die wissensorientierte Gestaltung einer Organisation und spielt eine entscheidende Rolle bei der Reduktion von Komplexität der vorhandenen Wissensbasis. Die Anwendung dieser Technologien im Kontext von Unternehmen, ihre Auswirkungen auf Wissensteilungsprozesse sowie die dadurch entstehende soziale Interaktion werden im Rahmen der Analysen zum Enterprise 2.0 erforscht (vgl. Stocker/Tochtermann 2010). Anhand des Einsatzes und der Anwendung von Social Software für Wissensprozesse wird die Ambivalenz von Komplexität und Einfachheit noch näher erläutert (vgl. Kap. 5.2).

3.4.1.2 Konstruktivistische und systemtheoretische Analyse von Wissen

Wie oben erwähnt besitzt Wissen durch die Bindung an die WissensträgerInnen eine starke subjektive Komponente. Dieses subjektive Moment überträgt sich bis zu einem gewissen Grad auch auf die Unterscheidung der Begriffshierarchien selbst: Was für den einen handlungsrelevantes Wissen darstellt, ist für die andere bloß eine Ansammlung von Informationen oder Daten. Die Analysen in der konstruktivistischen Erkenntnistheorie gehen daher meist einen Schritt weiter als die Mehrzahl der Arbeiten zum Wissensmanagement. Selbst die Unterscheidung zwischen subjektunabhängigen Daten und subjektgebundenem Wissen wird hier aufgehoben. Die Untersuchungen zeigen, „dass es keine Daten an sich gibt, sondern nur beobachtungsabhängige also qua Beobachtung erzeugte oder konstruierte Daten" (Willke 2001a, 7). Abhängig und beeinflusst sind die Daten etwa von den Instrumenten und Verfahren, die zur Messung herangezogen werden. Bereits Fernrohre, Mikroskope und vielmehr noch elektronische Bildgebungsverfahren erzeugen Daten, die für einen menschlichen Beobachter zuvor nicht existent waren. Hinzu kommen zahlreiche durch geänderte Umweltbedingungen (z. B. Beleuchtung) hervorgerufene Wahrnehmungseffekte, die es unmöglich machen, die „Normalbedingungen" für eine Sinnesbeobachtung anzugeben.

Schlussendlich sind unsere Beobachtungen zur Datengewinnung abhängig von unseren Theorien, Hypothesen und Ideen, die bestimmen, was wir wahrnehmen und was nicht (vgl. Willke 2001a, 7). Daten in diesem Sinne sind „beobachtete Unterschiede" (Willke 2004, 28), wobei der Umstand, welche Unterschiede wir überhaupt wahrnehmen, abhängig ist, von den genannten Faktoren. Diese Skepsis gegenüber „reinen Daten" findet sich auch in der modernen Wissenschaftstheorie wieder. Auch dort wird betont, dass so genannte „Tatsachen" immer theorieabhängig sind und dass es eine nicht interpretierte Beobachtung nicht geben kann, weil sich beide in einem dynamischen Verhältnis befinden:

> „This world is not a static entity populated by thinking ants who, crawling all over its crevices, gradually discover its features without affecting them in any way. It is a

dynamic and multifaceted entity which affects and reflects the activity of its explorers" (Feyerabend, 1987, 89).

Die differenzierten Analysen des Wissensbegriffs sowohl in den konstruktivistischen als auch in den damit eng verknüpften Ansätzen der Kybernetik 2. Ordnung haben zur Konsequenz, dass Informationssysteme auch keine Informationen speichern, verarbeiten oder vermitteln können:

> „Diese Sammlung von Dokumenten 'System zur Speicherung und Wiederbereitstellung von Informationen' zu nennen, ist ebenso falsch wie eine Garage als 'System zur Speicherung und Wiederbereitstellung von Transport' zu bezeichnen" (von Foerster 1993b, 83).

Information als „Gut" bzw. Objekt zu betrachten, führt in der Praxis des Wissensmanagements und des Bildungssystems tatsächlich zu unzulässigen Verkürzungen und suboptimalen Ergebnissen. Zahlreiche Wissensmanagementsysteme setzen auf Bereitstellung von Informationstechnologie und verwechseln damit das Vehikel mit dem Wissensträger: „Jemand muss es tun. Es selbst tut nichts" (von Foerster 1993b, 271; Herv. i.O.). Informationen entstehen, wenn Daten in einen Kontext von Relevanzen eingebunden werden. Relevant sind sie jedoch immer nur relativ zu einem System. Gregory Bateson bezeichnet in seiner markanten Definition Information als „a difference which makes a difference" (Bateson 2000, 459), d.h., eine relevante Unterscheidung, und das im doppelten Sinne: Die Information unterscheidet sich von etwas anderem (ist also nicht redundant) und sie macht einen Unterschied für das beobachtende System aus (vgl. Schützeichel 2007, 262). Es existiert jedoch kein übergeordneter Maßstab für derartige Relevanzen, weshalb es einen solchen nur für ein bestimmtes System geben und die Information nur systemrelativ sein kann (vgl. Willke 2001a, 8). Dies schränkt die Möglichkeit von Informationsaustausch drastisch ein. Dieser kann erst gelingen, wenn alle Partner ihre Relevanzkriterien angenähert haben. Durchaus in eine ähnliche Richtung gehend wie der konstruktivistische Ansatz, weist auch Drucker auf die Notwendigkeit hin, nur aus dem eigenen lebensweltlichen Kontext – im speziellen

Fall der Organisation – heraus entscheiden zu können, welche Informationen Relevanz besitzen und dass diese Entscheidung kaum ausgelagert werden kann:

"Manager verlassen sich häufig darauf, daß die Datenlieferanten – Informationstechnologen und Buchhalter – die Entscheidungen für sie treffen. Doch die Lieferanten der Daten können unmöglich wissen, welche Daten für die späteren Nutzer auch tatsächlich einen Informationsgehalt haben. Nur der einzelne Wissensarbeiter, und besonders die einzelne Führungskraft, kann Daten zu Informationen umwandeln. Und nur der einzelne Wissensarbeiter, und besonders die einzelne Führungskraft, kann über ihre Organisation entscheiden. Nur so wird aus Information die Grundlage effektiven Handelns" (Drucker 2005, 177).

Die konstruktivistische Systemtheorie kritisiert an früheren Ansätzen (z. B. der klassischen Analyse des Wissens, vgl. Kap. 3.1), den repräsentationalistischen Ansatz, d.h. den Anspruch, dass sich Wissen direkt auf die Außenwelt bezieht, „also auf etwas, was für das Wissen nicht disponibel ist" (vgl. Luhmann 1995, 155). Bereits Information, in stärkerem Ausmaß noch Wissen, sind in der konstruktivistischen Sichtweise subjektgebunden. Ein operierendes kognitives System ist stets Voraussetzung für die Generierung von Wissen. Wissen selbst wird auf den Begriff der Beobachtung zurückgeführt. Die Beobachtungen beziehen sich selbstreferentiell auf sich selbst als Operationen in einem Netzwerk von Operationen und fremdreferentiell auf „Etwas", d.i. das Objekt des Wissens, das „Gewusste" (vgl. Schützeichel 2007, 260). Damit etwas gewusst werden kann, muss es sich von etwas anderem unterscheiden, es ist die sinnhafte Differenz – wie bereits bei Batesons Begriff der Information – erforderlich. Das System kann als operational geschlossenes (vgl. Kap. 5.1.1.1) aber nur im Netzwerk eigener Operationen auf so etwas wie „Realität" referenzieren. Realität ist daher die konstruktive Leistung der eigenen systemischen Operationen, Wissen wird als interne Leistung produziert, die sich im System stabil organisiert (vgl. Schützeichel 2007, 261). Auf sozialer Ebene ist Wissen dasjenige, das als soziale Beobachtungen im Zuge der Kommunikation mit anderen erwartbar ist (vgl. Schützeichel 2007, 261). Obwohl also Wissen von seiner Genese her ein psychisches Phänomen ist, wird gesellschaftlich gerade auch das kommunizierte Wissen wirksam (vgl. Schützeichel 2007,

262). Kommuniziert (und auch rezipiert) kann es als Information immer nur von einem operierenden System werden.

3.4.1.3 Wissensformen

In seiner Ausformung ist Wissen mannigfaltig und multifunktional. Es können daher je nach Funktion infinit viele Wissensformen unterschieden werden: narratives Wissen, Gestaltwissen, episodisches Wissen, Bildwissen etc. Auf einige besonders bedeutsame Unterscheidungen in der Wissensforschung soll hier eingegangen werden. Diese wurden meist in Disziplinen außerhalb des Wissensmanagements herausgearbeitet (Psychologie, Wissenschaftsphilosophie u.a.) und haben im Zuge der Diskussion rund um die Grundlagen des Wissensmanagements erneut an Bedeutung gewonnen, da sie neben die etablierten Wissensformen (z. B. wissenschaftlichem Wissen) treten bzw. sogar als gleichrangig mit diesen betrachtet werden (vgl. Pscheida 2010, 226). Einige lassen sich auch im Kontext medial vermittelter Wissensprozesse wiederfinden. Um die zumeist graduellen Unterschiede konzeptuell stärker hervortreten zu lassen, werden diese in der Literatur meist als antagonistische Paare beschrieben: Implizites und explizites Wissen, *knowing how* und *knowing that*, explizierbares und expliziertes Wissen, deklaratives und prozedurales Wissen.

Michael Polanyis Konzept des impliziten Wissens

Im Zuge des verstärkten Interesses der Wissensmanagement-Forschung haben auch die Thesen von Michael Polanyi und sein Konzept des impliziten Wissens eine Renaissance erfahren. Bei der Untersuchung von japanischen Unternehmen fanden Ikujiro Nonaka und Hirotaka Takeuchi die Differenzierung zwischen implizitem und explizitem Wissen als entscheidenden Wettbewerbsvorteil japanischer Unternehmen heraus (vgl. Nonaka/Takeuchi 1997, 21f.). Karl Erik Sveiby greift ebenfalls auf Ideen Polanyis zurück, um zu zeigen, dass das implizite Wissen als wesentliches Unternehmenskapital anzusehen ist (vgl. Sveiby 1998a). Eppler (1999) weist darauf hin, dass Polanyis post-kritische Philosophie konkrete Möglichkeiten im Kontext des persönlichen und organisationalen Wissensmanagements bietet. Es existiert daher auch im Wissensmanagement-Diskurs eine Ausrichtung, die über eine einseitige Orientierung auf informationsorientierte Strategien deutlich hinausgeht und schwer messbare Anteile am Erfolg der Organisation mit einzubeziehen versucht. Dennoch wird selten versucht, sich den Wissensbegriff Polanyis im Detail anzusehen und zu prüfen, inwieweit er für gegenwärtige Wissensprozesse tauglich ist.

Es ist Polanyis Verdienst, auch unscharfe Wissensformen in die Wissenschaftsphilosophie eingebracht und ihren Stellenwert herausgestrichen zu haben. Seine Überlegungen nehmen ihren Ausgang von der kulturkritischen Feststellung, dass unsere Kultur „von einem Riß zwischen äußerster Klarheit und einem intensiven moralischen Bewusstsein durchzogen" (Polanyi 1985, 14) sei, was wiederum den Ursprung des qualvollen Selbstzweifels des modernen Menschen bilde. Auf der Suche nach den Ursachen dieses Phänomens sei er zu „einer neuen Vorstellung vom menschlichen Wissen [gelangt], aus der eine harmonische Auffassung von Denken und Existenz und ihrer Verwurzelung im Universum hervorzugehen scheint" (Polanyi 1985, 14). Seine Ausgangshypothese – und hier befindet er sich im Einklang mit religiösen, metaphysischen und wissenschaftskritischen Strömungen der 2. Hälfte des 20. Jahrhunderts – ist die Aussage: „Wir wissen mehr, als wir zu sagen wissen". Eine Vielzahl an Alltagsbeispielen (z. B. Gesichtserkennung, Autofahren u.Ä.) zeigt, dass wir etwas können, aber nicht anzugeben in der Lage sind, wie wir das können (vgl. Polanyi 1985, 14). Es ist uns möglich die Handlungen selbst gut auszuführen, wir können jedoch nicht immer lückenlos versprachlichen, was wir tun, ein Anteil der Handlung bleibt implizit.

Auf Grundlage der Gestaltpsychologie sieht Polanyi das Erkennen der Gestalt als Ergebnis einer aktiven Formung der Erfahrung während des Erkenntnisvorgangs. „Diese Formung oder Integration halte ich für die große und unentbehrliche stumme Macht, mit deren Hilfe alles Wissen gewonnen und, einmal gewonnen, für wahr gehalten wird" (Polanyi 1985,

15). Somit verweist er bereits auf den aktiven Part des Subjekts im Erkenntnisprozess und die Einpassung von Erfahrungen in spezifische, dem Subjekt immanente Systembedingungen als Voraussetzung für den Wissenserwerb, die später im Radikalen Konstruktivismus in den Blickpunkt gerückt werden (vgl. von Foerster 1987, 141). Wissen wird auch hier immer relativ zum Kontext betrachtet, es wird „in einem bestimmten sozialen Umfeld gebildet" (Sveiby 1998, 56) und dort auch eingesetzt (vgl. Kap. 3.4.1.1). Es ist diese Kontextabhängigkeit, die implizites Wissen in bestimmten Situationen auch als Vorteil erscheinen lässt. Da es kaum kommunizierbar ist, ist es auch schwer in ein anderes Umfeld übertragbar bzw. imitierbar. Daher spielt es bei der Entwicklung von Wettbewerbs-vorteilen durch Produktinnovationen oft eine entscheidende Rolle (vgl. Herrmann-Pillath 2007, 234).

Die Bedeutung der Frage nach dem impliziten Wissen ergibt sich für Polanyi auch aus der Spannweite des Gebiets, da umfangreiche Wissens-formen umfasst werden, wie sie etwa im künstlerischen oder wissen-schaftlichen Talent augenscheinlich zutage treten. Den Anteil künst-lerischer Gestaltung, der den „Handwerker" vom begnadeten Künstler trennt, schlägt er dem impliziten Wissen zu. Diese Wissensformen treten jedoch auch bei allen Formen des Diagnostizierens – wobei geschicktes Prüfen und sorgfältige Beobachtung eng verknüpft sind – sowie bei allen Formen von Geschicklichkeit, sei es im sportlichen oder technischen Bereich, auf. Die Fußballerin, die am Spielfeld die Übersicht über die Stellung aller anderen Spielerinnen am Spielfeld hat und antizipieren kann, wohin sich das Spielgeschehen entwickelt, ist dafür ebenso ein Beispiel wie die Ärztin, die auch ohne systematische Anamnese und körperliche Untersuchung allein aufgrund der Gestaltwahrnehmung des Patienten eine Diagnose stellen kann. Im letzteren Fall ersetzt das implizite Wissen natürlich nicht die systematisch-evidenzbasierende Vorgangs-weise, doch kann sie den Diagnosevorgang dennoch erheblich be-schleunigen.

Die beiden Wissensformen explizites und implizites Wissen sind ähnlich strukturiert und treten jeweils in gegenseitiger Abhängigkeit auf (vgl. Polanyi 1985, 16). Wenn Polanyi von „Wissen" spricht, bezieht er sich also stets auf sowohl praktische als auch theoretische Erkenntnisse. Er ist der Auffassung, dass PraktikerInnen und DenkerInnen die gleichen Methoden anwenden, da beide Gruppen Regeln und Modellen folgen sowie ihren Erfahrungen vertrauen (vgl. Sveiby 1998, 60). Sie durchlaufen einen Kreislauf, der immer Hypothesen und Theorienbildung als auch Erfahrung und Erprobung mit einschließt, auch wenn der Schwerpunkt jeweils auf einem der beiden Gebiete liegt. Gleichzeitig weist dies darauf hin, das Wissen veralten und, da es letztlich an Personen gebunden ist, auch vergessen werden kann - ja sogar muss - um die Handlungsfähigkeit des Individuums zu erhalten (vgl. Sveiby 1998, 57). Implizites Wissen, das in Sprache gefasst wird, nimmt statischen Charakter an und ist daher auch dafür anfälliger zu veralten bzw. unbrauchbar zu werden (vgl. Sveiby 1998, 62).

Im Bereich der sinnlichen Wahrnehmung betont Polanyi, „dass die Art und Weise, in der wir einen Gegenstand sehen, von unserer Wahrnehmung bestimmter somatischer Vorgänge bestimmt ist" (Polanyi 1985, 21). Diese Vorgänge wiederum werden nicht als solche empfunden, d. h., nicht bewusst wahrgenommen. Die Aufmerksamkeit im Erkenntnisprozess wird von den inneren Prozessen auf ein bestimmtes äußeres Objekt gelenkt. Die Qualitäten des äußeren Objekts sind „das, was uns jene inneren Prozesse bedeuten" (Polanyi 1985, 22). Polanyi erweitert diesen Punkt noch, indem er versucht die somatischen Wurzeln unseres Denkens überhaupt herauszuarbeiten. Er betont, dass unser Körper das grundlegende Instrument darstellt, mit dem wir sämtliche intellektuellen oder praktischen Kenntnisse von der äußeren Welt gewinnen. Im Rückgriff auf Wilhelm Dilthey und Theodor Lipps verwendet er den Begriff der Einfühlung, nicht jedoch um die Trennlinie zwischen Natur- und Geisteswissenschaften zu ziehen, sondern um die Einfühlung als Erkenntnisform des impliziten Wissens zu konkretisieren (vgl. Polanyi 1985, 24). Ähnlich verhält es sich mit dem Begriff der Verinnerlichung, mit dem ein unausgesprochener Bezugsrahmen für praktische Handlungen hergestellt wird. Bei der Erklärung von Naturphänomenen bildet die zugrunde gelegte

Theorie diesen Bezugsrahmen, von der aus wir uns den Phänomenen zuwenden. Die für Polanyi bedeutende, enge Beziehung zwischen Wissen und Handeln wird auch durch den Prozess der Aneignung von mathematischen Theorien deutlich. Erst durch die Anwendung können diese erlernt bzw. begriffen werden. Es macht keinen Sinn zu sagen, jemand habe eine Theorie bzw. mathematische Formel verstanden, kann sie aber nicht anwenden. Hier befindet sich Polanyi auch in Übereinstimmung mit Wittgensteins Spätphilosophie, die ebenfalls weitgehend Regelfolgen und Verständnis gleichsetzt (vgl. Kap. 3.1.2).

Zu große analytische Detailnähe kann für Polanyi für das Gesamtverständnis von Phänomenen ebenfalls hinderlich sein:

> Detailfetischismus kann einen historischen, literarischen oder philosophischen Gegenstand unwiderruflich verfinstern. Allgemeiner gesprochen ist die Ansicht, wonach uns erst eine möglichst plastische Kenntnis der Einzelheiten den wahren Begriff der Dinge lieferte, von Grund auf falsch (Polanyi 1985, 26).

In Analogie zur Anwendung technischer Geräte ließe sich daraus formulieren, dass wir, um von Phänomenen oder Prozessen etwas zu wissen, nicht ausschließlich auf die Zergliederung der Bestandteile angewiesen sind. Im Gegenteil ersetzt die explizite Darstellungsweise oft nicht die implizite. Die Geschicklichkeit eines Fahrers lässt sich auch durch noch so genau Beschreibung der Vorgangsweise beim Fahren nicht ersetzen und auch die Kenntnis über meinen Körper ist eine andere – und vor allem eine nicht äquivalente – zur Kenntnis der physiologischen Prozesse, die in ihm ablaufen. Ähnlich strukturierte Problemstellungen finden sich auch in der philosophischen Diskussion des Leib-Seele-Problems. Thomas Nagel wirft in seinem Aufsatz "What is it like to be a bat" aus dem Jahr 1974 die Frage auf, ob der subjektive Charakter von mentalen Zuständen durch Explikation ersetzbar ist. Der subjektive Charakter von Bewusstseinszuständen legt jedoch nahe, dass derartige Phänomene eben nicht durch objektive naturwissenschaftliche Darstellung ersetzt bzw. auf sie reduziert werden können:

But one might also believe that there are facts which could not ever be represented or comprehended by human beings, even if the species lasted for ever – simply because our structure does not permit us to operate with concepts of the requisite type. (…) Reflection on what it is like to be a bat seems to lead us, therefore, to the conclusion that there are facts that do not consist in the truth of propositions expressible in a human language. We can be compelled to recognize the existence of such facts without being able to state or comprehend them (Nagel 1979, 171, Herv. i.O.).

Nagel verdeutlicht damit jedoch noch deutlicher als Polanyi die Unübersetzbarkeit bestimmter Anteile des impliziten Wissens. Diese sind bedingt durch die Struktur unseres Erkenntnis- und Kognitionsapparats sowie seiner sprachlichen Werkzeuge, denen allesamt Grenzen auferlegt sind. Explizites Wissen ist stets nur eine Teilmenge des vorhandenen Wissens, denn Sprache allein ist nicht in der Lage jede Wissensform darzustellen (vgl. Sveiby 1998, 62).

Für Polanyi läuft das erklärte Ziel der neuzeitlichen Wissenschaft, nämlich die Herstellung eines objektiven und intersubjektiven Wissens — unter der von ihm unterstellten Annahme, dass implizites Wissen ein unentbehrlicher Bestandteil allen Wissens sei — de facto auf die Zerstörung allen Wissens hinaus: „Das Ideal exakter Wissenschaften erwiese sich dann als grundsätzlich in die Irre führend und möglicherweise als Ursprung verheerender Trugschlüsse" (Polanyi 1985, 27). Für Hans Reichenbach bildeten Begründungs- und Entdeckungszusammenhang die Schlüsselkonzepte, welche einerseits die rationalen — und daher auch vom Individuum loslösbaren — Konstruktionen von den subjektiven Faktoren des Erkenntnisvorgangs separierbar machten. Fraglich ist, ob dies unter der Annahme des impliziten Wissens aufrechtzuerhalten ist.

Mithilfe des impliziten Wissens lässt sich aber ein Erklärungsmodell für ein anderes Problem der Forschung geben: Wissenschaftliche Forschung beginnt gewöhnlich mit einer Problemstellung, die in Form ihrer hypothetischen Darstellung die Vermutung über einen Zusammenhang von bislang nicht begriffenen Einzelheiten enthält. Ein solches Problem zu sehen, bedeutet schließlich etwas zu sehen, das verborgen ist und daraus ergibt sich ein Widerspruch, den schon Platon im „Menon" dargestellt hat, indem er sagt, dass die Suche nach einem Problem etwas

Widersinniges sei; denn entweder weiß man, wonach man sucht, dann gibt es kein Problem, oder man weiß es nicht, dann kann man nicht erwarten irgendetwas zu finden (vgl. Platon 1991, 80 St). Die Lösung, die Platon dafür anbot, nämlich dass alles Entdecken ein Wiedererinnern an früheres Leben sei, ist in der modernen Wissenschaft jedoch unannehmbar.

Polanyi ist der Meinung, dass wir von Dingen wissen können, ohne dass wir sie in Worte fassen könnten. In Form von implizitem Wissen ist diese Erkenntnis oft durch die Erfahrung in der wissenschaftlichen Arbeit bereits vorhanden. Implizites Wissen findet sich daher in der Fähigkeit von WissenschafterInnen wieder (1) ein Problem richtig zu erkennen, (2) diesem Problem nachzugehen und sich bei der Annäherung an die Lösung von seinem Orientierungssinn leiten zu lassen und (3) die noch unbestimmten Implikationen der erreichten Entdeckung zu antizipieren (vgl. Polanyi 1985, 30). Eine solche Antizipation lehnen im Übrigen selbst dezidierte Empiristen wie Hans Reichenbach nicht gänzlich ab: Er betont lediglich, dass die Fähigkeit eine neue Theorie zu erkennen immer von den bekannten Tatsachen, mithin von einer induktiven Basis – ausgehe. Dies gerade unterscheide WissenschafterInnen von HellseherInnen (vgl. Reichenbach 1983, 239).

Die Fähigkeit zum Erkennen einer erst bevorstehenden Entdeckung erhebt er zum Paradigma wissenschaftlicher Erkenntnis. Es handelt sich dabei um eine „persönliche Tat", bei der die Persönlichkeit des Betreffenden eine bedeutende Rolle spielt. Er nimmt dabei Erkenntnisse der Wissenschaftskritik und des konstruktivistischen Deutungsschemas vorweg:

„Wenn man das Streben nach wissenschaftlichem Wissen als vernünftiges und erfolgreiches Unternehmen betrachtet, muß man auch die Bedingungen akzeptieren, auf die sich die Wissenschaftler einstellen müssen, wenn sie dieses Unternehmen führen. Die Abhängigkeit einer Erkenntnis von persönlichen Bedingungen läßt sich nicht formalisieren, weil man seine eigene Abhängigkeit nicht unabhängig ausdrücken kann. Jeder derartige Versuch bringt statt Klarheit jene Art von Transparenz, in der der Gegenstand alle seine Konturen verliert" (Polanyi 1985, 31).

Dem wissenschaftlichen Realismus, der nur explizite Behauptungen gelten lässt, die auf zugänglichen und intersubjektiven Daten beruhen und mittels formaler Schlussverfahren gewonnen werden, setzt Polanyi eine traditionalistische Erkenntnislehre gegenüber, die sich etwa im LehrerInnen-SchülerInnen-Verhältnis offenbart. Dort wird Autorität vorausgesetzt, denn der Schüler kann nicht allein die Sinnhaftigkeit des zu Lernenden beurteilen, sondern bedarf der Führung durch den Erwachsenen, dem er in dieser Hinsicht Vertrauen schenken muss. Die Übertragung bedient sich dabei des impliziten Wissens:

> „Aber wenn das so ist – dann fällt die Idee eines Wissens, das auf lückenlos explizierbaren Voraussetzungen beruhte, in sich zusammen, und wir müssen wohl oder übel die Schlußfolgerung ziehen, daß die Übertragung des Wissens von einer Generation auf die nächste vorwiegend implizit vonstatten geht" (Polanyi 1985, 58).

In ähnlicher Weise konzipiert auch Thomas S. Kuhn die Gemeinsamkeiten einer wissenschaftlichen Gemeinschaft, die durch ein geteiltes Paradigma verbunden sind. Sie sind charakterisiert durch die Anwendung gemeinsamer Regeln, die jedoch nicht explizit sein müssen: „In der Tat folgt aus der Existenz eines Paradigmas nicht einmal, daß irgendein vollständiges System von Regeln vorhanden ist" (Kuhn 1976, 58). Vielmehr scheint das Verbindende unter den ForscherInnen hinsichtlich der gemeinsamen Verwendung von Methodologien und Begriffen auf einem Sprachspiel zu beruhen, das Ludwig Wittgenstein als Familienähnlichkeiten beschreibt, in dem Sinne, dass diesen Handlungsformen eine Gemeinsamkeit und Ähnlichkeit aufweisen, ohne eine zentrale gemeinsame Schnittmenge zu besitzen, auf die sich alle Teilnehmer verständigen müssten (vgl. Wittgenstein 1995, PU 65-71). Dieser implizit vorhandene Bereich ist jedoch für die wissenschaftliche Tätigkeit ausreichend und eine explizite Darlegung der Regeln innerhalb der normalen Wissenschaft unnötig: „Daß die Wissenschaftler gewöhnlich nicht danach fragen oder diskutieren, was ein bestimmtes Problem oder eine Lösung legitimiert, legt die Annahme nahe, daß sie die Antwort zumindest intuitiv wissen" (Kuhn 1976, 60). So stand etwa das gesamte Datenmaterial, das Max Planck zur Formulierung der

Quantentheorie benutzte, auch anderen Physikern seiner Zeit zur Verfügung, doch nur er erkannte darin eine bisher unentdeckte Ordnung (vgl. Polanyi 1985, 63). Er vermochte den Zugang zu einer bislang verborgenen Wahrheit zu antizipieren.

Von dieser Überzeugung, dass die wissenschaftliche Tradition ihre innovatorische Kraft aus der Ansicht speist, die heute anerkannten Ideen Etappen zu noch unbekannten Wahrheiten darstellen, entwickelt Polanyi das Konzept einer Gesellschaft von Forschern (vgl. Polanyi 1985, 76f.). Im Zentrum dieser Gesellschaft steht das denkende Individuum, das über innere Potenziale verfügt, verborgene Wahrheiten, die anderen nicht sichtbar sind, durch Andeutungen zu erkennen. Für Polanyi liegt darin die Keimzelle für eine freie und dynamische Gesellschaft, in der sich der einzelne Mensch einem speziellen Problem zuwendet. Doch ist die Gesellschaft von Forschern durch einen strukturellen Unterschied im Hinblick auf das Autoritätsverhältnis von der dogmatischen Gesellschaft unterscheidbar. Dies wird erreicht durch das Prinzip der wechselseitigen Kontrolle, wie es in der Wissenschaft am elaboriertesten vorhanden ist. Es ist dabei für WissenschafterInnen möglich, für einen Forschungsbereich, für den sie nicht im engeren Sinne Kompetenz besitzen, Kritik zu üben und einen Beitrag zum Wissenschaftsprozess zu leisten (vgl. Polanyi 1985, 77). Autorität wird dadurch wechselseitig ausgeübt und bewahrt so die wissenschaftliche Tradition, ein Verfahren wie es das gängigerweise praktizierte Peer-Review-Verfahren anschaulich macht. Die kodifizierte Darstellung von Wissen (explizites Wissen) ist dabei die Grundlage für Verbreitung und Kritik. Im Übrigen handelt es sich dabei um ein Prinzip, das gerade Wissensprozesse in den Social Media kennzeichnet und z. B. bei der Online-Enzyklopädie Wikipedia bzw. bei der Open-Source-Software-Produktion zur Anwendung kommt (vgl. Kap. 5).

Ähnliche Strukturen wie in der Wissenschaft erkennt Polanyi auch auf dem Gebiet der Kunst und Literatur sowie überhaupt in sozialen Gruppenbildungen, die auf totalitäre Systeme einen destabilisierenden Effekt ausüben, indem sie auf Basis ihrer jeweils eigenen Denkbemühungen zu eigenen Ansichten und Erkenntnissen kommen. Er geht dabei noch nicht so weit wie etwas später Paul Feyerabend, der in „Erkenntnis für freie Menschen" (1980) das Recht der Autoritätskritik im Hinblick auf die Wissenschaft auf alle Laien ausdehnt und die Wissenschaft anderer Erkenntnisformen radikal gleichstellt. Feyerabend unterwirft das Wissenschaftssystem der sozialen Kontrolle und will auch die inhaltliche Kontrolle nicht immunisiert wissen:

> „[E]s ist nicht nur dumm, sondern auch unverantwortlich, das Urteil von Wissenschaftlern und Ärzten ohne jede weitere Untersuchung zu akzeptieren. Wenn eine Sache entweder für eine kleine Gruppe oder für die Gesellschaft als ganze von Wichtigkeit ist, dann muß dieses Urteil der genauesten Prüfung unterzogen werden" (Feyerabend, 1980, 190, Herv. i.O.).

Polanyis Differenzierung in implizites und explizites Wissen ließe sich noch fortentwickeln in explizierbares Wissen und expliziertes Wissen (vgl. Abbildung 9). Während ersteres den Anteil am impliziten Wissen beschreibt, der grundsätzlich ausgedrückt und damit zumindest potenziell anderen zur Verfügung gestellt werden kann, meint letzteres die tatsächlich kodifizierte Information, streng genommen also gar kein Wissen im engeren Sinne (vgl. Gutounig u.a. 2007a, 15).

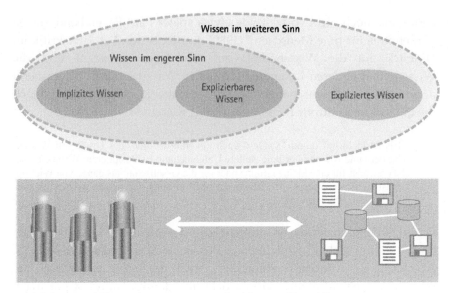

Abbildung 9: Wissen im engeren und weiteren Sinn (Gutounig u.a. 2007a)

Es wird hier also unterschieden, ob das Wissen für die WissensträgerInnen artikulierbar ist oder nicht. Dennoch zeigt die Verbindung des personengebundenen Teils (explizierbares Wissen) und des personenunabhängigen Teils (expliziertes Wissen) die enge Verbindung der beiden auf. Bei der Analyse von netzwerkartigen Informationssystemen sind wir aufgrund der medial vermittelten Struktur also auch teilweise auf Wissen im weiteren Sinne angewiesen.

Knowing how und knowing that

Aus den von Polanyi genannten Beispielen geht – wie erwähnt – die gleichwertige Betrachtung von theoretischem und praktischem Wissen hervor. Nicht völlig kongruent, doch in die gleiche Richtung gehend, ist die Unterscheidung zwischen „wissen" und „können" in deutscher Sprache bzw.

die Unterscheidung von knowing that und knowing how bei Gilbert Ryle. Während „wissen" ein positives Faktenwissen beschreibt, das im Wesentlichen aus nichts anderem als Daten besteht (vgl. Willke 2004, 34), legt „können" den Schwerpunkt auf die Fähigkeit, bestimmte Tätigkeiten ausführen zu können, auch wenn man nicht in der Lage ist, sie zu explizieren. Hintergrund diese Herangehensweisen ist jeweils die Fragestellung, ob „Wissen im Prinzip ‚sauber', das heißt relativ einfach zu repräsentieren, oder (...) ‚unsauber', das heißt intrinsisch ‚schmutzig', beziehungsweise heuristisch, ‚hintergründig' und letztlich nicht komplett repräsentierbar ist" (Baumgartner 1993, 15f).

In „The Concept of Mind" versucht Ryle darzulegen, dass „Wissen" kein verborgener Vorgang ist, der sich als mentaler Vorgang in den Köpfen von Personen abspielt, sondern untrennbar verknüpft ist mit intelligentem Handeln, das nicht gleichbedeutend ist mit mechanisch Gelerntem: „To be intelligent is not merely to satisfy criteria, but to apply them" (Ryle, 1949, 29). Was wir mit intelligentem Verhalten – und damit mit „Wissen" im hier untersuchten Sinne – meinen, ist also nicht die Quantität von angeeignetem Stoff, sondern die Fähigkeit, Probleme eigenständig zu lösen. Ryle verortet diese Fähigkeit in einer Art philosophischem Behaviorismus jedoch nicht als eine geistige, sondern als der intelligenten Handlung immanente, die ihrerseits keine innere explizite Darstellung der Handlungskriterien erfordert:

"It is therefore possible for people intelligently to perform some sorts of operations when they are not yet able to consider any propositions enjoining how they should be performed. Some intelligent performances are not controlled by any interior acknowledgements of the principles applied in them" (Ryle 1949, 31).

In diesem Punkt trifft sich Polanyis Konzeption mit der von Ryle, indem dem praktischen und zugleich impliziten Wissen ein eigenständiger und von Maßstäben intelligenten Verhaltens geregelter Bereich zugestanden wird.

Deklaratives und Prozedurales Wissen

Eine Unterscheidung in der modernen Kognitionspsychologie, die für den Kontext eines Informationssystems in besonderem Maße relevant erscheint, ist diejenige zwischen *deklarativem Wissen* und *prozeduralem Wissen*. Deklaratives Wissen bezieht sich auf Tatsachen und Dinge, ist daher ein Faktenwissen und damit eng verwandt mit Ryles *knowing that* und Polanyis explizitem Wissen. Es ist der Form nach statisch, jedoch zeitlich nicht invariant und kann durch neue Erkenntnisse ersetzt werden. Das deklarative Wissen wird durch Beobachtung oder externe Anweisung unmittelbar abgespeichert (vgl. Anderson u.a. 1995, 169).

Prozedurales Wissen wiederum bezieht sich auf die "Art, wie kognitive Prozesse ausgeführt werden, insbesondere etwa beim Problemlösen" (Anderson 1988, 187). Dieses Problemlösen bedient sich dabei verschiedener Techniken, z. B. Analogieschluss, bei dem neue Problemstellungen durch strukturelle Ähnlichkeiten auf bereits vorhandene Problemlösungskompetenzen abgesucht werden. Das prozedurale Wissen kann als "Menge von Produktionen beschrieben werden, die Handlungen festlegen, mit denen die Zielzustände unter den jeweils gegebenen Bedingungen erreichbar sind" (Anderson 1988, 187). Als wichtiger Schritt hin zur Lösung eines Problems erweist sich dabei oft eine operatorgerechte Darstellung, eine Repräsentation des Problems, die die Einzelteile auch gesondert von ihrer ursprünglichen funktionalen Einheit zu betrachten vermag. Das Problemlösen kann durch die Zurverfügungstellung von relevantem Wissen erleichtert werden. Im Gegenzug erschwert bzw. verzögert das Vorhandensein von irrelevantem Wissen den Lösungsprozess (vgl. 3.4.4). Der Prozess des Problemlösens ist gekennzeichnet durch Zielgerichtetheit (Was soll erreicht werden?), Zerlegung in Teilziele (Welche Schritte müssen unternommen werden, um das Ziel zu erreichen?) und Auswahl der Operatoren (Welche Handlungen müssen vollzogen werden, um die Teilziele zu erreichen?). Das kognitionspsychologische Wissensmodell ist streng subjektgebunden, da es nur mental ablaufende Prozesse mit einbezieht (vgl. Pscheida 2010, 29).

Ergebnis des prozeduralen Lernens ist eine Verhaltensdisposition bzw. Fähigkeit (vgl. Roth 1996, 129).

3.4.2 Wissensprozesse

Von Wissensprozessen spricht man u. a., um zu beschreiben auf welche Weise Menschen Sinneswahrnehmungen mit Fähigkeiten und Kenntnissen, die sie bereits besitzen, in Verbindung bringen (vgl. Sveiby 1998, 58). Die Integration von Wissen ist somit charakterisiert als individueller Vorgang, der von jedem Menschen unter den jeweils besonderen Umständen seines Lebens geleistet wird und der nicht durch formale Operation oder künstliche Intelligenz ersetzbar scheint (vgl. Sveiby 1998, 56). Diese Art der Beschreibung hebt auch den dynamischen Charakter des Wissens hervor, womit es eher als Aktivität, denn als statischer Zustand gesehen wird (vgl. Kap. 5.1.2).

Der Ansatz des geschäftsprozessorientierten Wissensmanagements gebraucht ebenfalls den Begriff Wissensprozesse, um Wissensaktivitäten mit Geschäftsprozessen in Unternehmen zu verknüpfen (vgl. Abecker 2002, 93). Es handelt sich dabei um einen Ansatz, der verschiedene Aspekte des Wissensmanagements (z. B. Wissensbedarf) entlang der Wertschöpfungskette eines Unternehmens modelliert. Hier wird mit Wissen jedoch tatsächlich zum Teil so verfahren, als handle es sich – wie KritikerInnen des Wissensmanagements gelegentlich anmerken – um die Modellierung von Wissensprozessen analog dem „Modell der Produktion eines beliebigen Gutes" (Liessmann 2006, 143).

Wir wollen hier Wissensprozesse in einem etwas weiter ausgelegten Sinne verstehen, nämlich als den Vorgang der Entstehung, Verbreitung und Anwendung von Wissen im Sinne des interdependenten Aktionsmodells (siehe Abbildung 10).

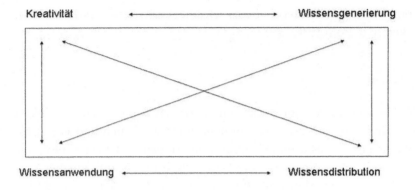

Abbildung 10: Wissensprozesse (nach Götschl 2001a)

Dies ist zu betrachten unter den bereits oben erläuterten systemischen Voraussetzungen (vgl. Kap. 3.4.1.2), die eine ausschließlich technische Betrachtung von Wissen von vornherein ausschließen sowie als Beitrag zu einer operationalen Erkenntnistheorie im Sinne des diskutierten konstruktivistischen Modells. Die soziale Wirksamkeit von Wissen soll dabei jedoch auch immer mitgedacht werden (vgl. Kap. 5). Abzugrenzen ist dieser Zugang zunächst von einer klassischen, linear orientierten Modellierung:

Kreativität → Wissensgenerierung → Wissensdistribution → Wissensrealisierung

Dieses Modell ist gegenüber dem o.a. (vgl. Abbildung 10) unzureichend, da es die zahlreichen vorhandenen wechselseitigen Wechselwirkungen zwischen den Bereichen unberücksichtigt lässt und ist durch das interdependente Modell zu ersetzen (vgl. Götschl 2001a, 119). Unzureichend ist es nicht zuletzt deshalb, da heute Kreativität nicht nur die Wissensgenerierung, sondern auch Wissensdistribution und Wissensrealisierung direkt beeinflusst (vgl. Götschl 2001b, 30). Dies zeigt sich z. B. in den Aktivitäten des Wissensmanagements, die v. a. den letzteren beiden Kategorien und deren innovativer Weiterentwicklung große Aufmerksamkeit schenken. Angenommen wird, dass Wissensprozesse in der Wissensgesellschaft zunehmend selbst-organisierende Attraktoren-Prozesse mit nicht-hierarchischem und multidimensionalem Charakter darstellen (vgl. Götschl 2001b, 27 sowie Kap. 5.1.1.5). Dies anerkennt die nicht-lineare Dynamik, die in vielen lebenden wie sozialen Systemen zu finden ist (vgl. Kap. 5.1.1). Empirische Befunde anhand von Fallbeispielen werden in Kap. 5.4 sowie 5.3 geliefert.

Im Sinne einer operationalen Erkenntnistheorie wird im Wissensprozess auch ständig die Abfolge (1) Generierung von Daten, (2) Systematisierung (Information), (3) Integration in Kontexte (Wissen), (4) Handlung und den daraus entstehenden Handlungsfolgen, die wieder neue Daten generieren usw., durchlaufen. Es ist dies auch eine Abfolge von operationalen (Datengewinnung, Handlung) und konzeptionellen Schritten (Systematisierung und Wissensgenerierung durch Integration in bereits bestehende Kontextfelder). "Wissenschaftliches Wissen transformiert sich zunehmend zu einer dynamischen Einheit von Wissenserzeugung, Wissensaneignung, Wissensdistribution und Wissensanwendung" (Götschl 2003, 82). Durch die zahlreichen von der Anwendungsebene aus generierten Datenmengen ist – zumindest im pragmatischen Sinne – von einer Weiter- bzw. Höherentwicklung (Fortschritt) bei den Wissensprozessen auszugehen, sofern sie sich durch viable Lösungen auszeichnen. Möglich wäre dies z. B. durch Generierung neuer Daten im Wissensanwendungsprozess, die verknüpft mit dem Kreativitätspotenzial zu einem besseren Wissen führen können (s. Abbildung 11). In der Begrifflichkeit der Theorie der Selbstorganisation (TSO) stellen diese Übergänge auf eine höhere Ebene Phasensprünge dar (vgl. Kap. 5.1.1). Werden durch die Wissensanwendung keine brauchbaren Daten erzeugt bzw. gelingt die Integration in das Kreativitätspotenzial nicht, bleibt das Wissen auf derselben Stufe. Im Extremfall ist auch der Niedergang des Wissens möglich.

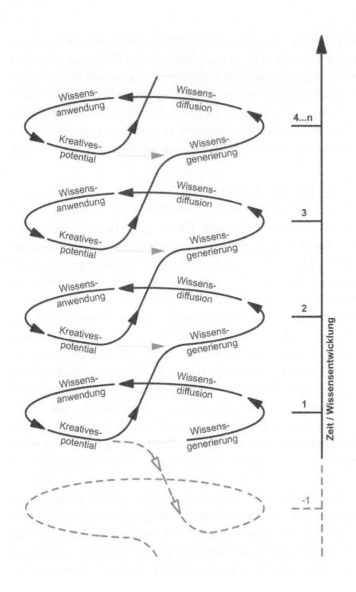

Abbildung 11: Wissensspirale

Mithilfe dieser begrifflichen Unterscheidung steht ein Instrumentarium zur Verfügung, dass es ermöglicht Wissensprozesse in verschiedenen Konfigurationen zu analysieren, wobei in dieser Untersuchung besonderes Augenmerk auf Wissensprozesse in Netzwerkstrukturen sowie die durch die Digitalisierung und Erweiterung der Kommunikationsmöglichkeiten entstandenen Wissensprozesse (kollaborative Wissensarbeit) gelegt wird.

3.4.3 Wissenstransfer

Wissenstransfer meint, dass Wissensbestände von einem Individuum auf ein anderes übertragen werden. Von *Wissenstransfer im engeren Sinne* kann lediglich gesprochen werden, wenn ein zielgerichteter Austausch zwischen zwei InteraktionspartnerInnen erfolgt. Bei einer 1:n-Beziehung des Wissenstransfers spricht man auch von *Wissensdiffusion* (vgl. Stocker/Tochtermann 2010, 36). Wissenstransfer und Wissensdiffusion sind im Wissensmanagement-Diskurs meist unidirektional modelliert, was besonders im Kontext des Aufkommens von Social Media einer Anpassung bedarf (vgl. Kap. 5). Diese Medienformen ebnen v. a. aufgrund ihrer Symmetrizität der über sie ablaufenden Kommunikationsprozesses die Unterschiede zwischen SenderIn und EmpfängerIn tendenziell ein.

Wissen wird durch Teilung in der Regel vermehrt (vgl. Sveiby 1998a, 45) und steigt durch Anwendung im Wissensprozess bzw. durch Weitergabe an Wert, z. B. durch Generierung neuer Daten. Das zwischen Systemen (z. B. Organisationen) transferierte Wissen bleibt daher sowohl bei den WissensgeberInnen als auch bei den WissensnehmerInnen weiterhin vorhanden und wird durch Generierung von Daten mithilfe neuer Anwendungen verbessert. Drucker analysiert auf Basis des Begriffs der Information: „Gebe ich Informationen preis, so verliere ich sie dadurch nicht, mehr noch, Informationen werden umso wertvoller, je größer die Anzahl der Menschen ist, die über sie verfügen können" (Drucker 2005, 47).

Grundsätzlich setzt der häufig verwendete Begriff des Wissenstransfers implizit voraus, dass bei potenziellen EmpfängerInnen im Kommunikationsprozess die gleiche oder zumindest eine ähnliche Botschaft ankommt. Gerade dies ist unter Annahme kybernetischer Kommunikationstheorien jedoch nicht der Fall (vgl. Wersig 1974, 92). Dort ist die Kommunikation zwischen zwei PartnerInnen wesentlich mitbestimmt durch die Position eines Beobachters (vgl. von Foerster 1993b, 129). Die Idee des Wissenstransfers bzw. des Wissensteilens scheint also unter Berücksichtigung der Erkenntnisse der konstruktivistischen Erkenntnistheorie (vgl. Kap. 3.4.1.2) an einige Hindernisse zu stoßen. Nicht wie beim materiellen Güteraustausch steht die Knappheit und ausschließbare Nutzung beim Wissenstransfer im Vordergrund. Die „Knappheit" wird hier eher durch das Missverstehen durch den Kommunikationspartner gebildet (vgl. Caraca 2003, 19). Beim Austausch von reinen Informationen jedoch gilt diese Gefahr in vermindertem Maße. Eine größere Wahrscheinlichkeit zur Übertragung von Wissen besteht nur dann, wenn die Kommunikationspartner ähnliche Wissensbasen haben und über eine geteilte Sprache und Kultur verfügen (vgl. Schneider 2001a, 56). Wissen im engeren Sinne kann aufgrund der dafür nicht geeigneten Systemeigenschaften aber nicht direkt übertragen werden. Dies ist lediglich indirekt über den Transfer von Daten bzw. Signalen möglich: „Aus bits wird eine Nachricht, aber deren Bedeutung ergibt sich erst aus dem Wissen des Empfängers, der den empfangenen Signalen die entsprechende Bedeutung zuweisen muss" (Florey 1996, 181). Es wurde deshalb auch vorgeschlagen, anstatt von Wissenstransfer von *Wissensinduktion* zu sprechen (vgl. Sammer 2000, 74). Wissensinduktion ist der Prozess bei dem Wissen innerhalb eines Organismus entsteht bzw. erweitert wird. Man unterscheidet dabei zwischen drei Arten: (1) direkter Wissensinduktion durch Kommunikation. Diese wird idealtypisch in einem dialogisch orientieren Lernsetting realisiert. (2) Indirekte Wissensinduktion durch Information: Hier wird ausgelöst durch externalisiertes Wissen eigenes Wissen erzeugt, indem Informationen in den eigenen Wissenskontext eingebaut werden. Schließlich (3) Selbstinduktion durch Lernprozesse. Selbstinduktion besteht aus dem Prozess des Handelns, welcher unmittelbar mit der Wahrnehmung der Handlungsresultate neues Wissen entstehen lässt (vgl. Sammer 2000, 76). Abhängig von der veränderbaren Wissensbasis des Organismus können die gleichen Daten gänzlich andere Erkenntnisprozesse auslösen.[15] Je größer das Wissen eines Organismus ist, desto besser kann er neues Wissen aufnehmen, da er es leichter in die Wissensbasis einbauen kann.

3.4.3.1 Das Problem des Transfers von implizitem Wissen

Ein klassisches Problem des didaktischen Wissenstransfers stellt die Weitergabe impliziten Wissens dar. Die erfolgreiche Übernahme des expliziten Anteils garantiert noch kein Können, auf das zahlreiche Ausbildungswege abzielen:

> „Bei der Vermittlung expliziten Wissens stellen wir zwar häufig fest, daß Lernende dieses Wissen dann reproduzieren können; es wird aber nicht immer handlungswirksam und seine „Trägheit" bildet einen wesentlichen Kern dessen, was so häufig als „Theorie-Praxis-Problem" diskutiert wird" (Neuweg 2001, 6).

Dieses Problem stellt sich auch im Wissensmanagement, das im organisationalen Kontext auf der Weitergabe von Wissen und Fähigkeiten aufbaut. Weitergegeben werden können v. a. expliziert vorhandene Informationsmengen, die auch über Datenmanagementsysteme bzw. Schulungen transportiert werden können. Implizites Wissen ist aber aufgrund der bereits genannten Systemeigenschaften (vgl. Kap. 3.4.1.2) für solche Weitergabeformen nicht oder nur sehr bedingt geeignet. Die Strategie es nutzbar zu machen ist ein ständiger Kreislauf: Implizites Wissen erkennen, es explizit machen, strukturieren und aufbereiten, sodass es vermittelt werden

---

15 Man denke als triviales Beispiel daran, wie unterschiedlich die Nachricht vom Ableben einer Person aufgenommen wird, je nachdem, ob man die Person gekannt hat oder nicht.

kann. Dann kann es in den Köpfen der MitarbeiterInnen wiederum zu implizitem Wissen werden und der Prozess beginnt von neuem. Kompetenz – als Erscheinungsform von implizitem Wissen – lässt sich am ehesten übertragen, wenn der Empfänger am Prozess beteiligt ist, wie etwa in Meister/Lehrlingsbeziehungen (vgl. Sveiby 1998, 74). Diese Weitergabe kann als Sozialisation bezeichnet werden (vgl. Nonaka/Takeuchi 1997, 75f), da hier implizites Wissen wiederum direkt zu implizitem Wissen wird, das nicht notwendigerweise den Umweg über Kodifizierung erfordert.

Die Nutzbarmachung dieser Art von Wissen funktioniert jedoch kaum über indirekten Wissenstransfer (z. B. schriftliche Kommunikation). Dieser basiert auf expliziertem Wissen, gelungener Transfer ist daher nur in bestimmten, günstigen Fällen möglich (s.o.). Information überträgt Wissen nur indirekt, deshalb müssen wir in Anknüpfung an das Basismodell des Wissensmanagements (vgl. Abbildung 3) zwischen Wissenstransfer auf der Wissensebene einerseits und Transfer auf der Informations- und Datenebene andererseits unterscheiden (vgl. Gutounig u.a. 2007b, 145). Ersterer erfolgt durch soziale Vernetzung (z. B. Face-to-Face-Kommunikation) oder durch Vernetzung mittels Informations- und Kommunikationssystemen und stellt die hochwertigste Form des Transfers von implizitem Wissen dar.

Implizites Wissen wird v. a. durch Tradition – also durch praktisches Tun –übertragen, und zwar dort, wo Menschen aufeinander treffen und sich austauschen bzw. durch Learning by Doing (vgl. Sveiby 1998, 81). Es wird auch dort übertragen, wo ein Erfahrungskontext geschaffen wird, der über das Wissen von Personen hinaus organisationales Wissen erzeugt (vgl. Willke 2001a, 35). Ein Instrument des Wissensmanagements dafür sind die Communities of practice, die als Netzwerke von PraktikerInnen dargestellt werden können, die meist eine bestimmte thematische Ausrichtung besitzen. Diese sind im Unterschied zu Projektgruppen und Teams nicht offiziell Teil einer Organisation, sie müssen nicht an eine höhere Stelle berichten. Sie bestehen freiwillig, sind langlebiger und stehen nicht ständig unter dem Druck eine Neuentwicklung abliefern zu müssen (vgl. Stewart 1998, 103). Was bei diesen Gruppen meist im Vordergrund steht, ist der gemeinschaftliche Lernprozess und die gemeinschaftliche Erfahrung (vgl. Saphörster 2004, 69). Auf diese Weise wird dem spezifischen Charakter des impliziten Wissens Rechnung getragen und es kann dennoch durch Weitergabe fruchtbar gemacht werden. Außerdem kann soziales Kapital angehäuft werden. So schätzen etwa ExpertInnen die (öffentliche) Anerkennung ihrer Leistung und Kreativität (vgl. Sveiby 1998, 88).

Die Schwierigkeit mit solchen Gruppen für das Wissensmanagement besteht nun darin, dass sie sich nicht einfach „managen" lassen. Versuche, sie bewusst steuern zu wollen, können sie oft sogar lähmen (vgl. Stewart 1998, 104), da durch Fremdsteuerung der Selbstorganisationsgrad negativ beeinflusst wird. Dies verweist auch auf die Problematik der Steuerung komplexer Systeme (vgl. Kap. 5.1.1). Dennoch kann man versuchen, ein Umfeld zu schaffen, dass solche Communities of Practice gedeihen lässt. Der erste Schritt besteht darin, ihre Bedeutung zu erkennen und zu versuchen sie zu identifizieren. Dann sollten ihnen ausreichend Mittel zur Verfügung gestellt werden, wobei diese aufgrund ihres informellen Charakters meist sehr gering sind. Meist genügt es, ein geeignetes Kommunikationssystem (etwa ein Intranet) bzw. Orte zur Verfügung zu stellen, an denen in angenehmer Atmosphäre Wissensaustausch betrieben werden kann oder ein Jobrotations-Modell einzuführen, das die MitarbeiterInnen für die Probleme anderer Abteilungen sensibilisiert. Generell kann bei bestimmten Gruppenkonstellationen auf die Mechanismen der Selbstorganisation gebaut werden (vgl. Kap. 5.1.1).

Besonders durch verteilte internetbasierte Plattformen wurde die Community-Bildung erheblich begünstigt. Obwohl hier einige Unterschiede zum Konzept der Community of Practice auszumachen sind, treten auch hier typische Gemeinschaftsaspekte auf, die sich auch für verschiedene Wissensprozesse nutzbar machen lassen (vgl. Kap. 5). Als Beispiel könnten hier u.a. Wikis (vgl. Kap. 5.4.1) genannt werden, die einige Charakteristika von Communities of Practice aufweisen.

3.4.3.2 Die Bedeutung der Medien im Wissenstransfer

Eine Analyse des Wissenstransfers kann die Problematik der medialen Vermittlung nicht außer Acht lassen. Was immer übertragen wird, wird medial vermittelt. In der Philosophie des 20. Jahrhunderts hat sich mit der Medienphilosophie ein breiter Strang entwickelt, der sich dieser Frage annimmt. Eine der einflussreichsten Strömungen innerhalb dieser Gruppe betont die generative Funktion von Medien bei der Übermittlung. Als paradigmatisches Beispiel kann hier Marshall McLuhans zugespitzte These „the Medium is the Message" (2001, 7) herhalten. Das Medium prägt nicht bloß die Botschaft mit, verändert sie nicht nur, jedes (neue) Medium bringt gänzlich neue Möglichkeiten hervor, in dem es zuvor ungeahnte Möglichkeiten realisiert. Dieser Ansatz steht in den Geisteswissenschaften für einen radikalen Perspektivenwechsel, der die zuvor als sekundäre Phänomene betrachteten Medien radikal ins Zentrum der Analyse beförderte (vgl. Krämer 2008, 21). Einige Kernbereiche philosophischer Analyse wie die Erkenntnistheorie und die Sprachphilosophie bleiben von der Frage der medialen Vermitteltheit jedoch noch weitgehend unberührt, weil sie von der Art der Vermittlung absehen. Die Besonderheiten des Kognitionsapparates spielen in der klassischen Erkenntnistheorie ebenso eine untergeordnete Rolle wie das Zustandekommen von Kommunikation in der Sprachphilosophie. Die Medienphilosophie hat demgegenüber das Medium in den Mittelpunkt der Analyse gesetzt. Eben dieser These, dass die Botschaft – bzw. hier das Wissen – durch die Einführung Neuer Medien nicht unverändert bleibt, wollen wir später nachgehen (vgl. Kap. 5).

3.4.3.3 Wissensmodelle im Kontext digitaler Netzwerkstrukturen

Bezogen auf den Anwendungskontext dieser Arbeit und im Hinblick auf die o.a. Wissensmodelle, können wir feststellen, dass in verteilten digitalen Netzwerken der Transfer von Wissen im engeren Sinne nicht im Vordergrund stehen muss. Primär handelt es sich um vernetzte Informationssysteme, die die Kommunikationsprozesse zwischen den NutzerInnen herstellen können, wie z.b. Social Media, deren Wissensaspekte wir noch später beleuchten wollen (vgl. Kap. 4.1.2). In Anwendung der Definition von Wissensmanagement als Management von Rahmenbedingungen für Wissensprozesse (vgl. Kap. 3.3.1), stellen diese Medien jedoch ein geeignetes Umfeld für den Aufbau der individuellen Wissensbasis dar. Bereits für Medienformen wie z. B. Diskussionsforen wurde festgestellt, dass sie sich zum Transfer auch informeller, persönlicher Wissensbestände (z. B. implizites Wissen) bis zu einem bestimmten Grad eignen (vgl. Alavi/Leidner 2001, 121). Dies wohl auch, weil sich durch die wiederholten Frage-Antwort-Strukturen in solchen Foren ein Prozess des Sozialisationslernens vollzieht. Inwiefern durch den Vernetzungseffekt auch qualitativ neuartige Wissensprozesse und Synergieeffekte auftreten können, soll noch analysiert werden (vgl. Kap. 5.1.1).

3.4.4 Schlussfolgerungen zum Wissensbegriff

Die Betrachtungsweise der psychologisch-konstruktivistischen Ansätze (vgl. Kap. 3.4.1.2) schließt subjektgebundes Wissen im engeren Sinne aus. Eine solche kritische Position soll jedoch nicht darüber hinwegtäuschen, dass zahlreiche AutorInnen Wissen entweder auch als personenunabhängig definieren (z. B. als vorhanden in Wissensspeichern, Datenbanken, Bibliotheken, etc.). Teilweise wird es auch in anonymisierten Regelsystemen innerhalb von Organisationen verortet (vgl. Willke 2001a, 103). Auch wenn in vielen Aspekten der konstruktivistisch-kybernetische Wissensbegriff adäquater scheint, ist vielmehr darauf zu achten, welche Unterscheidungen der jeweiligen Definition zugrunde liegen. Um einen wesentlichen Teil der Forschung (und auch des allgemeinen Sprachgebrauchs) nicht auszuschließen, soll auf die bereits getroffene Unterscheidung zwischen Wissen im engeren Sinn und Wissen im weiteren Sinn zurückgegriffen werden (vgl. Abbildung 9). Beides können wir daher als *Wissen* bezeichnen und können doch auf die relevanten systemischen Unterschiede – wo nötig – verweisen.

In vielfältiger Weise reflektiert diese Differenzierung auch die Unterschiede bei den Wissensformen (vgl. Kap. 3.4.1.3), so dass man auch bei expliziertem Wissen – also z. B. kodifizierte Information – unter bestimmten Bedingungen von Wissen (im weiteren Sinne) sprechen kann. Teilweise ist bei solch kodifizierten Informationen auch von „potenziellem Wissen" (Schneider 2001a, 92) die Rede, abhängig vom kognitiven Kontext des Rezipienten. Je besser sich die soziale Wissensebene und die Datenebene verzahnen, desto größer ist die Wahrscheinlichkeit, dass handlungsrelevantes Wissen entstehen kann. Dies ist v. a. im Bereich von Social Media bzw. anderen intelligenten Tools (z. B. semantischen Technologien u.a.) der Fall (s. a. Abbildung 13).

Auf diese Weise kann auch besser ein wissenssoziologischer Ansatz integriert werden, der versucht zu erklären, wie Wissen auf gesellschaftliche Prozesse wirkt (vgl. Kap. 6). Der Berührungspunkt der pragmatischen und der konstruktivistischen Sichtweise bildet ihre evolutionäre Ausrichtung (vgl. Kap. 5.1.2). Beide verzichten weitgehend auf den Begriff der Wahrheit, indem sie ihn durch Handlungsfähigkeit bzw. durch Viabilität ersetzen. Was „wirkt" ergibt sich aus Handlungsfolgen bzw. ist zu messen daran, ob das System evolutionär weiter besteht.

3.5 Resümee 2

Nach den eher methodologischen Überlegungen beschäftigt sich der 3. Teil der Arbeit mit der Analyse von Wissen in unterschiedlichen disziplinären Kontexten. Dies soll neben der problemgeschichtlichen Perspektive auch die Relevanz der Wissensforschung aufzeigen, der sich verschiedenste Forschungsrichtungen gewidmet haben. Die Philosophie als erste wissenschaftliche Disziplin überhaupt hat bis heute ihr Interesse an Wissen und Erkenntnis nicht verloren. Wennhleich die klassische philosophische Analyse des Wissens über den engeren Diskurs der Erkenntnistheorie heute kaum hinausreicht, bildet sie doch seit Platon die Grundlage unseres Verständnisses von Wissen. Zu dieser Analyse sind zahlreiche weitere hinzugekommen. In der Moderne beinhalten u.a. der Pragmatismus, die Sprachphilosophie sowie die Diskurstheorie relevante Beiträge zur Wissensanalyse. Diese Richtungen sind deshalb hier relevant, da sie auf die Kontexte des Wissensmanagements sowie der Neuen Medien besonders starken Einfluss ausgeübt haben. Inwiefern z. B. Machtdiskurse auch für die Analyse von Wissensprozessen bedeutsam sind, soll noch näher analysiert werden (vgl. Kap. 6.1).

Innerhalb der sozio-ökonomischen Debatten wurde in den vergangenen Jahrzehnten das Konzept der Wissensgesellschaft relevant. An diesen Debatten lässt sich ablesen, wie wichtig Wissen für die heutigen Gesellschaften ist und wie stark sich Staatenverbünde, Nationalstaaten und einzelne Regionen einer Entwicklung hin zu einer Wissensgesellschaft verschreiben. Einhergehend mit der gesellschaftlichen Bedeutung ergibt sich die ökonomische Relevanz von Wissen, die sich in Wissensarbeit, immateriellen Vermögenswerten sowie im Wissensmanagement ausdrückt und die letztlich auch das Spannungsverhältnis zwischen dem Wunsch nach Orientierungswissen zum besseren Weltverständnis und dem pragmatisch grundierten Wunsch nach dem unmittelbaren Nutzen (Anwendungswissen) ausdrücken. V. a. Wissensmanagement hat in den vergangenen Jahren einen Wandel durchlebt, der eng verknüpft ist mit der Entwicklung neuer vernetzter Medienformen (Web 2.0, Social Media u.a.m, vgl. Kap. 4.1.1). All diese Phänomene der Wissensgesellschaft werden durch die besonderen Charakteristika von Wissen ermöglicht.

Gerade vor dem Hintergrund des pragmatisch orientierten Wissensmanagementdiskurses ist es erforderlich noch einen genaueren Blick auf die mit Wissen verknüpften Begrifflichkeiten zu werfen und anzuführen in welchen Formen Wissen in Erscheinung tritt und wie man sich eine Übertragung von Wissen überhaupt vorstellen kann. Im Unterschied zur eingangs erwähnten klassischen Analyse des Wissens werden in diesem Abschnitt die für die weiteren Analysen besonders relevanten herangezogen, v. a. aus den Bereichen der pragmatischen Wissensauffassung sowie des Konstruktivismus und der Systemtheorie. So werden die Unterschiede in den einzelnen Konzepten und Wissensformen deutlich, auch wenn es bislang schwierig erscheint, sich auf eine „korrekte" Auffassung zu einigen. Das Modell der Wissensprozesse bildet das elementare Modell um die einzelnen Prozesse und ihre gegenseitigen Abhängigkeiten zu veranschaulichen, die – nicht nur, aber in verstärktem Maße – in digitalen Netzwerkstrukturen wirksam werden. Eine Lehre aus der konstruktivistischen Weltsicht ist es, dass wir uns unsere Begriffe so zurechtlegen, dass sie für unsere Zwecke gut brauchbar sind. In diesem Sinne werden im unmittelbar vorangegangenen Abschnitt die Begriffe sprachlich so definiert, dass sie bei der Analyse von Wissensprozessen (s. Kap. 5) differenziert verwendet werden können.

4 Die Netzwerkgesellschaft

Ausgelöst durch die in der Informationsgesellschaft stark wachsende Bedeutung von Netzwerkstrukturen hat sich neben den Analysen zur *Wissensgesellschaft* – v. a. durch die Arbeiten von Manuel Castells (2004) – das Paradigma der *Netzwerkgesellschaft* zur Erforschung gegenwärtiger sozialer Verhältnisse herausgebildet. Spätestens seit der Verdichtung von Schienen- und Straßennetzen im 19. Jahrhundert sind Netzwerke eine der dominanten Strukturformen der modernen Gesellschaft und werden häufig als deren Sinnbild verwendet. Gesellschaftliche Analysen der Gegenwart kommen ohne den entsprechenden Bezug kaum mehr aus, zumal netzwerkförmige Verknüpfungen in verschiedensten Bereichen weiter zunehmen und hierarchische Organisationsformen zurückdrängen, die in der Industriegesellschaft dominant waren (vgl. Stalder 2006, 30). Die vorherrschende Digitalisierung und Vernetzung aller Lebensbereiche bildet so etwas wie den Kern der Wissensgesellschaft (vgl. Willke 2001a, 308), welche die Bedingungen für die Möglichkeit von verteilten Kooperationen erst schaffen. Netzwerkförmigen Arrangements wird u.a. in Wissenschaft und Wirtschaft ein größeres Innovationspotenzial zugeschrieben als z. B. hierarchischen Organisationsformen, weil sie in der Lage sind, Unstrukturiertes zu strukturieren und dennoch Flexibilität ermöglichen (vgl. Castells 2004, 76). Sie bilden so etwas wie die „neue soziale Morphologie unserer Gesellschaften" (Castells 2004, 527). Die Ergebnisse dieser Forschungen decken sich zu einem Gutteil mit denen zur Wissensgesellschaft, betonen aber durch ihre spezielle Perspektive die Bedeutung von Netzwerken für unsere gegenwärtige Gesellschaft.

Netzwerke im hier behandelten Sinne bedeuten Verschränktheiten aller Elemente eines Systems auf allen Ebenen. Sie werden durch Knoten gebildet, die miteinander verbunden sind. Die Distanz eines Knoten zu einem anderen kann zwischen Null für einen Punkt innerhalb des

Netzwerks bis unendlich für einen Knoten außerhalb des Netzwerks (vgl. Castells 2004, 528) betragen. Netzwerke bilden offene Strukturen und vermögen neue Knoten so lange zu integrieren, wie die Kommunikationsstrukturen zu den einzelnen Knoten aufrechterhalten werden können (vgl. Castells 2004, 529). Hinsichtlich ihrer ontologischen Eigenschaften sind Netzwerke nicht reduzierbar auf die Eigenschaften ihrer konstitutiven Elemente und sind durch einen hohen Grad an Interaktivität gekennzeichnet (vgl. Kap. 5.1.1).

Der Wert von Netzwerken steigt durch ihre Ausdehnung annähernd exponentiell, während die Kosten für den Ausbau (von materiell realisierten Netzwerken) nur linear ansteigen (vgl. Castells 2004, 76). Mathematisch lässt sich der Wert des Netzwerks in einer einfachen, von Robert Metcalfe konzipierten Formel angeben (vgl. Castells 2004, 76): $V=n^{(n-1)}$. Der Wert des Netzwerks V nimmt im Quadrat der Anzahl seiner Knoten (n) zu. Dieser Effekt wird umgekehrt zu einem Nachteil, weil man ohne Teilhabe andere NetzteilnehmerInnen nicht mehr erreichen kann. Ein Antrieb für Netzverdichtung ist demnach, dass die Nachteile der Nicht-Teilnahme rascher wachsen als die Menge der TeilnehmerInnen (vgl. Lübbe 1996, 29). Ab einem gewissen Punkt der Entwicklung des Netzwerks können somit die Kosten der Nicht-Teilnahme die Kosten der Teilnahme übersteigen. Ein Beispiel dafür wären die sozialen Kosten eines Individuums dafür, kein Mobiltelefon zu benützen, die durch den Druck der übrigen NetzteilnehmerInnen entstehen, ständig erreichbar sein zu müssen. Auch die Kosten für Exklusion (c) lassen sich berechnen, indem man den jeweiligen Wert des Netzwerks (V) in Beziehung zur nicht integrierten Gesamtpopulation (N-n) setzt: $c = V/N-n$ (vgl. Tongia/Wilson 2007, 12). N repräsentiert die Gesamtpopulation, die Differenz ergibt also alle weiteren potenziellen NetzwerkteilnehmerInnen. Ab dem Punkt, an dem die Kosten für die Exklusion den Wert für die Inklusion übersteigen, sollten rational agierende Individuen dem Netzwerk spätestens beitreten. Während die Geltung von Metcalfes „Gesetz" (besser Metcalfes Regel) für technologische Netzwerke (wie z. B. Ethernet bzw. Telefonnetzwerke) weithin akzeptiert ist, stößt sie bei persönlichen sozialen Netzwerken an ihre Grenzen, u.a. da die Interaktionsmöglichkeit von Individuen nicht unendlich ist (vgl. Kap. 4.1.1).

Mit der Realisierung des World Wide Web wurde die bereits vorher in Theorie und in einigen Teilbereichen realisierte Netzwerkstruktur plötzlich überwältigend real (vgl. Zimmerli 2010, 44). Als ein bedeutender Indikator dafür kann der *Networked Readiness Index* (NRI) herangezogen werden, der die Bereitschaft von Staaten misst, die durch Informationstechnologie erreichten Möglichkeiten zu nutzen. Ähnlich wie bei den Indizes zu den Wissensgesellschaften (vgl. Kap. 3.2) befinden sich auch hier skandinavische Staaten (Schweden, Finnland) sowie Singapur voran (vgl. Abbildung 12):

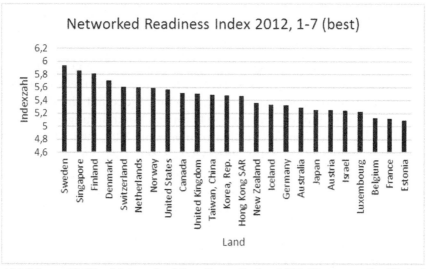

Abbildung 12: The Networked Readiness Index 2012 (Datenquelle: Global Information Technology Report 2012)

In Nordamerika (78,6%) und in Europa (63,2%) sind 2012 weit mehr als die Hälfte der Bevölkerung durch Nutzung digitaler Services vernetzt (vgl. Miniwatts Marketing Group 2012), in Österreich liegt dieser Wert bei rund 81% (vgl. Austrian Internet Monitor 2012, 3).

Einer der Vorteile von dezentralisierten Netzwerken wird in ihrer Zerstörungssicherheit gesehen. Es hat einige Symbolkraft, dass selbst das Internet (als Netzwerk von Netzwerken) aus Plänen einer Agentur des amerikanischen Verteidigungsministeriums (DARPA) entstanden ist, welche die dezentralisierte Netzwerkarchitektur gleichsam als Umsetzung maoistischer Guerillataktik auf die Computerarchitektur realisierte. Auf diese Weise wollte man es besonders angriffsresistent gestalten (vgl. Castells 2004, 6f). Ein wesentlicher Grund für die Widerstandsfähigkeit liegt in der offenen und heterogenen Struktur des Internets begründet, die im Wesentlichen auf Abkommen zwischen geografisch benachbarten Netzen beruht (vgl. Grassmuck 2004, 200).

4.1.1 Mediatisierte Kommunikation in der Netzwerkgesellschaft: Web 2.0 und Social Media

Kommunikation über vernetze *Hypermedien* ist das formgebende Austauschprinzip der Netzwerkgesellschaft. Hypermedien schließen alle Medienformen von Hypertext, Grafik, Audio und Video mit ein, die durch die Netzwerkstruktur des Internets in Form von Verknüpfungen (Knoten) aufeinander verweisen (vgl. Kühhirt/Rittermann 2007, 299). Das World Wide Web stellt dabei auch lediglich einen – wenngleich den meistgenutzten – Dienst des Internets dar, das sich jedoch in zahlreichen weiteren Formen realisiert. Die globale Vernetzung von Computern ermöglicht weit mehr als nur die Vernetzung zwischen menschlichen KommunikationspartnerInnen. Es werden komplexe Systeme vernetzt, die wechselseitige Abhängigkeiten erzeugen (vgl. Hillis 2011, 30). Als *internet of things* kann es von Logistik über Produktionsprozesse bis hin zur Krankenpflege durch die Vernetzung von Einzelsystemen „Entscheidungen" treffen, die unser alltägliches (Über-)Leben ermöglichen: „Wir haben unsere Rationalität in unseren Maschinen verkörpert und ihnen viele unserer Entscheidungen übertragen (...) (Hillis 2011, 31).

Der Zugang zu Kommunikationsplattformen und *Social Media* (dt. auch *Soziale Medien*) ist durch die verfügbaren Schnittstellen (Mobile

Computing: Handhelds, Smart Phones, Notebooks, etc.) ubiquitär. Dies bringt eine immer stärkere Hybridisierung des Mensch-Maschine-Interface mit sich: Beide Elemente wachsen auf mehreren Ebenen zusammen. Der Nutzungsanteil des mobilen Internets in Deutschland hat sich seit 2009 mehr als verdoppelt (vgl. van Eimeren/Frees 2012, 366f). Wir leben gegenwärtig mehr *in* als *mit* diesen Medienformen. Diese Multiplizierung der Zugangsmöglichkeiten hat zum Erfolg dieser Medienformen enorm beigetragen und soll noch genauer analysiert werden (s. Kap. 5.1.1). „The new electronic interdependence recreates the world in the image of a global village" (McLuhan 1962, 31). Dieser nahezu prophetische Satz von Marshall McLuhan gilt in der mediatisierten Netzwerkgesellschaft mehr denn je. Neil Postman hat bereits für das damalig neue Medium Fernsehen festgestellt, dass neue Medienformen auch immer die Art und den Inhalt des öffentlichen Diskurses verändern bzw. dass sie darüber hinausgehend unsere Möglichkeiten, die Wirklichkeit zu erkennen, verändern (vgl. Postman 1985, 17). Es wiqrd daher im Folgenden die Fragestellung behandelt, welche Veränderungen die durch Social Media realisierten Netzwerke mit sich bringen.

Der Begriff *Social Media* selbst hat sich gegenüber dem ursprünglich von Tim O'Reilly geprägten und meist gleichbedeutend gebrauchten Begriff *Web 2.0* zusehends durchgesetzt. O'Reilly sah in seinem Konzept *1.0 vs. 2.0* v. a. gegensätzliche Webkonzepte am Werk („Netscape vs. Google", „Persönliche Webseiten vs. Blogs" etc.) (vgl. O'Reilly 2005). Gegenübergestellt werden hier unterschiedliche Unternehmenskonzepte bzw. Anwendungen. Einerseits Systeme, die etwas anbieten (z.B. Information auf einer persönlichen Website) und dynamischen Systemen (z.B. Blogs) andererseits, die einen höheren Interaktionsgrad mit den BenutzerInnen erlauben als klassische Webdokumente. Alle Anwendungen, die UserInnen Einfluss auf Text und Gestaltung der Webseite erlauben, sind demnach bereits Teil von Web 2.0 (also z. B. auch Web-foren).[16]

Die über die Kanäle der Social Media laufenden Kommunikations-prozesse werden hier als paradigmatisch für Realisierungen und Aktualisierungen der Netzwerkgesellschaft angesehen. Dabei gewinnt das persönliche soziale Netzwerk an Bedeutung, das primär dem Aufbau und der Pflege von Beziehungen dient. Analog zu Computernetzwerken als „set of machines connected by a set of cables, a social network is a set of people (or organizations or other social entities) connected by a set of social relationships, such as friendship, co-working or information exchange" (Garton/Haythornthwaite/Wellman 1997). In einem konkreteren Sinne ist ein soziales Netzwerk „ein Zusammenschluss von Leuten, die miteinander reden, ihre Ideen, Informationen austauschen oder sich gegenseitig Hilfsmittel zur Verfügung stellen" (Naisbitt 1986, 273). Wichtig ist hier zu betonen, dass zwischen den Mitgliedern der Community die Möglichkeit bestehen muss, direkt miteinander zu kommunizieren, und dass dies auch tatsächlich passiert, damit wir von einer Gemeinschaftsstruktur sprechen können (vgl. Kim 2001, 47f). Alle Online-Communities können auch als Netzwerk dargestellt werden, wobei erstere meist durch deutlichere Akzentuierung der Systemgrenzen gekennzeichnet sind. Als Kriterien zur Unterscheidung dienen vor allem die Stärke des Gemeinschaftsgefühls, Stärke der Verbindung der TeilnehmerInnen (*strong vs. weak ties*) etc. Hin-sichtlich der Zielsetzungen sind Communities oft durch geographische, demographische bzw. thematische Ausrichtung charakterisiert (vgl. Kim 2001, 25).

Grob unterteilt werden können erfolgreiche Social Media in (1) Anwendungen, die kollaborative Wissensarbeit ermöglichen ohne um-fangreiche Preisgabe der Privatsphäre (z. B. Wikipedia, Blogs, Microblogs wie z. B. Twitter etc.), (2) soziale Netzwerke mit Möglichkeit zur Selbst-repräsentation (z. B. Xing, LinkedIn oder Facebook) und (3) Plattformen,

---

16 Web-Erfinder Tim Berners Lee hat den Begriff Web 2.0 jedoch kritisiert, das seiner Mei-nung nach die wesentlichen Eigenschaften wie Kollaboration zwischen NutzerInnen bereits in der Urkonzeption des Web enthalten waren (vgl. Berners-Lee 2006).

bei denen UserInnen auch selbst erstellte Inhalte teilen können (z. B. YouTube, FlickR u.a.) (vgl. Geißler 2010, 31).

In Bezug auf die Trendindikatoren ist klar, dass Social Media zur dominanten Medienform aufsteigen wird. Im ersten Quartal 2013 hatte die Social Networking Site (SNS) Facebook 1,11 Milliarden monatlich aktive NutzerInnen, Tendenz stark steigend (vgl. Social Media Statistiken 2013). Bei der Altersgruppe der 10-14-Jährigen in Österreich verfügen 2011 rund 57% über ein Profil bei Facebook[17], in den USA mehr als 40% der Gesamtbevölkerung (vgl. Socialbakers 2011). 85% nutzen das Videoportal YouTube (vgl. PGM - Marketing Research Consulting 2011, 4ff). Europaweit verfügen 77% der 13-16-Jährigen über ein Profil bei einer Social Networking Site (vgl. EU Kids Online 2011, 1). Die hohe gesellschaftliche Durchdringung und die hohe Dynamik dieser Medienformen erfordern eine (interdisziplinäre) Analyse dieser Phänomene, um Hoffnungs- und Gefährdungspotenziale genauer unterscheiden zu können. Zu klären ist hier v. a., welche Netzwerkeffekte sich durch diese Medienform ergeben (vgl. auch Kap. 4.1.4 u. 5.1.1).

Virtuelle Kontexte stellen gegenüber klassischen Speichermedien aktive Realitätsausschnitte dar (vgl. Götschl 2001b, 33), weil sie sich auch jederzeit aktualisieren lassen. In verstärktem Ausmaß trifft dies für Social Media zu, die durch eine äußerst hohe Interaktions- und Dynamikrate gekennzeichnet sind. Wie Offline-Netzwerke, so verlangen auch Online-Social-Networks Kommunikation, um die Minimalbindung unter den TeilnehmerInnen aufrecht zu erhalten. Hinsichtlich der Größenskalierung von Netzwerken wird meist auf *Dunbars Zahl* verwiesen. Diese ist das Ergebnis einer Untersuchung des Sozialverhaltens von Primaten und ergibt auf Basis der durchführbaren direkten Interaktionsmöglichkeiten untereinander eine Anzahl von 150 als Obergrenze für Sozialkontakte in Gemeinschaften (vgl. Ebersbach 2011). Allerdings darf vermutet werden, dass sich diese Zahl in den Online-Social-Networks nach oben verschiebt,

---

17 Diese Zahlen sind v.a. vor dem Hintergrund bemerkenswert, dass das Mindestalter für die Registrierung bei Facebook 13 Jahre beträgt (s. http://www.facebook.com/-note.php?note_id=236816321111#!/help/?faq=13455, letzter Abruf 30.5.2013)

da die Technologien (z. B. über Blogging-Funktionen) zumindest die asynchrone Kommunikation erheblich erleichtern.[18] Tatsächlich liegt bei der SNS *Facebook* die durchschnittliche Zahl der *Freunde* – das sind direkt Verbindungen von UserInnen zu anderen UserInnen – bei 190 (vgl. Ugander u.a. 2011, 2). Nicht zuletzt wird in virtuellen sozialen Netzwerken auch jener „Small World"-Effekt sichtbar, den Stanley Milgram in den 60ern noch anhand von Briefsendungen dargelegt hat, nämlich, dass jede Person aus den USA mit jeder beliebigen anderen über durchschnittlich sechs Personen verbunden ist (vgl. Milgram 1967). Durch Informationsvisualisierung wird dieser Effekt heute sichtbar und auch für NutzerInnen von Plattformen wie z. B. xing.de dargestellt.[19] Die Daten aus dem Facebook-Netzwerk zeigen hier wiederum, dass die *six degrees of separation* tendenziell geringer werden. Der durchschnittliche Abstand zwischen zwei Facebook UserInnen in den USA beträgt 4,3 (vgl. Ugander u.a. 2011, 5).

Die Medientechnologien des Social Web erlauben eine fast *vollständige Autorschaft*, d.h. alle NutzerInnen können potenziell veröffentlichen. Sie ermöglichen es, zugleich MedienkonsumentInnen als auch MedienproduzentInnen zu sein. Diese interagierende Doppelrolle wird vielfach auch mit der auf Alvin Toffler (1983) zurückgehende Bezeichnung „prosumer" bzw. der damit zusammenhängende Prozess daran angelehnt als „produsage" (Bruns 2008, 2) beschrieben, in denen jeweils die sich überlagernden Rollen des Produzenten und Konsumenten von Information zum Ausdruck kommen. In den Social Media machen aufgrund der zahlreichen Interaktionsmöglichkeiten auch immer mehr Internet-NutzerInnen davon Gebrauch, Informationen selbst zu veröffentlichen und an Wissensprozessen teilzuhaben. Dadurch wird es auch leichter möglich, in einen Erfahrungsaustausch zu treten und daraus wiederum

---

18 Es gibt jedoch auch soziale Netzwerke, die diese Beschränkungen der menschlichen Kommunikation ernst nehmen und die Zahl der Kontakte ihrer Mitglieder nach oben hin begrenzen (z. B. auf 50 bei Path, s. http://www.path.com).
19 Für NutzerInnen sind die Verbindungspfade zu anderen NutzerInnen sichtbar, s. http://www.xing.de.

neue Inhalte bzw. neues Wissen zu generieren. Dies setzt natürlich auch das Vertrauen voraus, dass NutzerInnen über die Kompetenz verfügen, dies zu tun. Sie steuern oft jedoch nicht nur einfach Informationen bei, sondern bilden über die Nutzung kollektiver Intelligenz die Basis für den Content und den Erfolg des Projekts (z. B. Wikipedia, Open Street Map[20] u.a.). Generell sollen Netzwerkeffekte durch die Beteiligung der User-Innen zur Erreichung der Projektziele genutzt werden (vgl. O`Reilly 2005).

4.1.2 Die Bedeutung von Netzwerkstrukturen für Wissensprozesse

Die heute dominante Form der netzwerkartigen Organisationsform in der Wissensgesellschaft verändert auch Wissensprozesse in radikaler Weise. Zwar werden Wissen bzw. Wissensprozesse v. a. in den etablierten Forschungsinstitutionen nach wie vor mehrheitlich nicht in Netzen, sondern in Ketten organisiert (vgl. Zimmerli 2010, 44), jedoch ist der Wandel bereits in zahlreichen Bereichen zu spüren. Heutige Formen von Wissensarbeit innerhalb und besonders außerhalb von Organisationen werden erst möglich, wenn sich WissensträgerInnen ihr Wissenspotenzial gegenseitig zur Verfügung stellen (vgl. Willke 2001a, 29). Diese neu hinzugekommenen Formen der kollaborativen Wissensgenerierung und des Wissensmanagements bilden den Kern der *Produsage* (vgl. Bruns 2008, 101) bzw. der zunehmend verschwimmenden Rollenzuschreibung der NutzerInnen bzw. ProduzentInnen. Die Motivation, selbst mit Wissensinput zu einem solchen System beizutragen, steigt offensichtlich mit der Erfahrung, dass die Nutzung anderer Beiträge für das Individuum hilfreich ist bzw. die Reputation der BeiträgerInnen fördert (vgl. Willke 2001a, 110). Gerade in einigen wissensgenerierenden Communities stellt der durch Kompetenz erworbene Status einen entscheidenden Motivationsfaktor dar (vgl. Kap. 5.3.3).

Innerhalb von Organisationen bemüht sich das Wissensmanagement seit Langem, die organisationale Wissensbasis – und hier v. a. das implizite

---

20 S. http://www.openstreetmap.org.

Wissen – explizit darzustellen (vgl. Kap. 3.3.1). Diese Vorgangsweise produziert jedoch noch immer Widerstände, da viele MitarbeiterInnen in den Kategorien der Geschlossenheit denken und Wissensbestände als persönliche Machtbasen ansehen. In den Begriffen der Spieltheorie verweigern viele MitarbeiterInnen die Kooperation, indem sie Wissen nicht teilen (vgl. Kap. 4.1.3). Damit blenden sie jedoch einige Aspekte von Wissensprozessen aus. Während die Anwendung des eigenen Wissens (z. B. als ExpertInnen in einem Unternehmen) bis zu einem gewissen Grad möglich ist, erfordert die Generierung neuen Wissens in der Regel bereits Netzwerke, da nicht alle Ressourcen dem Individuum zur Verfügung stehen. Durch nicht-kooperatives Verhalten wird auch der Informationsfluss in die Gegenrichtung geringer.[21] Die erfolgreiche Praxis der Social Media zeigt jedoch die Vorteile der vernetzten Organisationsform (vgl. Kap. 5). Da TeilnehmerInnen am Wissensprozess über Social Media[22] ja auch in Organisationen tätig sind, setzt sich dies auch zunehmend im Berufskontext durch, v. a. vorangetrieben durch jüngere NutzerInnen, die mit diesen Technologien bereits aufgewachsen sind (vgl. Accenture 2010). Diese als Enterprise 2.0 bezeichnete Vorgangsweise wird vielfach erfolgreich praktiziert (vgl. Back/Gronau/Tochtermann 2009, 157-244).

---

21 Das Netzwerk zur Wissensgenerierung kann auch außerhalb der Organisationsgrenzen angesiedelt sein.
22 Man denke an Beispiele wie Wikipedia, Twitter u.a.m., wo der Wert des Systems ebenfalls von der Aktivität der NutzerInnen abhängt (vgl. Kap. 5.4).

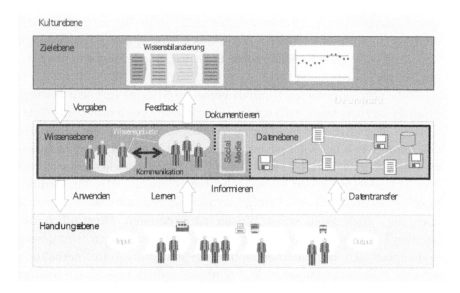

Abbildung 13: Basismodell des Wissensmanagements unter dem Einfluss von Social Media

Das bereits eingeführte Basismodell des Wissensmanagements (vgl. Kap. 3.3.1) bedarf unter diesen Bedingungen von Social Media einer Anpassung. Die auch in der konzeptionellen Analyse getrennten Ebenen von Daten und Wissen (vgl. Kap. 3.4.1) fließen hier zunehmend ineinander. Die WissensträgerInnen und die Ebene der Datenspeicher verzahnen sich hierbei insofern, als dass viele Entscheidungen an datengestützte Analysen ausgelagert werden (sog. *„data driven decisions"*). Ein Beispiel dafür wäre etwa im Online Marketing, wo die Entscheidung über die Gestaltung von Schnittstellen nicht mehr DesignerInnen überlassen wird, sondern die Auswahl unterschiedlicher Varianten durch Benutzertests erfolgt (sog. *A/B-Tests*). Auf zahlreichen weiteren Ebenen übernehmen Systeme heute zumindest quasi-wissensbasierte Entscheidungen, die zuvor von menschlichen Akteuren ausgeführt wurden. Sie erfüllen damit einige Anforderungen, die ursprünglich an Systeme der künstlichen Intelligenz gestellt wurden. Als ein Beispiel sei hier nochmals das *internet of things* erwähnt (vgl. Kap. 4.1.1), das durch teilautonome Entscheidungen Produktions- bzw. Logistikprozesse in Gang hält.

Was nach wie vor auch durch vernetzte Systeme nur sehr bedingt geleistet werden kann, ist kognitive Kreativität. Wissensbasierte Netzwerkgesellschaften sind in all ihren Wissensprozessen durch den Einfluss von kognitiver Kreativität gekennzeichnet (vgl. Kap. 3.4.2), was tendenziell auch zu einer sozial symmetrischen Verteilung zwischen TrägerInnen und AnwenderInnen von Wissen führt (vgl. Götschl 2001b, 36). Darüber hinaus befördern netzwerkförmige Arrangements durch diese Symmetrie auch die Möglichkeit, selbst Wissen zu generieren. Hinsichtlich der sozialen Kategorisierung der starken/schwachen Bindungen (*strong/weak ties*) eignet sich das Internet tendenziell eher zur Aufrechterhaltung schwacher Beziehungsformen. Während starke Bindungen durch häufige Interaktionsfrequenz offline gekennzeichnet sind, sind es gerade die „Bekannten", temporäre ArbeitskollegInnen etc., bei denen durch webbasierte Services die Verbindung überhaupt aufrechterhalten werden kann. Dennoch werden in der Praxis SMS auch zur Aufrechterhaltung traditionell starker Bindungen, wie z. B. Familienbande verwendet.[23] Für NordamerikanerInnen wurde festgestellt, dass 95% der zwischenmenschlichen Verbindungen nicht als stark eingestuft werden können. Dennoch ist gerade dieser Anteil ein Pool an Information sowohl privater als auch beruflicher Natur (vgl. Wellman/Giulia 2002, 182).

Das Beispiel des Microblogging-Services Twitter[24] zeigt, dass Wissensorientierung auch bei Social Media Plattformen eine große Rolle spielt. Der Service, der meist zu den sozialen Netzwerken gezählt wird, ist jedoch mittlerweile vor allem eine gigantische Informations- und Wissensverteilungsmaschine, die sich in Teilaspekten mit News-

---

23 Man denke an die Möglichkeit, diese Bindungen visuell zu repräsentieren (z. B. auf Facebook) bzw. ganz allgemein an die Möglichkeiten weltweit fast kostenfrei zu kommunizieren (Dienste wie Skype u.a.).
24 S. http://www.twitter.com.

Broadcastmedien vergleichen lässt (vgl. Ingram 2011), jedoch erweitert durch die soziale Vernetzung. Erreicht wird dies u.a. durch den Einsatz von *Hashtags*. Dabei handelt es sich um Auszeichnungen von Schlüsselwörtern, die es erlauben, einem Twitter-Newsstream zu einem bestimmten Thema zu verfolgen. Zu bestimmten Ereignissen können sich so ad-hoc-Öffentlichkeiten bilden (vgl. Bruns/Burgess 2011, 3). Diese *issue publics* (vgl. Kap. 6.2.1) werden gebildet durch Kommunikationsmuster an sich dissoziierter Individuen, die meist weder Gemeinschaftssinn noch hierarchische Strukturen ausbilden. Auch wenn die einzelnen Nutzer-Innen – wie z. B. bei Twitter – immer wieder aufeinander Bezug nehmen, kann man daher nicht im engeren Sinne von einer Gemeinschaft sprechen, wenn überhaupt von Diskursgemeinschaften (vgl. Bruns/Burgess 2011, 7). Der Gemeinschaftscharakter wird bei Twitter durch die „Follower" realisiert. Hier gibt es Vernetzung zwischen den Personen, deren Einträgen „gefolgt" wird, als auch denjenigen, denen man folgt. Resultat dieser Verschränkung ist, dass man einen Newsstream erhält, der für NutzerInnen in ihrem sozialen Umfeld maßgeschneidert ist und eine höhere Relevanz besitzt.[25] Die Möglichkeiten, im Kontext der Social Media nicht allein von Anwendungswissen zu sprechen, scheinen demnach durchaus gegeben. Vielmehr sind einige dieser Medienformen durchaus geeignet, ihren UserInnen den Zugang zu Orientierungswissen zu ermöglichen. Welche Implikationen dies für soziale und politische Konstellationen haben könnte, wollen wir im Kap. 6.2 noch näher beleuchten.

4.1.3 Kooperation als ein Kernelement der Netzwerkgesellschaft

Kooperation kristallisiert sich neben dem Wettbewerbsprinzip immer mehr als das zentrale Element dynamischer und komplexer Netzwerke heraus. Die beiden Elemente Kooperation und Kompetition stehen dabei

---

25 Die „Scheuklappen-Funktion" zahlreicher Online-Services, die zunehmend nur vorgefilterte Ergebnisse für Userinnen generiert, wird von manchen auch als Gefährdungspotenzial angesehen.

nicht nur gleichberechtigt nebeneinander, sondern können als strategisches Prinzip ein und desselben Individuums bzw. ein und derselben Organisation zur Anwendung kommen. Diese Vorgangsweise wird durch den Begriff der *Coopetition* veranschaulicht (vgl. Brandenburger/Nalebuff 2008, 23). Selbst in stark marktwirtschaftlich dominierten Kontexten ist zwischen Wettbewerbern Kooperation anzutreffen, so z. B. im Bereich F&E (vgl. Sydow 2007, 3). Während kompetitive Strategien durch die Maximierung (bzw. Optimierung) des Eigennutzens rationaler Akteure hinlänglich begründet sind, gilt es die Frage zu beantworten, warum Akteure in zahlreichen sozialen Kontexten den Gemeinschaftsnutzen vorrangig stellen. An die Seite des *homo oeconomicus* scheint sich ein *homo reciprocans* zu stellen, der sich an den Normen der Reziprozität ausrichtet (vgl. Göbel/Ortmann/Weber 2007, 164).

Die Spieltheorie als strategische Wissenschaft liefert hier erste Anhaltspunkte, indem sie „Situationen [analysiert], in denen die Erfolge von Menschen voneinander abhängig sind" (Brandenburger/Nalebuff 2008, 74f.). Die spieltheoretischen Modellierungen des *Gefangenendilemmas* legen bereits eine kooperative Strategie nahe (vgl. Bauer 2008, 181ff.). Dieses beruht darauf, dass die Entscheidungen der einzelnen SpielerInnen davon abhängen, sich in die Lage der jeweils anderen und ihrer Entscheidung zu versetzen. Die Überlegenheit (teil-)kooperativer Strategien konnte schließlich in dem von Robert Axelrod initiierten Computerwettbewerb für Lösungen zum iterativen Gefangenendilemma experimentell bewiesen werden. Das von Anatol Rapoport eingereichte Programm TIT FOR TAT erwies sich in zwei Auflagen des Turniers als das erfolgreichste. Die einfache Strategie setzt darauf a) freundlich zu beginnen b) auf Defektion vergeltend zu antworten und c) nach bestimmten Abständen wieder freundlich fortzusetzen (vgl. Axelrod 2009, 25ff.). Auch das *Rational-choice*-Erklärungsmodell wird in der Ökonomie und noch stärker in anderen sozialen Kontexten auf einzelne Teilbereiche zurückgedrängt: „Menschen sind keine >>zweckrationalen Entscheider<<, sie ziehen kooperatives Vorgehen einzelkämpferischen Strategien vor" (Bauer 2008, 191). Die Überlegenheit kooperativer Vorgehensweise konnte mehrfach auch experimentell nachgewiesen werden. Laughlin u.a. (2006) ließen jeweils die beliebtesten Mitglieder einer Gruppe gegen die gesamte Gruppe bei gleicher Aufgabenstellung antreten, wobei die Gruppe regelmäßig besser abschnitt. Diese Untersuchungsergebnisse lassen eine Übertragung kooperativer Strategien auf größere und komplexere Systeme zumindest hoffnungsvoll erscheinen.

Vernetzung schafft nun die Voraussetzungen, dass neue Muster kooperativer Zusammenarbeit entstehen können. Mit den digitalen Medien verfügen die Menschen auch über die geeigneten Produktionsmittel der Wissensgesellschaft: „He or she already has the capital capacity necessary to do so; if not alone, then at least in cooperation with other individuals acting for complementary reasons" (Benkler 2007, 6). Diese kommunitaristischen Elemente waren bereits in der Frühphase der Entstehung des Internets vorhanden, wo in Online-Gemeinschaften z. B. Software offen und kooperativ getauscht wurde (vgl. Castells 2005, 27).[26] Sie tauchen gegenwärtig in einigen Bereichen von internetbasierten Gemeinschaften auf, u.a. in Open Source-Communities, wo Beteiligte unter den Bedingungen völliger Transparenz kooperieren (vgl. Kap. 5.3.1)

4.1.4 Gefahrenpotenziale der Netzwerkgesellschaft

Während das Netzwerk aufgrund seiner Dezentralität auch als besonders resistent gegenüber Attacken gilt (vgl. Kap. 4), legen einige terroristische Angriffe wie die Terroranschläge am 11. September 2011 und hier besonders derjenige auf das World Trade Center das Gegenteil nahe. Gerade dort offenbarte es auch seine größte Verwundbarkeit, wie am zeitweiligen Ausfall der Internetverbindungen sowie der Mobilfunknetze bemerkbar war. Auch wenn der Grund dafür Überlastung und nicht der Angriff auf zentrale Punkte des Netzwerks war, lässt doch das Nicht-Funktionieren

---

26 Beispiele für solche Gemeinschaften, die dem ursprünglich militärischen Charakter des Internet entgegengesetzt waren, waren z. B. Usenet, Fidonet oder „Well" in der Bucht von San Francisco.

dieser für unser Leben so bedeutenden Netze Zweifel an deren Sicherheit in Krisenzeiten aufkommen.[27]

Widerstandsbewegungen, welche die kybernetische Struktur unserer Gesellschaft ernst nehmen, empfehlen gerade die Ausschaltung von Netzwerken (Verkehrsnetze, Energienetze, Computernetze etc.) als subversive Taktik (vgl. Unsichtbares Komitee 2010, 90). Hackergruppen wie *Anonymus* agieren zwar vermeintlich zum Wohle der Allgemeinheit, um z. B. Zensur und Unterdrückung anzuprangern, nutzen aber ebenfalls die Verwundbarkeit von Netzen, indem sie durch *Distributed Denial of Service-Attacken* Webserver lahmlegen bzw. kapern. Diese Technik, die durch massenweise Anfragen an Webserver selbige überlastet, wird wiederum mithilfe des Internets als Schwarmangriff organisiert. Auch hier offenbart sich die Dialektik der Netzarchitektur des Internets, die sich zu unterschiedlichen Zwecken instrumentalisieren lässt. Noch stärker als das Internet selbst, ist Anonymous lt. Selbstdarstellung dezentral und nicht-hierarchisch organisiert (vgl. AnonWiki 2011).

4.2 Resümee 3

Nachdem Wissen als ein zentraler Punkt des theoretischen Forschungsinteresses dargestellt wurde (vgl. Kap. 3) und dort bereits eine Überleitung zu den sozialen Kategorien der Gegenwart – namentlich der Wissensgesellschaft (vgl. Kap. 3.2) – unternommen wurde, wird im vorangegangenen Abschnitt eine weitere bedeutende Perspektive der zeitgenössischen Sozialanalyse erörtert: die Netzwerkgesellschaft. Es handelt sich dabei größtenteils um die Beschreibung derselben Phänomene wie im Diskurs über die Wissensgesellschaft. Auch die Erklärungen der beiden Ansätze weisen hohe Kongruenz auf. Dennoch verweist die Netzwerkperspektive

---

27 Dennoch sind zwischen Internet und Mobilfunknetzen einige bedeutende Unterschiede auszumachen. Im Falle des Internets waren hauptsächlich Zugänge zu den bedeutenden Newsseiten (z. B. cnn.com) betroffen, da es einen massenweisen Ansturm auf diese Seiten gab, der vergleichbar ist mit einem Distributed Denial of Service-Attack (vgl. The Editors of Tom´s Hardware 2006).

auf einen wichtigen Aspekt der Wissensforschung, nämlich dass Wissens-prozesse heute dominant in Netzwerkstrukturen ablaufen. Das taten sie zwar – z. B. innerhalb von Gelehrtenkreisen – prinzipiell schon seit Lan-gem, jedoch niemals zuvor hat die Quantität und die Qualität der Vernet-zung ein ähnliches Ausmaß erreicht wie heute durch die digitale Vernet-zung. Der Frage, welche Netzwerkeffekte sich daraus ergeben, werden wir uns im folgenden Kapitel widmen (vgl. 5). Diese Entwicklungen beeinflus-sen die Art und Weise, wie Wissen generiert, angewandt und verteilt wird, also das, was wir als *Wissensprozesse* bezeichnet haben. Einen weiteren Hö-hepunkt hat die Netzverdichtung und der Grad der Vernetzung durch Social Media erreicht, gesteigert noch durch die Ubiquität des Zugangs zum Netz durch mobile Technologien.

Eines der wichtigsten und vielfach beobachtbaren Phänomene, das in diesen Netzen entsteht, ist Kooperation. Kooperative Verhaltensweisen treten an die Seite des in marktwirtschaftlich organisierten Gesellschaften etablierten Wettbewerbsprinzips und ergänzen dieses. Kooperation ist in vielen netzwerkartig organisierten Settings in der Lage, sozialen Nutzen zu optimieren. Den Fokus dieser Untersuchung bilden insbesondere Wissensprozesse, die nicht allein durch digitale Vernetzung, sondern durch hohe Grade an Offenheit und Kooperation gekennzeichnet sind. WissensträgerInnen sind immer stärker aufeinander bezogen und davon abhängig in Informations- und persönliche Netzwerke eingebunden zu sein.

Bei allem angebrachten Optimismus ist nicht außer Acht zu lassen, dass Netzwerke gerade aufgrund ihrer Struktur manchmal anfällig für Angriffe sein können. Wenn wir uns also der Analyse von Netzwerken widmen, müssen wir uns – neben einer ethischen Perspektive (vgl. Kap. 6) – auch der Aufgabe widmen, unsere Netzwerke so zu gestalten, dass sie evolutionäre Stabilität entwickeln, also überlebensfähig bleiben (vgl. Kap. 5.1.1.5).

5 Soziodynamische Wissensprozesse in digitalen Netzwerkstrukturen

Die neuen Informations- und Wissenstechnologien haben zu einer Entfaltung von *distributiver Kreativität* geführt (vgl. Götschl 2012, 63). Darunter ist ein sowohl quantitatives als auch qualitatives Mehr an Kreativitätsleistung insgesamt zu verstehen, das sich zunehmend abseits von klassischen Innovationsfeldern realisiert. Ein Charakteristikum dieser Entwicklung ist auch, dass – zumindest in den industrialisierten Staaten (vgl. Kap. 6.1.2) – potenziell alle NutzerInnen von Wissenstechnologien TeilhaberInnen an Wissensprozessen sein können. Dies könnte schließlich zu einem emergenten Menschenbild führen, das geprägt ist durch „*ein neues Netzwerk von distributiver Intelligenz, Kreativität und Innovativität*" (vgl. Götschl 2012, 79f; Herv. i.O.). Schritte hin zu einer solchen Entwicklung sind an den zahlreichen Modellen der Kollaboration in digitalen Netzwerken zu erkennen. Hier soll uns die Frage beschäftigen, welche Wissensprozesse in digitalen Netzwerken identifiziert werden können und ob sich gegenüber dem Zeitalter vor der digitalen Vernetzung bedeutende Unterschiede entwickelt haben. Das Netzwerk selbst kann dann als „intelligentes" bezeichnet werden, wenn seine Mitglieder in substantieller Weise Informationen austauschen und dabei Hierarchiegrenzen keine allzu großen Hindernisse darstellen (vgl. Haderlein/Seitz 2011, 192). Netzwerkartig verknüpfte Wissensgesellschaften sind gerade gekennzeichnet durch eine flache Netzwerkstruktur, deren Komplexität und Dynamik charakterisiert ist durch selbstorganisatorische Prozesse innerhalb der eigenen Struktur (vgl. Wallner 2008, 105).

Wissensorganisationen stellen systemische Konstellationen dar, in denen Wissensprozesse zur Erzielung der Wertschöpfung bzw. zur Erreichung des Organisationszieles eine dominante Rolle spielen. Solche

Organisationsformen sind meist durch eine komplexe Binnenstruktur gekennzeichnet. Aus Sicht der Theorie der Selbstorganisation können sie als stets fern vom Gleichgewicht beschrieben werden (vgl. Sveiby 1998, 125 u. Kap. 5.1.1). Dies macht sowohl ihre potenzielle Wirkmächtigkeit als auch ihre hohe Störungsanfälligkeit aus, wodurch die Systemzustände solcher Organisationen besonders schnell von einem Extrem ins andere, von Erfolg zu Misserfolg wechseln können. In analoger Weise wollen wir diese Form der dynamischen Systembeschreibung auch auf andere Formen von *Wissensorganismen* übertragen, wie sie in vielfältiger Form in digitalen Netzwerken zu finden sind. Als solche Wissensorganismen fassen wir Phänomene auf, in denen durch verteilte Kollaboration neues Wissen entsteht bzw. zumindest Wissen neu angeordnet wird. Neben vielen anderen Beispielen aus dem Bereich des kollaborativen Internets stehen dafür stellvertretend in dieser Arbeit die Produktion von Open-Source-Software sowie die Internet-Enzyklopädie Wikipedia.

5.1 Relevante Theorieansätze

Um der o.a. Aufgabe näher zu kommen, wurden ausgewählte theoretische Modelle herangezogen, von denen angenommen wird, dass sie auf die zu untersuchenden Bereiche anwendbar sind. Zunächst sollen die für die Untersuchung relevanten Grundzüge der Theorie der Selbstorganisation erläutert werden, jedoch bereits unter dem besonderen Gesichtspunkt der Analyse von Wissensprozessen. Ergänzend werden verwandte Theoriekonzepte in diesen Abschnitt, wie z. B. die Kybernetik 2. Ordnung bzw. das Konzept der Autopoiesis integriert. Diese haben zwar jeweils leicht unterschiedliche Entwicklungslinien und Schwerpunkte, verfügen aber über zahlreiche Gemeinsamkeiten. Deren wesentlichstes ist, dass selbstorganisierenden Systeme im Zentrum ihrer Betrachtung stehen.

Erweitert wird diese Perspektive dann noch durch die Heranziehung der *Theorie des sozialen Kapitals*, die v. a. die Motivationsfrage der TeilnehmerInnen an digitalen Wissensprozessen erhellen soll. Damit soll den „soziodigitalen Dimensionen" (vgl. Haderlein/Seitz 2011, 7) nach-gespürt werden, also der Frage, wie die digitalen Umwelten unsere Vorstellungen von Wissen, sowie allgemein unser Denken und Handeln, beeinflussen.

Die Einsicht, dass die organische Lebensumwelt und wir als Teil von ihr evolutionären Prinzipien unterworfen sind, steht außer Frage. Von der Evolutionstheorie interessiert uns vielmehr die durchaus kontrovers diskutierte Frage, inwieweit kulturelle Entwicklungen mithilfe der Evolutionstheorie erklärt werden können. In Zusammenhang mit der Theorie selbstorganisierender Systeme ergeben sich daraus auch Implikationen für die Wissensentwicklung. Auf dieser Basis erfolgt in den anschließenden Abschnitten (vgl. Kap. 5.3 u. 5.4) die Anwendung dieser beiden Theorien auf die bereits oben erwähnten Fallbeispiele.

5.1.1 Relevante Aspekte der Theorie der Selbstorganisation für Wissensprozesse

Die Theorie der Selbstorganisation (TSO) erlaubt eine Modellierung von Systemen mithilfe von prozessual-evolutiven Schemata, welche dem Komplexitätsgrad von vernetzten Umwelten eher gerecht werden als kau-sal-deterministische Erklärungsmodelle. Selbstorganisierende Systeme sind gekennzeichnet durch ihre nichtlinearen Operatoren, die makroskopisch (meta-)stabile Muster generieren, die durch ein dynamisches (Fließ-)Gleichgewicht aufrechterhalten werden (vgl. von Foerster 1993b, 75). Als ontologisch neutrale Systemwissenschaft wird die TSO zum Kern sowohl der Natur- als auch der Sozialwissenschaften und trägt so zur Verkettung der beiden Wissenschaftstypen bei (vgl. Götschl 2006, 55ff.). Sie ermöglicht gleichzeitig den Übergang von einer Strukturontologie hin zu einer Prozessontologie (vgl. Götschl 1993, 2f.), in der die evolutionäre Entwicklung von Systemen und deren Gesetzmäßigkeiten im Mittelpunkt steht. Wir erkennen darin „eine Reihe von wichtigen Prinzipien, die in der Natur und in der Kultur, also in der Gesellschaft als Prinzipienhaftigkeit erkannt worden ist" (Götschl 1993, 10). Als eine solche Metawissenschaft dient sie auch dazu, die untersuchten Phänomene und Prozesse besser zu verstehen, ist also auch ein Beitrag zum Orientierungswissen, wie wir es zu Beginn dargelegt haben (vgl. Kap. 2.3). Von ganz ähnlichen theoretischen Voraussetzungen geht auch das Konzept der Autopoiese aus (vgl. Maturana/Varela 1987, 55ff.), nur dass dieses vor allem auf lebende Systeme angewandt wird (vgl. Resetarits 2008, 91). Für die Begriffsverwendung in der vorliegenden Arbeit ist dieser Unterschied jedoch von untergeordneter Bedeutung, weshalb die beiden Theoriemodelle TSO und Autopoiese nebeneinander verwendet werden.

Die Untersuchung geht von der Annahme aus, dass mithilfe heuristischer Modelle die Kategorien der Selbstorganisation auf Wissensprozesse, die sich in vielfältiger Form in digitalen Netzwerken finden, übertragbar sind. Wenn auch in den Kulturwissenschaften im Vergleich zu den Naturwissenschaften meist weniger gute Daten über die beobachteten Systeme vorhanden sind, lassen sich dennoch qualitative Aussagen treffen, wie z. B. dass Systeme in zeitlicher Abfolge ähnliche Muster in Zeit und Raum erzeugen (vgl. Resetarits 2008, 84). Wissensprozesse in digitalen Netzwerken treten uns zunächst in Form von sozialen Interaktionen von UserInnen entgegen. Wir haben daher methodisch ähnliche Problemstellungen zu bewältigen, wie sie bei der Analyse von Emergenzphänomenen sozialer Prozesse auftreten. Darunter fällt – in weitgehender Abgrenzung zu naturwissenschaftlichen Versuchsanordnungen –, dass die Akteure als Bestandteile des Systems die Rahmenbedingungen und den Verlauf der Interaktion durch ihr Handeln maßgeblich beeinflussen können (vgl. Stephan 2011, 140). Dies bedeutet zunächst einen noch höheren Komplexitätsgrad des Systems (vgl. Kap. 5.1.1.2) und in Folge auch einen höheren Unschärfegrad bei der Analyse dieser Systeme. Auch sind in sozialen Systemen - im Unterschied etwa zu Computersimulationen - nicht einmal die exakten Anfangs- und Interaktionsbedingungen feststellbar, die eine weitere Prognose der Entwicklungsprozesse ermöglichen könnten (vgl. Stephan 2011, 154). Die methodischen Probleme rund um die Übertragung von Begrifflichkeiten lassen sich an dieser Stelle nicht abschließend klären und sind Gegenstand anhaltender Debatte (vgl. Mayntz 2011).

In zahlreichen Arbeiten wurden die Prinzipien der Selbstorganisation auf verschiedene soziale und kulturelle Kontexte angewandt (vgl. z. B. Vec 2006). Die bisher nachgewiesenen Analogien zwischen selbstorganisierenden Systemen in Natur und Kultur legen die Fruchtbarkeit dieses Ansatzes nahe. So lässt sich z. B. kollektives Handeln als geordnetes Muster als Folge eines Prozesses der Selbstorganisation interpretieren (vgl. Mayntz 2011, 167). Wir wollen daher die Analogie, dass Wissensprozesse in bestimmten Konstellationen nach Prinzipien der Selbstorganisation organisiert sind, als Forschungsheuristik beibehalten. Es soll damit freilich nicht behauptet werden, dass auf ontologischer Ebene physikalische und soziale Systeme idente Struktur- und Entwicklungsbedingungen besitzen. Letztlich stellen Forschungsheuristiken auch einen Versuch dar, einen Untersuchungsgegenstand aus einer weiteren Perspektive zu betrachten, um bisher nicht beobachtete Phänomene zu entdecken. Wir nehmen daher Wissensprozesse als Ausformungen von dynamischen Gleichgewichten und Ungleichgewichten an. Temporäre Ungleichgewichte sind für Systeme zur Entwicklung (z. B. Innovationen) notwendig, wenn auch nicht hinreichend (vgl. Götschl 1993, 12). Die TSO hilft uns demnach zu analysieren, wie diese Prozesse von statischen zu dynamischen Gleichgewichtszuständen gelangen (vgl. Götschl 1993, 12). Auf gesellschaftlicher Ebene führen diese Phänomene oft - über bestimmte Zeiträume - zu relativ stabilen Gleichgewichtszuständen (vgl. Götschl 2006, 37). Es kommt – wie an den Beispielen ersichtlich werden soll – zur Herausbildung von evolutionär stabilen Strukturen. Die Entstehung von Strukturen ist gerade das Phänomen, das durch die TSO zwar nicht erklärt, jedoch zumindest plausibel beschrieben werden kann (vgl. Götschl 1993, 4).

5.1.1.1 Offenheit und Geschlossenheit

Bei der Analyse von Wissensprozessen gehen wir vom Modell autopoietischer Systeme aus, die sich in materiellen und energetischen (auch Informations-)Austauschprozessen mit der Umwelt befinden und die diejenigen Operationen und Strukturen hervorbringen, aus denen sie bestehen (vgl. Schützeichel 2007, 261). Voraussetzung für die Dynamik der Austauschprozesse ist, dass sich die Systeme fernab vom *thermodynamischen Gleichgewicht* befinden (vgl. Kanitscheider 2006, 83). Ein solches Gleichgewicht bestünde, wenn sich die Systemzustände von alleine nicht mehr ändern, das System also in sich abgeschlossen ist. Um die Umwelt überhaupt abgrenzen zu können, ist die operationale Geschlossenheit des Systems erforderlich. Dies steht nicht im Widerspruch zur Offenheit, sondern meint, dass ein System seine spezifischen operativen Elemente (z. B. Kommunikationen oder Handlungen) und seine spezifischen Prozesse zirkulär vernetzt und so Selbstreferentialität herstellt (vgl. Willke 2001a, 32). Es handelt sich somit um informationell offene und operational geschlossene Systeme.

5.1.1.2 Emergenz und Komplexität

Es ist auffällig, dass die zahlreichen Elemente eines Systems Ordnungen (Gestalten) verursachen, was eine relative Stabilität der Systemelemente ermöglicht. Ordnungen entstehen in diesen Systemen entweder aus Störungen, aus Fluktuation oder aus chaotischen Zuständen. Diese werden im Falle der Fluktuation durch die Interaktion der Systemelemente ermöglicht und bilden eine emergente Ordnung, „die *bedingt ist* durch die Komplexität der sie ermöglichenden Systeme, die *aber nicht davon abhängt, daß diese Komplexität auch berechnet, auch kontrolliert werden kann*" (Luhmann 1987, 157; Herv. i.O.). Von komplexen Systemen lässt sich sprechen, „wenn auf Grund immanenter Beschränkungen der Verknüpfungskapazität der Elemente nicht mehr jedes Element jederzeit mit jedem anderen verknüpft sein kann" (Luhmann 1987, 46). Unter Emergenz versteht man die Entstehung neuer Qualitäten in komplexen Systemen ohne externe Steuerung (vgl. Resetarits 2008, 75). So werden beispielsweise die in Kap. 5.4 genannten Phänomene (z. B. kollektive Wissensarbeit) als emergente Eigenschaften von Wissenssystemen aufgefasst. Innerhalb eines Systems können also ab einem bestimmten Komplexitätsgrad und einer ausreichenden Zahl und Qualität von Interaktionen der Systemelemente neue Systemeigenschaften auftreten, die sich zumindest zum Teil nicht mehr deterministisch herleiten lassen. Dies ändert jedoch nichts an der rein naturalistischen Betrachtungsweise des Systems.

Emergenz bildet eine zentrale Eigenschaft von selbstorganisierenden Systemen, unabhängig von ihrem materiellen Substrat, und ist durch einige zentrale Charakteristika gekennzeichnet, die sich als schwache (notwendige) Bedingungen für das Auftreten von Emergenzphänomenen formulieren lassen. D.h. das System muss gewisse Bedingungen wie z. B. hohe Komplexität erfüllen, die aber nicht hinreichen, das Auftreten dieser neuen Eigenschaften zu garantieren. Dennoch sind, wie erwähnt, in zahlreichen komplexen Systemen stabile Muster vorhanden und zumindest bis zu einem gewissen Grad auch errechenbar (z. B. Prognose von Wetterphänomenen). Für das Auftreten von emergenten Eigenschaften ist die Qualität der Relationen zwischen den Systemelementen von größerer Bedeutung als deren Anzahl: Je höher die Komplexität desto mehr gilt auch der in der Chaostheorie formulierte *Grundsatz der sensitiven Abhängigkeit von den Anfangsbedingungen*: Scheinbar identische Anfangszustände von Systemen bringen (stark) unterschiedliche Endzustände mit sich. Im Hinblick auf Emergenz und Komplexität ist v. a. die Zahl der Interaktionen der Systemelemente und ihr Kooperationsgrad entscheidend: Ist die Anzahl der kooperierenden Systemelemente sowie die Interaktionsdynamik zwischen diesen hoch (also hohe Komplexität), so erhöht dies die Wahrscheinlichkeit des Auftretens von Emergenzphänomenen. Der Emergenzgrad des Systems wird demnach bestimmt durch den internen Grad an Komplexität sowie den Interaktionsgrad der Systemelemente.

Zu beachten ist dabei, welcher Begriff von Emergentismus hier Verwendung findet. Zweifellos verfügen Wissenssysteme über *systemische Eigenschaften*, d.h. über Eigenschaften, über die ein System als Ganzes verfügt, aber kein einzelnes Systemelement für sich. Diese, auch als *schwache Emergenz* (vgl. Stephan 2006, 147f.) bezeichnete Position trifft freilich auf eine Vielzahl von Systemen zu. Auch ein Personal Computer hat die Fähigkeit Rechenprozesse abzuwickeln erst in assemblierter Form, ohne dass auf ihn wesentlichen Eigenschaften selbstorganisierender Systeme zutreffen würden. Diese Form der Emergenz ist jedoch aus Theoriesicht von untergeordneter Bedeutung, da sie mechanistisch jederzeit reproduzierbar und vollständig erklärbar ist. Ob Wissensprozesse die Anforderungen für starke Emergenz erfüllen, soll noch später analysiert werden (vgl. Kap. 5.4.4.7).

Stark emergente Systeme sind solche, bei denen eine solche reduktionistische Erklärung nicht mehr vollständig möglich ist. Beispiele finden wir etwa in Phänomenen wie dem Bewusstsein, aber auch Organisationen, die über eine hohe Innovationsrate verfügen, können als emergente Systeme in diesem Sinn aufgefasst werden. Sie können in bestimmten Konstellationen mehr Anschlussfähigkeit zu anderen Systemen ermöglichen, da durch den höheren Emergenzgrad mehr *strukturelle Kopplung* möglich ist. Bei diesen Kopplungen handelt es sich um Interaktionen zwischen operational geschlossenen Systemen. Ein höherer Emergenzgrad könnte also die "Andockfähigkeit" des Systems fördern bzw. wie Luhmann formuliert in weiterer Folge die „Autonomie des Systems" (Luhmann 2002, 373f.). Beim Menschen könnte dies auch als höherer Selbstverwirklichungsgrad interpretiert werden, da dadurch eine größere Anzahl von im System angelegten Möglichkeiten realisiert werden kann. Es gibt vielfältige Möglichkeiten, um die Emergenzwahrscheinlichkeit in diesem Sinne zu erhöhen, Bildung, Kunst, Kreativität können hier als generelle Beispiele angeführt werden. Zu beachten ist – wie am Beispiel der menschlichen Kommunikation ersichtlich –, dass hohe Komplexitätsgrade zum Zwecke der Mitteilung auch wieder reduziert werden müssen, um den Kommunikationsakt zu ermöglichen (vgl. Kap. 5.2).

Menschliche Systeme sind hoch sensitive Systeme. Identische Inputs (Informationen) können bei verschiedenen Systemen gravierende und mitunter schwer vorhersagbare Auswirkungen haben (z. B. Mitteilung über den Verlust eines geliebten Menschen). Dies ist ein weiterer Hinweis auf den hohen Emergenzgrad. In zahlreichen Fällen kann jedoch die Kenntnis über die vorangegangene Evolution des Systems die Voraussagekraft wesentlich erhöhen (z. B. die Kenntnis über Kontext und die Entwicklung des Betroffenen). Doch bereits bei weniger komplexen Systemen gibt es Anzeichen von nicht-deterministisch vorhersagbarem Verhalten. Erhitzt man z. B. Flüssigkeit von unten, so kommt es zur Ausbildung von rollenförmigen Bewegungen. Nicht vorhergesagt werden kann jedoch, in welche Richtung sich diese Rollen bewegen, was einen Symmetriebruch darstellt (vgl. Haken 1996, 191). Hervorzuheben ist dabei auch, dass auch auf Selbstorganisation beruhende Prozesse nicht völlig frei, sondern teildeterminiert sind. Im o.a. Beispiel kommt es jedenfalls bei Erhitzung zum Entstehen von Flüssigkeitsrollen, nicht determiniert ist lediglich die Richtung. Hinsichtlich der Evolutionsfähigkeit von Systemen ist auffallend, dass gerade Symmetriebrüche für die Entwicklungs-fähigkeit erforderlich sind. Derartige Systeme weisen auch eine rekursive Struktur auf, d.h. sie sind hinsichtlich ihrer Entwicklung historisch be-stimmt, jedoch nicht vorherbestimmt.

5.1.1.3 Negative Entropie

Entropie – als Maßeinheit für zunehmende "Unordnung" – tritt in jedem thermodynamischen System auf. Dieser Prozess ist im Prinzip unumkehr-bar und hört erst dann auf, wenn das System im Gleichgewichtszustand angekommen ist. Umgekehrt wird in Systemen durch temporäre Reduk-tion von Entropie – Negative Entropie bzw. Negentropie – Ordnungsbil-dung verursacht (vgl. Götschl 2006, 47). Dies kann bezogen auf Kommu-nikationsprozesse als Informationsanstieg interpretiert werden. Im Unter-schied zur thermodynamischen Verwendung des Begriffs ist in informati-onstheoretischer Hinsicht eine andauernde Reduktion von Komplexität möglich, z. B. wenn sich eine Person über eine für sie chaotische Situation durch Information eine Übersicht über die Ordnungsstrukturen verschafft (vgl. Simon/Clement/Stierlin 2004, 77). In offenen Systemen kann die Ent-ropie ≤ 0 sein.

5.1.1.4 Zirkuläre Kausalität

Die bereits erwähnte Kybernetik 2. Ordnung (vgl. Kap. 3.4.1.2) beschäftigt sich ebenfalls mit komplexen, selbstorganisierenden Systemen und bringt den zusätzlichen Aspekt der Beobachterabhängigkeit mit ein, indem die analytische Trennung von Beobachter und Beobachtetem aufgehoben wird (vgl. Pörksen 2011, 18). Das Modell der *zirkulären Kausalität* verdeutlicht dabei, dass sich die Ebenen jeweils wechselseitig beeinflussen. Verursachungen können von übergeordneten Ebenen auf untergeordnete wirken bzw. umgekehrt. Dementsprechend wird von *Top-Down-* oder *Bottom-Up-Kausalität* gesprochen. Von *zirkulärer Kausalität* wird gesprochen, wenn Ursachen und Wirkungen nicht mehr genau getrennt werden können, wie zuvor im klassischen Paradigma beschrieben, sondern sich gegenseitig bedingen. Das Modell beschreibt ein wechselseitiges Verursachungsverhältnis zwischen Systembestandteilen und bestimmten Systemeigenschaften (vgl. Stephan 2005, 235). Dies ist z. B. bei der Analyse der Gehirn-Geist-Problematik der Fall: Nicht die neurologischen Zustände des Gehirns bedingen Bewusstseinszustände bzw. auch nicht die Bewusstseinszustände die neurologischen Zustände, sondern es herrscht eine kontinuierliche Wechselwirkung zwischen beiden ontologisch unterscheidbaren Ebenen. Die zirkuläre Kausalität und die Nicht-Separierbarkeit von Subjekt und Objekt wirken auch auf die Ebene der wissenschaftlichen Erklärung. Wiederum auf der Ebene der Beschreibung kognitiver Zustände verweist Heinz von Foerster auf den ebenso trivialen wie folgenreichen Umstand, dass zur Erklärung eines Gehirns auch ein Gehirn notwendig ist: „From this follows that a theory of the brain, that has any aspirations for completeness, has to account for the writing of this theory. And even more fascinating, the writer of this theory has to account for her or himself" (von Foerster 2003, 289). Dies bedeutet u.a., dass wir in diesem Fall und auch in weiteren Fällen wissenschaftlicher Beschreibung die wechselseitigen Wirkungen zwischen erkennendem Subjekt und Gegenstand als zirkuläre Beeinflussung mitbedenken müssen.

In gegenwärtigen sozialen Kontexten sind Formen der Bottom-up- und zirkulären Kausalität im Zunehmen begriffen. Man denke dabei nur an Formen der Arbeitnehmerinnenbeteiligung in Betrieben, Patienten-anwältInnen etc., welche die hierarchisch organisierte Top-Down-Kausalität immer weiter zurückdrängen. Auch die zahlreichen Initiativen im Bereich der Transparenz über Daten aus dem Bereich der öffentlichen Verwaltung und über Regierungen sind hier einzuordnen.[28] Als Folge dieser Entwicklung verlieren etablierte Institutionen wie Staat, Partei, Kirche etc. immer mehr an Autorität und Definitionsmacht. Diese Tendenz hin zu größerer individueller Autonomie lässt sich auch an der Entwicklung Neuer Medien und ihrer gesellschaftlichen Folgewirkungen ablesen (vgl. Kap. 6).

5.1.1.5 Momentane und evolutionäre Stabilität

Bei komplexen Systemen ist zwischen *momentaner* und *evolutionärer Stabilität* zu differenzieren. Momentane Stabilität bezieht sich auf den aktuellen Zustand des Systems, z. B. die aktuelle Gesellschaftsform. Evolutionäre Stabilität schließt das System selbst mit all seinen Entwicklungen mit ein, also etwa die Gesellschaft inklusive ihrer dynamischen Entwicklung. Wenn von stabilen Zuständen die Rede ist, darf diese Dynamik aber nie so groß sein, dass sie das System selbst unmittelbar gefährden kann. In komplexen Systemen kommt es immer wieder zur Herausbildung von lokalen Stabilitätszuständen, die als „hochgeordnete Zustände innerhalb einer im Übrigen chaotischen Umgebung betrachtet" und als *Attraktoren* bezeichnet werden können (Stadler/Kruse 1996, 251;254). Diese Attraktoren werden nicht von außen gesteuert, sondern finden von sich aus Prozessoptima, bei denen die geringste Energie verbraucht wird, sie sind „Ordnungszustände, die keines Ordners bedürfen" (Stadler/Kruse 1996, 255). Es bildet auch einen der Erfolgsfaktoren der Theorie komplexer Systeme, dass sich inmitten scheinbar chaotischen Verhaltens, doch mathematisch erfassbare Strukturen wie Attraktoren finden lassen (vgl. Resetarits 2008, 71). Die

---

28 Siehe Open Government Data Austria (http://gov.opendata.at) bzw. Wikileaks (http//www.wikileaks.ch).

Zeitreihe der Entwicklung des Systems lässt sich als Trajektorie darstellen, die durch eine Sequenz von Punkten (hier Systemzustände) mit Zeitstempel gebildet wird (vgl. Chien–Lee/Krumm 2011, 3). Man kann beobachten, dass sich in solchen Systemen die Mikroprozesse weitgehend kooperativ entwickeln. In sozialen Systemen könnten dies z. B. die Beziehungen zwischen Individuen sein (vgl. Kap. 4.1.3). In sozialen Systemen wird evolutionäre Stabilität mit dem Vorhandensein von Pluralität und Bildung in Verbindung gebracht. Empirisch gesehen ist dort die evolutionäre Stabilität von Gesellschaften höher, wo die Vielfalt und der Bildungsgrad hoch sind. Restriktive soziale Systeme besitzen hingegen meist geringere evolutionäre Stabilität (vgl. Kap. 6.2.2).

5.1.2 Die evolutionäre Dynamik des Wissens

Ein Analysetyp, der aus den evolutionär-stochastischen Theorien heraus entstanden ist und der ebenfalls als paradigmatische Grundlage der vorliegenden Arbeit dient, ist ein evolutionäres Modell von Wissen, wie es zur Erklärung von sozialen Prozessen in komplex differenzierten Gesellschaften herangezogen werden kann. Diese in der „General Theory of Evolution" beschriebenen Ansätze, stellen sich als Mischung aus evolutionären bzw. intendiert evolutiven Ursachen dar, die die soziokulturelle Entwicklung vorantreiben (vgl. Götschl 2001b, 7ff). Sie stellen einen Versuch dar, die Prinzipien der Evolutionstheorie in Form eines „generalized Darwinism" als Domain-übergreifendes Erklärungsframework auf einem hohen Abstraktionsniveau zu etablieren (vgl. Aldrich u.a. 2008, 577f. u. 592). Es erfolgt dabei keine Beschränkung auf die Beschreibung lebender Systeme, sondern es wird – ähnlich wie bei der Theorie der Selbstorganisation (TSO) – der Anspruch erhoben, ontologisch neutral zu sein bzw. zumindest die unterschiedlichen Phänomenbereichen gemeinsamen ontologischen Charakteristika zu beschreiben (vgl. Aldrich 2008, 582). Auf diese Weise kann sie auch zur Erklärung soziokultureller Phänomene, insbesondere evolutive Wissensentwicklung, herangezogen werden.

Als eine Folge eines solchen prozessualen Verständnisses von Wirklichkeit, das sich nie nur mit einer einzelnen Veränderung beschäftigt, sondern Entwicklungslinien betrachtet, ist klar, dass auch menschliches Wissen nicht statisch und unveränderbar ist, sondern immer relativ-vorläufig bleiben muss. Die Evolutionstheorie hat in der Beschreibung von Erbinformation hier bereits wesentliche Grundlagen geliefert:

> "The principles of generalized Darwinism focus on the development, retention and selection of information concerning adaptive solutions to survival problems faced by organisms or other relevant entities in their environment. The storage and replication of such information is a general feature of complex population systems" (Aldrich 2008, 589).

Ebenso wie ein solcher Typus von Information unterliegt auch das Wissen – wie alle anderen Kulturartefakte – einem evolutionären Veränderungsprozess (vgl. Götschl 2001b, 8) und ist zudem durch Charakteristika der Selbstorganisation gekennzeichnet (vgl. Kap. 5.1.1). Der exponentielle Anstieg von wissenschaftlichen Erkenntnissen und die gigantische Zunahme des kognitiven Wissens um derzeit etwa das Doppelte alle fünf Jahre (vgl. Stehr 2001, 89) entfalten eine soziokulturelle Dynamik, die u.a. durch folgende Charakteristika gekennzeichnet ist (vgl. Götschl 2010, 101):

- Wissen befindet sich in Konflikt mit geschlossenen Weltbildern
- Die Möglichkeiten mit Wissen umzugehen, sind abhängig von unserem Verständnis von Wissen.

Diese Annahmen stehen einerseits im Zusammenhang mit den epistemischen Wissenstheorien (vgl. Kap. 3.4) und lassen sich auch auf die Entwicklung der in Kap. 4 beschriebenen mediatisierten Netzwerkgesellschaft anwenden. Inwieweit auch soziale Handlungsfelder der Wissenstheorie evolutionären Mustern folgen, wird in Kap. 6 besprochen.

5.1.3 Relevante Aspekte der symbolischen Ökonomie für Wissensprozesse

Neben der Theorie der Selbstorganisation als neutraler Systemwissenschaft soll auch eine sozialtheoretische Perspektive berücksichtigt werden, deren Erklärungspotenzial für die in digitalen Netzwerken ablaufenden Wissensprozesse überprüft werden soll. Da besonders in diesen Kontexten Leistungen erbracht werden, die sich nicht auf ein Dienstleistungsverhältnis zwischen AuftraggeberIn und AuftragnehmerIn reduzieren lassen, wird ein Blick auf Theorien der *symbolischen Ökonomie* geworfen, die auch nicht-monetäre Aspekte von Leistungserbringung miteinbeziehen. Die klassische Form dieser Leistungserbringung ist das Geschenk bzw. die *Gabe*. Es soll untersucht werden ob geschenk– bzw. gabenförmige Praktiken auch in digitalen Umwelten zu finden sind.

5.1.3.1 Soziales Kapital

Die Mehrzahl ökonomischer aber auch zahlreiche kulturanthropologische Theorien gehen davon aus, dass die moralgestützte Reziprozität in modernen Gesellschaften eine untergeordnete Rolle spielt und sie haben sie durch Theorien der Nutzenmaximierung ersetzt (vgl. Göbel/Ortmann/Weber 2007, 163). Pierre Bourdieu hingegen sieht in Gemeinschaften eine *Ökonomie der symbolischen Güter* am Werk (Bourdieu 1998, 161f.), die es ermöglicht, die ökonomischen Tauschbeziehungen zu umgehen bzw. zu verschleiern. Die Akteure handeln in scheinbar anti-ökonomischen Sub-Universen. Was hier gehandelt wird, ist symbolisches Kapital, das von Pierre Bourdieu zunächst definiert wird als beliebige Kapitalsorte (physisches, ökonomisches, kulturelles, oder soziales Kapital) und zwar insofern, als es von den Mitgliedern einer Gesellschaft als solches wahrgenommen wird (vgl. Bourdieu 1998, 108). Es existiert also nur in den Vorstellungen, in der Reputation, die sich die anderen davon machen, indem sie einen bestimmten Komplex von Überzeugungen teilen. Das symbolische Kapital ist Gemeinbesitz aller Mitglieder einer Gruppe, indem es anerkannt wird. Was

Bourdieu von klassischen Theorien menschlicher Handlungen unterscheidet, ist, dass er die Handelnden nicht nur als Subjekte wahrnimmt, die ihr Tun nach rationalen Kriterien vollziehen, sondern eingebettet in gesellschaftlich determinierte Denkformen, die er *Habitus* nennt. Die Habitusformen sind „Systeme dauerhafter und übertragbarer *Dispositionen*", die als „Erzeugungs- und Ordnungsgrundlagen für Praktiken und Vorstellungen" dienen (Bourdieu 1999, 98; Herv.i.O.) und als solche überindividuelle soziale Kategorien bilden. Was also als symbolisches Kapital anerkannt werden kann, wird durch ebendiese Kategorien wesentlich mitbestimmt.

5.1.3.2 Die Logik der Gabe

Vordergründig erscheinen Handlungen im Bereich der symbolischen Ökonomie, wie beispielsweise die *Gabe*, als interesselos. Die Gabe selbst beschreibt Marcel Mauss als eine unregelmäßig wiederkehrende Abfolge von großmütigen Handlungen (meist in Form des Geschenks), welche die Gebenden im sozialen Gefüge auszeichnen und in dem diejenigen reich erscheinen, die viel geben können (vgl. Mauss 1990, 51). Eine ähnliche abendländische Tradition findet sich etwa in der *Freigebigkeit*, die von Aristoteles in der *Nikomachischen Ethik* als eine der menschlichen Tugenden und als rechtes Maß zwischen Verschwendung und Geiz beschrieben wird (vgl. Aristoteles, 1119b). Die Gabe fordert nicht wie der Tausch unmittelbare Rückerstattung, wenngleich die Gegengabe doch stets erhofft und meist auch erwartet wird. Sie bildet gewissermaßen noch die Vorstufe zum Geschenk, welches dann stabile soziale Beziehungen ermöglicht (vgl. Eigner/Nausner 2003, 400). Entscheidend ist das zeitliche Intervall zwischen Gabe und Gegengabe, denn der unmittelbare Austausch käme eher einer Zurückweisung gleich (vgl. Bourdieu 1998, 163). Das Zeitintervall lässt die erwartbare Gegengabe als anlasslos und so der Ökonomie enthoben erscheinen. Dies lässt bei den Beschenkten die Illusion entstehen, sie werden ohne den Zwang zur Gegengabe, praktisch um ihrer selbst willen, beschenkt, was jedoch eine soziale Lüge darstellt, weil es im Grunde um wirtschaftliche Interessen geht (vgl. Mauss 1990, 18). „Die Gabe bleibt im

Rahmen der Ökonomie auf die Möglichkeit einer Gegengabe bezogen, auf die Rationalität des *do ut des* (ich gebe, damit du gibst)" (Hetzel 2006, 274, Herv.i.O.). Meist ist der Zwang, die Gabe zu erwidern, sehr groß und die EmpfängerInnen empfinden sozialen oder persönlichen Druck, in gleicher oder ähnlicher Weise zurückzuerstatten. Eine Gabe ist somit eine Art, Menschen an sich zu binden, indem man sie verpflichtet (vgl. Bourdieu 1998, 164) und stellt dadurch einen Eingriff in die Freiheit der Beschenkten dar. So lässt sich mit dem Paradigma der Gabe ohne größere Mühe sogar der Begriff des wirtschaftlichen Eigennutzens verbinden (vgl. Caillé 2006, 191). Jedoch ist die Verpflichtung, die entsteht, eben doch eine Verpflichtung der Gabe und keine vertragliche, die eingefordert werden kann. Auch bedingt das Zeitintervall eine inhärente Unsicherheit, ob die GeberInnen die soziale Verpflichtung zur Gegengabe auch tatsächlich auslösen und sozial anschlussfähig sein können (vgl. Därmann 2010, 93). Dies könnte als Gegenargument gegen das versteckte Nutzendenken im Zuge der Gabe gelten. Aber auch ohne den Nutzenkalkül zeigt sich, dass solche Formen der Reziprozität interkulturell sehr weit verbreitet und als moralische Normen in fast allen Kulturen tief verankert sind (vgl. Göbel/Ortmann/Weber 2007, 170). Wenn wir am Gabentausch jedoch nicht aus Nutzenerwägungen teilnehmen, muss es andere Beweggründe geben. Wir geraten dann in den Bereich der moralischen Normen bzw. der Pflicht zur Erwiderung einer Gabe. In der Praxis werden sich die Motive Nutzen und Pflichterfüllung bei der individuellen Handlungsorientierung oft überlagern (vgl. Göbbel/Ortmann/Weber 2007, 174).

Ethnologische Untersuchungen lassen darauf schließen, dass das Austauschen von Geschenken bei bestimmten Völkern (z. B. der *Potlatsch* bei Indianerstämmen Nordamerikas oder der Ringtausch bei den Polynesiern) die gesellschaftliche Gruppenzusammengehörigkeit stärkt. Der Antagonismus der Gabe schafft somit soziale Strukturen und ist besonders dort vorherrschend, wo nicht von vorneherein starke Hierarchien zwischen den Beteiligten ausgebildet sind (vgl. Mauss 1990, 48; Hetzel 2006, 280). Das Gleiche kann man auch von Lob und anderem symbolischen Kapital sagen.

Sozialität wiederum ist nur möglich, wenn zwischen Gesellschaften Austausch besteht. Eine wichtige Funktion des Gabentausches ist es daher, zwischen fremden, getrennten Gesellschaften zu vermitteln, ohne die Trennung vollständig aufzuheben. Die Gabe konstituiert sich somit als „inter-kulturelle und inter-nationale Praxis des Zusammenlebens" (Därmann 2010, 24). Sie ging vermutlich dem Wirtschaftssystem voraus und besteht bis heute weiter (vgl. Papilloud 2006, 248). Unterschwellig findet sich diese Form der Ökonomie in den modernen Gesellschaften immer noch (vgl. Mauss 1990, 19), wo wir sie in ähnlicher Form auch zwischen Individuen wiederfinden können (ebda, 25), v. a. im Bereich der primären Sozialität, also der Familie, der Bündnisse, der Freundschaft etc. (vgl. Caillé 2006, 206). Aber selbst in anonymen Kontexten scheint die Verpflichtung der Gabe zu wirken: SpenderInnen im Rahmen von Spendenaktionen geben mehr, wenn sie mit der Spendenaufforderung zugleich ein Geschenk miterhalten (vgl. Falk 2007, 1501). Das ständige Geben und Nehmen sorgt dafür, dass soziale Beziehungen nicht abbrechen. Die Erwartungen und Hoffnungen werden in diesen Beziehungen verschleiert und sind tabuisiert, da durch die Formulierung der Wahrheit des Tausches der Tausch selbst zunichte gemacht würde. Diese Wahrheit ist jedoch allen TeilnehmerInnen zumindest implizit bzw. auch explizit bekannt (vgl. Bourdieu 1998, 175). Die Gabe erscheint auch nah an Bourdieus Konzept des Habitus, insofern die kollektiven Gewohnheiten unbewusst in und zwischen Gemeinschaften vollzogen werden (vgl. Pappilloud 2006, 264).

Im Spiel hingegen werden Handlungen meist interessefrei vollzogen, sie sind nicht ausgerichtet auf das, was wir gerne unterstellen, nämlich Geld, Karriere, Macht. Die Akteure haben den Sinn für das Spiel, sie handeln spontan und sind von keinem Interesse geleitet. Zu sagen, dass alles lediglich dem Gewinnstreben untergeordnet ist, verallgemeinert die Gesetze eines Feldes, nämlich des ökonomischen unzulässigerweise auf die aller anderen Felder. Nach Bourdieu ist interessefreies Handeln jedoch nur in Feldern möglich, in denen der Habitus zur Interessefreiheit bereits angelegt ist und in denen interessefreies Handeln belohnt wird. Dies führt dazu, dass Interessefreiheit auch wieder durch symbolisches Kapital, also Ehre, Lob, etc. abgegolten wird.

5.1.3.3 Symbolische Ökonomie und Wissensprozesse

Wissensträger in Organisationen werden meist nicht durch Geld motiviert, sondern eher durch immaterielle Belohnungen wie Anerkennung, Lerngelegenheiten, Freiraum für mehr Kreativität etc. (vgl. Sveiby 1998a, 102). ExpertInnen schätzen neben Herausforderungen meist auch öffentliche Anerkennung ihrer Leistungen (vgl. Sveiby 1998a, 88), welche als symbolisches Gut gehandelt werden kann. Die Voraussetzung für den Austausch von symbolischem Kapital ist ein Markt für symbolische Handlungen, an dem man symbolische Profite herausschlagen kann. Es muss somit im eigenen Interesse liegen interessefrei zu handeln (vgl. Bourdieu 1998, 172). Als Marktplätze für soziales Kapital als symbolischer Kapitalsorte können neben Organisationen auch virtuelle Netzwerke angesehen werden, in denen aufgrund der Besonderheiten der medialen Vermittlung nur besondere Austauschformen praktiziert werden können. Die Kategorien des symbolischen Kapitals werden für die Analyse zweier Felder verwendet: die Produktion freier Software mit offenem Quellcode (vgl. Kap. 5.3) und Wissensprozesse auf digitalen Plattformen (insb. Wikipedia) (vgl. Kap. 5.4).

5.2 Einfachheit und Komplexität durch Wissensmanagement

An Theorien wird die Anforderung gestellt, Phänomene möglichst einfach zu erklären (auch *Ockhams Razor* genannt). Diejenigen Theorien werden favorisiert, die bei gleicher Erklärungskraft einfacher in Darstellung bzw. bei ihren Erklärungsprinzipien sind (vgl. Baker 2010). Auch die Methoden des Wissensmanagements (vgl. Kap. 3.3.1) dienen dazu, die Komplexität der Wissensbasis zu reduzieren und Anschlussfähigkeit, also die Fähigkeit zur strukturellen Kopplung zwischen Systemen, herzustellen. Komplexität meint in diesem Zusammenhang nicht eine objektive Gegebenheit, sondern eine standpunktabhängige Betrachtungsweise, von der aus je nach Kontext die Komplexität erhöht oder verringert werden kann. Die Betrachtung von Sachverhalten bzw. Kommunikationsprozessen ermöglicht eine adäquatere Vereinfachung, da sie die Systemgegebenheiten der Ausgangssituation besser versteht und eine einfache Darstellung mit möglichst geringem Informationsverlust gestattet. Viele wissenschaftliche Theorien zur Erklärung soziodynamischer Phänomene (z. B. Neodarwinismus u.a.m.) bedienen sich eben dieser Dialektik: Sie bauen zunächst hohe Komplexität auf, um die Phänomene der Welt im Anschluss anhand einfacher Prinzipien erklären zu können.

Komplexitätsreduktion kann als Voraussetzung und Werkzeug für Kommunikation angesehen werden. Als Folge werden durch die Herstellung von Anschlussfähigkeit damit auch weitere (und mehr) Kommunikationsprozesse ermöglicht. Durch die Fokussierung auf Wissensaspekte und den Anwendungskontext auf der Handlungsebene ist die strukturellen Kopplung besonders für das Wissensmanagement von großer Bedeutung, das es ja versucht, Anwendungswissen zu generieren. Komplexitätsreduktion heißt in diesem Zusammenhang, dass das System im Zuge seiner Selbstreferentialität eine Auswahl der Systemelemente und Umweltinformationen durch die Bildung von Kategorien vornimmt und damit seine Komplexität reduziert (vgl. Luhmann 1987, 47). Wissensmanagement, das unter dem pragmatischen Handlungsaspekt steht, nutzt dies in vielfachen Kontexten. Die Vereinfachung von ExpertInnenwissen, damit dieses dann auch von Fachfremden in der Organisation genutzt werden kann, ist hier sicherlich eine der Kernaufgaben. Dafür gibt es im Methodenrepertoire des Wissensmanagements unzählige Beispiele. Bei der Gestaltung von „Yellow Pages" etwa, die ein Verzeichnis von Mitgliedern einer Organisation mit Zusatzinformationen bereitstellen, wird z. B. versucht, die Komplexität der vorhandenen Fähigkeiten der MitarbeiterInnen in einer strukturierten Weise erfahrbar zu machen. Ein Teil der Komplexitätsreduktion wird auch durch Suchalgorithmen geleistet, die ihrerseits eine komplexe Struktur aufweisen. Es entsteht so ein verknüpftes Verzeichnis, das beispielsweise das kombinierte Abfragen von Kenntnissen ermöglicht und so zur Grundlage von Teamzusammenstellungen für ein Projekt dienen kann, welches wiederum eine mögliche Voraussetzung für die neuerliche Anhebung von Komplexität darstellt. Komplexitätsreduktion und Komplexitätsaufbau bilden so ein wiederkehrendes Wechselspiel, an dessen Schnittstellen jeweils Kommunikationsprozesse liegen. Ähnlich wie im Wissenschaftsbetrieb dient Komplexitätsreduktion auch im Wissensmanagement dazu, die erforderliche interdisziplinäre Zusammenarbeit zu ermöglichen. Weitere Instrumente wie z. B. Wissensbilanzen reduzieren die – bei immateriellen Assets – oft schwer durchschaubare Vermögenslage von Unternehmen (vgl. Kap. 3.3.2).

Bei der Gestaltung von Informationssystemen bzw. deren Interfaces ist die systeminterne Komplexität mithilfe der Gestaltungsprinzipien der Usability so zu reduzieren, dass die BenutzerInnen das Tool ohne übermäßig großen Schulungsaufwand benutzen können. Erfahrungen mit hochleistungsfähigen, aber auch hochkomplexen Systemen in der Praxis zeigen, dass der Nutzungsgrad teilweise unter den Erwartungen liegt. Der Erfolg zahlreicher webbasierter Anwendungen im Bereich Web und Social Media lässt sich gerade auf ihre einfache Interface-Gestaltung zurückführen.[29] An sich simpel strukturierte Dienste wie z. B. Twitter verbergen nicht nur ihre dahinter stehende hochkomplexe Technologie, sondern eröffnen hinsichtlich der potenziellen Anwendungen im Wissensbereich zahlreiche Möglichkeiten.[30] Auch im Bereich des Wissensdesigns (vgl. Reininghaus 2004) steht Komplexität und Einfachheit als Regulativ im Mittelpunkt. Die Gestaltung von Wissensinhalten, die für Benutzerinnen

---

29 Als paradigmatisches Beispiel sei an die gegenüber vorangegangenen Anbietern äußerst reduzierte Oberfläche der Suchmaschine Google erinnert.
30 Es sei nur beispielgebend Marktforschung, Forecast, Recherche, persönliches Wissensmanagement, News etc. erwähnt.

adäquat aufnehmbar sind, verlangt die vorhergehende Analyse der menschlichen Informationsverarbeitung ebenso wie den bewusst gestalteten Einsatz von mehrschichtigen Informationsangeboten (Multi-Media, Simulation u.a.). Diese Ambivalenz von Komplexität und Einfachheit soll anhand von Beispielen aus dem Bereich Social Software (Wikipedia) für Wissensprozesse anschaulich gemacht werden.

5.3 Collaborative Knowledge Working: Analyse der Open-Source Vorgehensweise bei der Erstellung freier Software

Ein allein aufgrund seiner wirtschaftlichen Bedeutung wichtiges Beispiel für gemeinschaftliche und durch solidarische Prozesse gekennzeichnete Wissensproduktion ist die Herstellung *freier Software*. Software selbst ist als ein Wissensderivativ zu betrachten, als Ausfluss des kollektiven Wissens der an der Erzeugung Beteiligten. Für die Nutzung freier Software ist unter bestimmten Bedingungen kein Entgelt zu zahlen. Als Gegenstück gilt proprietäre Software, für deren Nutzung in der Regel Lizenzgebühren anfallen (vgl. Kap. 6.1.3). Das kostenfreie Zur-Verfügung-Stellen von Applikationen durch eine Entwickler-Gemeinschaft scheint zunächst einer marktwirtschaftlichen Logik enthoben. Innovationen – zumal im Technologiebereich – gelten als der wertvollste Bestandteil eines Unternehmens in der Wissensökonomie. Sie sind Ausfluss eines umfassenden und gelungenen Wissensmanagements, das sich in Form von Produkten kapitalisiert und in Form von Wissensrisikomanagement geschützt wird (vgl. Oberschmid 2009). Dennoch scheinen diese Formen kooperativer Zusammenarbeit keinen oder nur einen geringen Marktbezug aufzuweisen, was nach Benkler auf die Nicht-Eigentumsgebundenheit von Information zurückzuführen sei (2007, 3).

Open-Source-Software hat in Unternehmen und öffentlichen Organisationen mittlerweile weite Verbreitung gefunden. Besonders vorangetrieben wird diese Entwicklung durch UserInnen, die bereits mit Produkten freier Software aufgewachsen sind und diese auch im Arbeitskontext einsetzen. So verwenden weltweit bereits 47% dieser als

„Global Millenial Generation" bezeichneten Gruppe im Alter von 14-27 Jahren in Studium und Beruf Open Source-Technologien (vgl. Accenture 2010, 6).

Open-Source-Forschung ist grundsätzlich transdisziplinär (vgl. Raffl 2010, 334) und eignet sich somit für den hier verfolgten Ansatz. Anhand von Analysen dieses Feldes werden in der vorliegenden Arbeit die selbstorganisatorischen Strukturen herausgearbeitet bzw. die Motivation der Akteure an Wissensprozessen teilzunehmen, erklärt. Untersucht werden damit die Gründe, warum ein dem Marktmechanismus scheinbar enthobener Innovationszyklus überhaupt funktionieren kann und welche Gesetzmäßigkeiten des Feldes der freien Software-Produktion – besonders im Hinblick auf die Kategorien des sozialen Kapitals sowie der Selbstorganisation – sich identifizieren lassen.

5.3.1 Open Source und freie Software

Um die Mechanismen gemeinschaftlich entwickelter Software und ihrer Bedeutung für die netzwerkartige Wissensgenerierung bestimmen zu können, ist es nötig, einen Blick auf die Genese und die Entwicklung der Begriffe *Open Source* und *freie Software* zu werfen. Während diese im allgemeinen Sprachgebrauch meist synonym verwendet werden, wird in der Entwickler-Gemeinschaft eher die Unterscheidung betont (vgl. Stallman 2010, 31f.). Die Bezeichnung Open Source bezieht sich zunächst auf das Quellprogramm von Software. Das Quellprogramm, das den Quelltext (oder *source code*) enthält, wird mittels Programmiersprachen erstellt (vgl. Heinzl/Roithmayer 2007, 166). Die Offenlegung dieses Codes für Entwickler ist notwendig, um Änderungen bzw. Verbesserungen an der Software durchzuführen. Proprietäre Software hält den Quellcode in der Regel geheim, um das Risiko eines möglichen Wissensverlusts zu minimieren. Open-Source-Software hingegen legt den Quellcode offen, um EntwicklerInnen die Möglichkeit zu geben, diesen zu studieren. In den meisten Fällen, aber nicht notwendigerweise, darf er auch verändert werden.

Das Konzept der *freien Software*, das auf Initiative von Richard Stallman entstand, charakterisiert er wie folgt: „The term ‚free software' is sometimes misunderstood – it has nothing to do with price. It is about freedom" (Stallman 2010, 20). Ein Programm muss demnach frei verwendbar, veränderbar und frei zu vertreiben sein. Zusätzlich können auch die veränderten Versionen wieder frei vertrieben werden (vgl. Stallman 2010, 20). Dieser Ansatz hat seinen Ursprung an amerikanischen Universitäten der sechziger und siebziger Jahre des vorigen Jahrhunderts, wo ein Großteil der Software dieser Zeit entstand. In dieser Community stellten ProgrammiererInnen Verbesserungen an Programmen jeweils ihren KollegInnen zur Verfügung (vgl. von Krogh/von Hippel 2003, 209). Umgekehrt war die Geheimhaltung von Programmiercode ein sozial geächtetes Verhalten. Dies lässt sich zum einen mit dem akademisch-wissenschaftlichen Ursprung dieser Vorgehensweise erklären und deutet auch bereits auf die Formen des sozialen Kapitals hin, das bei der Generierung dieser Art von Wissen eine bedeutende Rolle spielt. 1984 initiierte Richard Stallman ein Projekt zur Entwicklung eines freien Betriebssystems namens GNU[31] und gründete 1985 die *Free Software Foundation*, welche die Produktion von freier Software ideell und materiell unterstützt. Da sich die Komplexität des Projekts durch einen kontinuierlichen Anstieg der Zahl der beteiligten ProgrammiererInnen erhöhte, verfasste Stallman 1989 die General Public License (GPL), die sicherstellen soll, dass das bisher auf freiwilligen sozialen Transaktionen beruhende System auch bei steigender Komplexität des Entwicklungs-projektes gesichert wird. Die GPL legt im Unterschied zu Open-Source-Software zusätzlich fest, dass die NutzerInnen, die öffentlichen Quellcode kopieren und verändern, diesen auch wieder der Gemeinschaft zur Verfügung stellen müssen. Durch diese auch als *Copyleft* bezeichnete Bestimmung soll verhindert werden, dass durch Kombination von freiem mit proprietärem Code nicht-freie Software entsteht (vgl. Stallman 2010,

---

31 GNU ist ein rekursives Akronym von GNU's Not Unix (vgl. Stallman 2010, 19). Unix war zu dieser Zeit ein bedeutendes Betriebssystem im Serverbereich.

23). Diese Konzeption steht der Idee kollaborativer und solidarischer Wissensproduktion sehr nahe. Da jedoch der Begriff freie Software speziell in der Softwareindustrie lange Zeit skeptisch betrachtet wurde, gründeten Bruce Perens und Eric Raymond 1998 das Open-Source Software Movement (vgl. von Krogh/von Hippel 2003, 210). Die Unterschiede in den Lizenzmodellen und der Vorgangsweise sind jedoch gering. Im breiten Sprachgebrauch hat sich jedoch die Bezeichnung Open-Source-Software durchgesetzt, weshalb in der Folge hauptsächlich von Open-Source-Entwicklung gesprochen, wobei damit auch freie Software mitgemeint ist.

Hinsichtlich der Verwertungsmechanismen lassen sich im Bereich Open-Source-Software zwei Richtungen unterscheiden. Während eine Gruppe eine Form der Wissensallmende (*Intellectual Commons*) schaffen möchte, die auch kommerzielle Nutzung von Software, die auf offenem Quellcode basiert, zulässt, lehnt die Bewegung der freien Software (GPL/GNU) dies ab. Hier müssen gemeinschaftlich erstellte Wissensprodukte der Gemeinschaft auch wieder unentgeltlich zur Verfügung gestellt werden.

5.3.2 Entstehungsprozesse von freier Software und Beteiligte

Wie bereits erwähnt, existiert gemeinschaftliche Softwareproduktion nach der Open-Source-Methode seit Jahrzehnten, jedoch hat sowohl der technologische als auch quantitative Grad der Vernetzung einen erheblichen Entwicklungsschub ermöglicht. Open-Source-Softwareprojekte relevanter Größe werden von Gruppen von EntwicklerInnen erstellt, die über Internet-Kommunikationstools wie z. B. Mailinglisten, Newsgroups oder Wikis vernetzt sind. Die Voraussetzungen für eine gemeinschaftliche und hierarchiefreie Produktion von Software ist eine geeignete Entwicklungsumgebung. Von zentraler Bedeutung sind dabei *Concurrent Version Systems* (CVS), die es ermöglichen zur gleichen Zeit an denselben Projekten zu arbeiten und den raschen und effizienten Vergleich zwischen konkurrierenden Versionen der Software ermöglichen (vgl. Grassmuck 2004, 241). Ähnlich wie bei Wikis (vgl. Kap. 5.4.1) bleiben auch hier alte Versionen erhalten und können wieder hergestellt werden. In eine *Patch-Datei*[32] tragen die EntwicklerInnen die jeweiligen Änderungen, die sie vornehmen, ein. In *Quellcode-Repositories* – ein gemeinsames Verzeichnis von Dateien auf einem Server – werden die Versionen abgelegt. So ist es den EntwicklungspartnerInnen möglich, die Änderungen nachzuverfolgen.[33] Sobald größere Schritte in der Entwicklung stabil laufen, bereitet die EntwicklerInnengemeinschaft einen *Release*, also die offizielle Freigabe unter einer Versionsnummer vor (vgl. Grassmuck 2004, 242).

Ein Blick auf die sozialen Gruppen, die sich an einem derartigen Projekt beteiligen, zeigt auch, dass die Motivation, Zeit und Energie zur Verfügung zu stellen, unterschiedlich ist. Die gelegentlich vorgebrachten idealistischen Motive wie die Bereicherung, gemeinsam etwas zu schaffen oder anderen zu helfen (vgl. Aschenbrenner 2004, 66) mögen im Einzelfall zutreffen, greifen jedoch für die strukturelle Analyse zu kurz. Ein am ehesten in diesem Bereich angesiedeltes Motiv für die Beteiligung ist z. B. die Herausforderung, die proprietären Entwicklungen von etablierten Software-Herstellern (z. B. Microsoft) zu übertreffen bzw. deren Schwächen aufzuzeigen.[34] Vom sozialen Hintergrund sind darunter u.a. Berufstätige, die in ihrer Freizeit unentgeltlich Programmiercode für Programme schreiben. Eine zweite große Gruppe bilden Studierende und MitarbeiterInnen von Universitäten, die entweder im Rahmen des Lehrbetriebs Aufträge vergeben oder selbstverantwortlich produzieren. Der Lernprozess an sich und seine erfüllende Wirkung mögen also durchaus eine Rolle spielen (vgl. von Krogh/von Hippel 2003, 216). Eine

---

32 Als Patch bezeichnet man Stücke von Code, die in ein bereits bestehendes Programm eingefügt werden, um Probleme zu beheben (vgl. Grassmuck 2004, 413). Patches ermöglichen es auch, dass AnwenderInnen von neu erstelltem Code profitieren können, ohne eine Neuinstallation des Programms durchführen zu müssen.
33 Diese Archivfunktion, mit der alle Schritte des Entstehungsprozesses nachvollzogen werden können, macht die Open-Source-Software-Produktion auch äußerst interessant für Forschung zu dieser Form des Innovationsprozesses (vgl. von Krogh/von Hippel 2003, 212).
34 Ähnliche Motivationen finden sich auch in der Hacker-Bewegung, die durch tatsächlich durchgeführte Angriffe die Schwachstellen von Systemen offenlegt und so meist zu deren Verbesserung führt (vgl. Kap. 4.1.4.).

große Gruppe bilden sicherlich diejenigen, die persönlich oder geschäftlich die Software benötigen, also ein sie betreffendes Problem lösen möchten: „Every good work of software starts by scratching a developer´s personal itch" (Raymond 2001, 23). Durch die Entscheidung von großen Softwareunternehmen wie IBM auf die Entwicklung proprietärer Webserver zu verzichten, arbeiten auch MitarbeiterInnen dieser Firmen an Projekten mit offenem Quellcode mit.[35] Vereinzelt werden EntwicklerInnen auch aus den Erträgen der Free Software Foundation dafür bezahlt, vorrangige Softwareänderungen zu schreiben (vgl. Grassmuck 2004, 248).

5.3.3 Open Source und symbolisches Kapital

Eine Gabenlogik im engeren Sinne lässt stabile soziale Beziehungen entstehen. Von solchen können wir trotz des meist virtuellen Charakters auch bei Communities zur Entwicklung von Open-Source-Software sprechen. Dort finden sich Voraussetzungen, um symbolisches Kapital anzuhäufen. Ähnlich wie Wissensmanagement beruht auch das Open-Source-Prinzip auf Geben und Nehmen (vgl. Aschenbrenner 2004, 66). Soziales Kapital in Form von Ansehen und Status spielt eine größere Rolle als etablierte Hierarchien. Engagierte und erfolgreiche Entwickler genießen innerhalb ihrer Communities hohe Wertschätzung: „Die Aufmerksamkeit, das Image, der Ruhm und die Ehre, die in dieser meritokratischen Wissensordnung zu erlangen sind, werden häufig als Antriebskraft genannt" (Grassmuck 251f.). In manchen Fällen wird ihnen freiwillig ein besonderer Status zuerkannt (*benevolent dictator*), der ihnen bestimmte Rechte bei der Veröffentlichung von neuen Versionen einräumt, aber ebenso wieder von der Gemeinschaft entzogen werden kann. Im Zentrum der EntwicklerInnengruppe steht ein Core-Team, das sich meist aus den längstgedienten oder aktivsten Mitgliedern rekrutiert (vgl. Grassmuck 2004, 237). Es handelt

---

35 Die Plattform, die auch zum Austausch mit der Community außerhalb von IBM dient, ist http://www.ibm.com/developerworks/.

sich dabei um ein meritokratisches Prinzip. Wie im Falle von Linus Tor-valds, der 1991 das Betriebssystem-Projekt *Linux*[36] initiierte, kann das auch zu weltweiter Bekanntheit führen. Losgetreten wird ein solcher Prozess meist durch eine Anfangsgabe – z. B. wie im Fall Linux ein Stück Code für ein Betriebssystem. Dies erhöht den Anfangsnutzen des Systems, wodurch der Netzwerkeffekt deutlich beschleunigt werden kann. Sobald eine Community besteht, verpflichten die Gaben der einzelnen Mitglieder die bestehenden – und bei Neueintritt auch die neuen – Mitglieder zur Gegengabe. In den Open-Source-Projekten seit der Entstehung von Linux bzw. des Webservers *Apache* wird der EntwicklerInnencommunity ein höherer Stellenwert beigemessen und auf die Namensnennung der einzelnen BeiträgerInnen Wert gelegt (vgl. Grassmuck 2004, 238). MitarbeiterInnen an Open-Source-Projekten berichten auch, dass die bereits oben erwähnte Freude am Lernprozess selbst sich nur dann vollends einstellt, wenn sie mit anderen geteilt werden kann (vgl. von Krogh/von Hippel 2003, 216). Auch dies deutet darauf hin, dass der durch die öffentliche Wissensteilung erzielte – oder zumindest erhoffte – Gewinn an sozialem Kapital eine entscheidende Rolle spielt.

Das Apache-Projekt zeigt auch, dass in den Beziehungen zwischen der Community und externen Organisationen nicht-monetäres Kapital eine Rolle spielen kann. Als IBM die Software in ein eigenes E-Commerce-Paket einbauen wollte, waren die Vertreter der Firma überrascht, da auf der Gegenseite keine Organisation mit Rechtsform gegenüberstand, sondern nur eine Gruppe vernetzter Individuen. Statt einer Geldzahlung, wurde in Form von symbolischem Kapital bezahlt: mit einem *Hack*, einem Beitrag zur Softwareentwicklung (vgl. Grassmuck 2004 247f.).

5.3.4 Phänomene der Selbstorganisation bei der Entwicklung freier Software

Entwicklergemeinschaften von freier Software sind in sozialer Hinsicht heterogene Gebilde (vgl. Kap. 5.3.2). Eine Eigenschaft, die sie jedoch

---

36 S. http://www.linuxfoundation.org/.

durchwegs kennzeichnet, ist das Merkmal der selbstorganisatorischen Entwicklung. Rund um Problemstellungen entwickeln sich Gruppen von interessierten Personen, die bereit sind, Ressourcen in die Entwicklung zu investieren. Bereits der Beginn eines solchen Projektes ist gekennzeichnet durch selbstorganisierte Problemlösung. Open Source-Projekte entstehen also meist nicht durch hierarchische Anordnung bzw. Marktforschung, sondern durch das Anwendungsproblem eines Users, das jedoch zu groß ist, um vollständig alleine gelöst zu werden.[37] Eine fixe Aufgabenverteilung ist dabei meist nicht gegeben, alle können das machen, was sie gerade interessiert (vgl. Grassmuck 2004, 238). Sehr oft wird von den TeilnehmerInnen von konsensualer, konstruktiver Gesprächsbasis berichtet (vgl. Grassmuck 2004, 240). Auch hier finden sich also sehr stark kooperative Mikroprozesse, was sich meist durch die gemeinsame Zielvorgabe erklären lässt. Auf der anderen Seite treten in diesen Gemeinschaften wie in allen sozialen Kontexten auch Konflikte auf. Durch die selbstorganisatorische und antihierarchische Struktur werden fundamentale Konflikte meist durch *Code-Forking* gelöst. Dabei verzweigt sich ein Projekt in zwei oder mehrere Einzelprojekte (vgl. Grassmuck 2004, 240).

5.3.4.1 Zirkuläre Kausalität in der Open-Source-Bewegung

Das Gegenstück zu freier Software ist wie erwähnt proprietäre Software, die meist mit einem kostenpflichtigen Lizenzmodell verknüpft ist. Der Quellcode ist in der Regel für die UserInnen unzugänglich (*closed source*). Während wir hier also von ProduzentInnen zu UserInnen eine *one–to–many* -Beziehung (1:n) haben, ist bei freier Software mit offenem Quellcode jede/r UserIn potenziell auch ProduzentIn. Das Beispiel Linux zeigt diese Entwicklung und macht auch deutlich, dass es sich hier um eine neuartige Vorgehensweise handelt. Eric S. Raymond bezeichnet die übliche Vorgehensweise auch bei Open-Source-Projekten als „Kathedralen-Methode":

---

37 Das bereits erwähnte GNU-Projekt bildet hier eine Ausnahme, da es von der Vision eines umfassend freien Betriebssystems geleitet wurde (vgl. Grassmuck 2004, 236).

Große Software-Projekte bedürften einer zentralen Steuerung. Releases[38] sollten gut vorbereitet sein und nicht allzu oft erfolgen. Im Gegensatz dazu stellte Linus Torvalds auf Releases zu einem frühen Stadium der Softwareentwicklung ab, die damit auch wesentlich häufiger erfolgen. Ziel war es so viele UserInnen wie möglich durch Rückmeldungen über die Software an der Entwicklung zu beteiligen. Diese Vorgangsweise wird auch als „Basar-Methode" bezeichnet, u.a. weil potenziell alle Interessierten daran teilnehmen können (vgl. Raymond 2001, 21).

Teilnahme kann es jedoch nur geben, wenn auch eine UserInnenGemeinde von relevanter Größe vorhanden ist. Durch den offenen Quellcode sind diese leichter in der Lage, Probleme der Software herauszufinden und Lösungswege aufzuzeigen, wodurch insgesamt der Entwicklungsweg in der Regel beschleunigt wird (vgl. Raymond 2001, 27). "Given enough eyeballs, all bugs are shallow", gilt als Prinzip dieses Ansatzes (Raymond 2001, 30). Durch diese Bottom-Up-Herangehensweise wird das kollektive Wissen der UserInnen-Gemeinde genutzt, um die Entwicklung zu verbessern. Zugleich zeigt dieses Beispiel auch, wie Gemeinschaften der Open-Source-Bewegung aus systemtheoretischer Sicht in der Lage sind, Selbstherstellung zu betreiben und Schäden zu reparieren. Es gilt in EntwicklerInnenkreisen als Grundannahme, dass komplexe Software nicht fehlerfrei sein kann. Während bei proprietärer Software jedoch nur der Hersteller selbst an der Fehlerbehebung arbeiten kann, ist die Problemlösungskapazität unter bestimmten Bedingungen (z. B. dass die UserInnen-Gemeinde ausreichend groß ist) höher.

---

38 Veröffentlichung einer fertig gestellten Software.

5.4 Wissensplattformen am Beispiel der Wikipedia

5.4.1 Wikis

Systeme zur Komplexitätsreduktion können selbst sehr komplex sein. Komplex nicht nur hinsichtlich ihrer technologischen Ausstattung, sondern auch sozial komplex, wofür zahlreiche Wikis[39] als Beispiel herangezogen werden können. Wiki ist ein Software-Konzept, das NutzerInnen die webbasierende kollaborative Zusammenarbeit an singulären Dokumenten ermöglicht. Es wurde von Ward Cunningham entwickelt, der auf der Suche nach Tools war, die die Zusammenarbeit zwischen ProgrammiererInnen erleichtern sollten (vgl. Ebersbach u.a. 2008, 14f.). Er legte auch den Grundstein für die zugehörige Wiki-Philosophie: Es ist gemäß der Grundintention frei und unbeschränkt möglich, Seiten anzulegen und zu editieren (*Open Editing-Konzept*). Im Gegensatz zu HTML-Seiten befindet sich die Schnittstelle, über die Inhalte des Dokuments geändert werden, auf der Client-Seite (vgl. Ebersbach u.a. 2008, 22). Wiki-Systeme erlauben als Dokumentenmanagementsysteme die Historie der am Dokument durchgeführten Änderungen nachvollziehbar und reversibel zu halten. Über die frei einsehbare Versionsverwaltung ist zudem jede einzelne Änderung am Dokument einsehbar. Kennzeichnend für diese Applikationen sind eine ähnliche Formatierungssyntax sowie die einfache Generierung von Hyperlinks, um die einzelnen Dokumente des Wikis miteinander verlinken zu können. Das Open-Editing-Konzept ist auch dazu gedacht, einen offeneren und demokratischeren Zugang zu Informationssystemen auch für jene zu ermöglichen, die über keine fortgeschrittenen technologischen Kenntnisse verfügen. Um den „Aushandlungsaspekt" von Wikis zu ermöglichen, verfügen Wikis meist auch über Diskussionsfunktionen, die zur Erreichung eines Konsenses über ein bestimmtes Dokument erforderlich sind. Grundsätzlich ist es auch in Wikis möglich, Seiten

---

39 Der Begriff Wiki stammt vom hawaiianischen Wort „wikiwiki", was so viel wie „schnell" bedeutet.

für bestimmte UserInnengruppen zu sperren, allerdings wird davon nur in wenigen Ausnahmefällen Gebrauch gemacht, da solche Restriktionen der Wiki-Philosophie widersprechen (vgl. Ebersbach u.a. 2008, 22).[40] Weit verbreitet ist die Software MediaWiki, auf der auch die Online-Enzyklopädie Wikipedia basiert.

Interessant ist, welche Möglichkeiten durch die offene Struktur von Wikis entstehen können bzw. welche Formen der Zusammenarbeit möglich sind. In Frage steht, ob die hierarchischen Steuerungsmodelle auf komplexe Formen gegenwärtiger Wissensarbeit überhaupt noch angewandt werden können (vgl. Ebersbach u.a. 2008, 22). Durch den prozesshaften Charakter und den inkrementellen Wissensaufbau stellen sie für die BenutzerInnen meist geringere Einstiegshürden dar als klassische Web-Informationssysteme, bei denen AutorInnen ausgearbeitete Dokumente publizieren müssen (HTML-Dokumente, Blogs, etc.). Sie eignen sich demnach v. a. zu Wissensdiffusion, Wissensaustausch, und zur Wissensgenerierung. Von Interesse ist das Ordnungs- und Strukturprinzip von Wikis, die von sozialen Gruppen verwendet werden. Wiki-Software (Wiki-Engine) bildet die technologische Grundlage für Wikis und wird als Informations- und Wissenssystem auch in zahlreichen Organisationen als Instrument des Wissensmanagements eingesetzt, z. B. als Werkzeug zum Aufbau einer gemeinsamen Wissensbasis (vgl. Warta 2010).

5.4.2 Enzyklopädien im digitalen Zeitalter

Enzyklopädien bilden nicht nur den Prototyp typographischer Wissenskultur, der Wunsch nach Sammlung des jeweils verfügbaren Wissens ist zugleich auch der Ausdruck kultureller Standortbestimmung. Dementsprechend waren sowohl das Konzept als auch die Deutung des Begriffs „Enzyklopädie" selbst kulturhistorisch einem steten Wandel unterworfen

---

40 So ist z. B. die Hauptseite der unterschiedlichen Wikipedia-Portale in der Regel nicht frei editierbar.

(vgl. Pscheida 2010, 99ff). Einem heutigen Verständnis nach lassen sich drei Hauptfunktionen von Enzyklopädien unterscheiden: (1) Sie speichern Wissen (Wissensspeicherfunktion), (2) sie ordnen ein Wissensgebiet (Orientierungsfunktion) sowie (3) sie disponieren Wissen so, dass LeserInnen leicht darauf zugreifen können (vgl. Pscheida 2010, 108).

Klassische Speichermedien wie z. B. Print standen und stehen aufgrund begrenzten Aufnahmekapazitäten, teuren Herstellungskosten sowie Praktikabilitätsgründen grundsätzlich schon immer vor dem Problem der Selektion der aufzunehmenden Information und übten dadurch *Schleusenwärter*-Funktionen aus. Um die Praktikabilität (und nicht zuletzt auch die Wirtschaftlichkeit) dieser Medien nicht zu gefährden, wird bei jeder Aktualisierung ein beträchtlicher Teil der enthaltenen Informationen ausgeschieden. Aufgrund der fehlenden Interaktionsmöglichkeit für die NutzerInnen konnte der sich beschleunigenden Dynamik des Wissens, d. h., seiner Varianz über die Zeit und auch seiner Kontextsensitivität (vgl. Kap. 3.4.1.2) immer weniger Rechnung getragen werden. Am schnellsten traf diese Entwicklung die als Wissensspeicher per excellence definierten Enzyklopädien, die ihre kommerzielle Basis weitgehend verloren haben bzw. ihre Wissensbestände nicht mehr im enzyklopädischen Sinne weiterentwickeln. Dies traf den deutschen Brockhaus (vgl. Ein Brocken bröckelt 2008) ebenso wie die Encyclopedia Britannica (vgl. Wikipedia sehen wir nicht als Konkurrenz 2009), deren Printausgaben (auch wirtschaftlich) nur mehr eine untergeordnete Rolle spielen.

5.4.3 Wikipedia

Rund um Wikis hat sich auch eine neuartige Form der „Wissenskultur der Amateure und Laien" (Pscheida 2010, 11) entwickelt, in denen UserInnen auch ohne Gesamtüberblick über ein Fachgebiet inkrementell Wissen beisteuern können. Als Paradebeispiel für ein solches System wird meist Wikipedia, das größte, erfolgreichste und wohl auch komplexeste Wiki, genannt. Die mehrsprachige, frei zugängliche Online-Enzyklopädie wird in rund 270 Sprachen angeboten. Sie wird von großteils anonymen Freiwilligen gepflegt und potenziell kann jeder User von Wikipedia auch selbst Dokumente bearbeiten. Bei einer Gesamtzahl von rund 22 Millionen Artikeln gibt es rund 77.000 aktive BeiträgerInnen (vgl. Wikipedia 2013a).

Auch Wissensplattformen wie Wikipedia entgehen nicht völlig dem Problem der Selektion, was sich im Bearbeitungsprozess der Einträge durchaus nachvollziehen lässt. Die Diskussion, was in eine Enzyklopädie gehört und was nicht, wird von den BeiträgerInnen ständig diskutiert, doch läuft der Diskussionsprozess um einiges demokratischer ab als in den Printredaktionen. Es werden nicht bereits fertig konzipierte Themenlisten angefertigt, sondern es wird versucht über Inhaltsrichtlinien unenzyklopädisches Material auszufiltern (vgl. Ayers/Matthews/Yates 2008, 11). Die Partizipationsmöglichkeit für die BenutzerInnen ist um einiges größer als der Einfluss auf die Redaktionen etablierter, nicht offener Enzyklopädien.

Als zentrale und im Kern unveränderliche Grundprinzipien der Wikipedia gelten (a) der Enzyklopädie-Gedanke, (b) Neutralität, (c) freie Inhalte und (d) keine persönlichen Angriffe (vgl. Wikipedia 2013b). Hinsichtlich der in Wikipedia verfügbaren Information hat sich die Forderung nach einem *neutralen Standpunkt* (NPOV[41]) durchgesetzt. Diese ist v. a. deshalb relevant, da sie auf die tatsächliche Gestalt und auf den Formungsprozess der Artikel wesentlichen Einfluss hat. Vergleichen könnte man den NPOV mit dem Objektivitätsgebot im Journalismus. Der NPOV hat sich auch zum Gebot der Nachprüfbarkeit der Quellen entwickelt. Analog dem Verifikationskriterium in der Wissenschaftstheorie reicht es fallweise aus, dass eine Behauptung prinzipiell überprüfbar ist (vgl. Ayers/Matthews/Yates 2008,12ff). Gelegentlich wird der NPOV kritisiert, da er allen Standpunkten bzw. Theorien zu einem Thema einen annähernd gleichwertigen Stellenwert einräumt. Er ermöglicht es jedoch zumeist, dass VertreterInnen verschiedener Standpunkte an einem Artikel arbeiten können (vgl. Bruns 2008, 119).

---

41 NPOV: Neutral Point of View.

Tatsächlich stellt die Wikipedia eines der wenigen Editionsprojekte in der Geschichte der Menschheit dar, bei dem VertreterInnen ganz unterschiedlicher Hintergründe und Meinungen an jeweils singulären Dokumenten zu einem Thema arbeiten. Obwohl dies nicht immer friktionsfrei möglich ist – was sich an zahlreichen Diskussionsseiten zu den Einträgen leicht ablesen lässt –, darf diese Arbeitsweise aufgrund ihres integrativen Charakters durchaus als Fortschritt in der menschlichen Wissensrepräsentation gewertet werden.

Wie steht es nun um den Wahrheitsanspruch der Inhalte in Wikipedia? Hier ließe sich eine Analogie ziehen, indem man den *repräsentationalen* Wahrheitsanspruch der Erkenntnistheorie einem *konsensualen* gegenüberstellt, wobei die Wikipedia sicherlich eher letzterem nahesteht. Neil Postman vertrat die These, dass Medien unsere Vorstellungen von Wahrheit mitdefinieren (vgl. Postman 1985, 29). Auch wenn dies im streng epistemologischen Diskurs zu weit gegriffen ist, so scheint sich doch durch Medien wie Wikipedia die Konsensualität von Entscheidungsfindungen sozial immer mehr durchzusetzen. Dadurch sollte Wikipedia weniger als Projekt gesehen werden, dass den Stand des Wissens repräsentiert, als eher Repräsentationen des Wissens (vgl. Bruns 2008, 103). Der Grundgedanke geht wie bei Open-Source-Software davon aus, dass durch Kollaboration und *community-evaluation* (vgl. Bruns 2008, 27) Artikel mit der Zeit immer besser werden. Auch hier gilt also das o.a. Postulat von Eric Raymond über die Bedeutung kollektiver Fehlerbereinigung (vgl. Kap. 5.3.4.1). Die bereits für das wissenschaftlich-technische Zeitalter festgestellten „Ausdifferenzierungen von Zusammenhängen zwischen individuellen und kollektiven Entscheidungsprozessen" (Götschl 2012, 57) werden durch die vielfältigen Kollaborations- und Kooperationsmöglichkeiten im Web 2.0 schneller als prognostiziert real. Es besteht die Möglichkeit durch einen eigenen Beitrag – auch ohne explizite Koordinierung mit anderen – kreative, wissensgenerierende bzw. zumindest wissensstrukturierende Arbeit zu leisten.

Eine lang anhaltende Diskussion um Zuverlässigkeit der in Wikipedia enthaltenen Informationen hat sich einerseits in den Populärmedien, z.T.

auch im ExpertInnenbereich (hier v. a. im Lehrbetrieb) ergeben. Studien haben bereits 2005 hinsichtlich Korrektheit keine gravierenden Nachteile gegenüber kommerziell betriebenen Enzyklopädieprojekten wie der Encyclopaedia Britannica mehr feststellen können (vgl. Giles 2005, 900f). In jüngster Zeit ist diese Kritik weniger geworden, wofür u.a. zwei pragmatische Gründe angeführt werden können (vgl. Suominen 2009, 18): Durch den anhaltenden Gebrauch steigt der Grad der Überzeugung der UserInnen, dass es sich um zuverlässige Information handelt. Zum einen helfen IT-Tools bei der Abwehr von unerwünschtem Content: *Revert-bots* erkennen unübliche Änderungsmuster und anstößigen Inhalt und machen die Änderungen rückgängig (vgl. Bruns 2008, 115). Zum anderen sind innerhalb der Systeme Praktiken zur Regulierung und Evaluierung von digitalem Wissen entstanden, die den Content kontrollieren und Vandalismus eindämmen können. Diese werden unter dem Aspekt der Selbstorganisation weiter unten besprochen.

5.4.4 Phänomene der Selbstorganisation bei Wikipedia[42]

Beispielhaft für eine Reihe von Tools aus dem Bereich Social Media bzw. Web 2.0 soll hier eine Analyse von Wikipedia erfolgen und zwar hauptsächlich aus der Perspektive der Theorie der Selbstorganisation (TSO). Als transdisziplinäre Strukturwissenschaft untersucht diese evolutionär selbstorganisierenden Systeme (vgl. Kap. 5.1.1). Diese – so die Hypothese – lassen sich im Web, verstärkt jedoch im Bereich der Social Media finden. Anhand einiger Beispiele aus der Wikipedia werden grundlegende Eigenschaften von Selbstorganisation aufgezeigt. Die Potenziale solcher neuartigen Wissensprozesse für sozio-politische Veränderung soll dann, darauf aufbauend, später diskutiert werden (s. Kap. 6.2). Eine Analyse von Wis-

---

42 Dank an dieser Stelle an die TeilnehmerInnen der von Peter Baumgartner organisierten 3. Forschungswerkstatt 2010 in Wien, die einen ausgezeichneten Rahmen bot, um Fragen der Selbstorganisation rund um Wikipedia zu diskutieren. S.a. Baumgartner/Götschl 2010.

sensprozessen aus systemtheoretischer Sicht auf Basis der in Kap. 5.1.1 bereits dargestellten Begriffskategorien zeigt zunächst auch für Wikipedia die für selbstorganisierende Systeme charakteristischen Eigenschaften (vgl. Götschl 2006, 45f):

- System ist informational offen und operational geschlossen.
- Emergenzphänomene (z. B. durch Erzeugung von Ordnungsstrukturen)
- System ist fernab v. Gleichgewicht (Energie- und Wissensgleichgewicht).
- Ausdifferenzierung und Abgrenzung: Das System ist fähig zur Selbstherstellung und kann in Grenzen Schäden (z. B. Vandalismus) kompensieren.
- Mikroprozesse entwickeln sich kooperativ.
- Möglichkeit zur strukturellen Kopplung ist gegeben (Interaktionsgrad durch NutzerInnen ist im Zunehmen begriffen).

5.4.4.1 Offenheit und Geschlossenheit

Festgestellt werden kann jedenfalls, dass es sich bei Wikipedia um ein operational geschlossenes, jedoch informationell offenes System handelt. Die Hierarchiegrade sind vorderhand gering, was ja eine der wesentlichen Bedingungen für Selbstorganisation darstellt. Alle UserInnen können Veränderungen vornehmen, wodurch das System ständigen Veränderungen ausgesetzt ist. Dabei bleiben die Grundstrukturen (Artikeleinträge) abgesehen von Neueinträgen bzw. Löschungen konstant bzw. wachsen an (vgl. Wikipedia Statistik 2012). Man kann diese ständige Veränderung unter Wahrung der Struktur als dynamisches Fließgleichgewicht interpretieren.

Über die Entwicklungsgeschichte der Enzyklopädie wurden unterschiedliche Grade an Offenheit ausprobiert, v. a. in Bezug darauf, ob nur angemeldete BenutzerInnen Änderungen vornehmen können oder nicht. Letzteres trifft z. B. auf Seiten zu, die besonders viel Vandalismus anziehen bzw. Gegenstand ideologischer Debatten sind und daher in der Folge Gruppen mit gegensätzlicher Meinung so genannte *Edit-wars* starten, in denen die Änderung der jeweils anderen gelöscht und durch die eigene Sichtweise ersetzt wird (vgl. Wikipedia 2013g). Diese meist temporär verordneten Einschränkungen der Offenheit ändern jedoch nichts daran, dass alle NutzerInnen Schreibrechte haben bzw. bekommen können. Dies verweist auf einen hohen Grad an Offenheit des Systems, v. a. im Vergleich auf klassische Informationssysteme, die meist durch eine streng reglementierte NutzerInnenhierarchie gekennzeichnet sind. In Wikipedia herrscht somit kein statisches Gleichgewicht in Bezug auf Inhalte, Struktur und wie wir später sehen werden auch nicht auf Regeln (vgl. Kap. 5.4.4.4).

5.4.4.2 Emergenz und Komplexität

Als Einschränkung des Prinzips der Egalität kam es über die Entwicklungslinien hinweg sehr wohl zur Ausbildung differenzierter Hierarchien und somit in struktureller Hinsicht zu einem Komplexitätsanstieg. Äußern kann sich dies teils in der Ausbildung spezieller Rollen im System, die meist aufgrund des Beteiligungsgrades vergeben werden. Dies bildet den meritokratischen Aspekt einer an sich anti-hierarchischen Umgebung, der den egalitären Charakter so fallweise zurückdrängt – wie in Form des *benevolent dictators* bereits bei der Open-Source-Software-Produktion gezeigt wurde (vgl. Kap. 5.3.3). In der deutschsprachigen Wikipedia wurde beispielsweise eingeführt, dass Artikel, bevor sie standardmäßig angezeigt werden, von NutzerInnen mit besonderen Rechten gesichtet werden müssen.[43] Für die Vergabe dieser Rechte gibt es Richtlinien (vgl. Wikipedia. 2013f), die im Wesentlichen auf die Erfahrung der UserInnen beim Ändern von Artikeln abzielen. D.h., es soll durch Beachtung des Senioritäts- bzw. Meritokratieprinzips eine Qualitätssicherung erreicht werden, wobei alle UserInnen diesen Status erwerben können. Im Laufe der Bearbeitung kann

---

43 Auch ist die ungesichtete Version einsehbar, wodurch die Transparenz über den Prozess gewahrt wird.

sich die Gewichtung der Beiträge Einzelner auch verändern, andere können durch die Qualität ihren Status erhöhen, weshalb in diesem Zusammenhang auch von „*ad hoc* meritocracies" gesprochen wurde (vgl. Bruns 2008, 26). Solche aus dem System heraus generierten Ordnungsschemata – wie in anderen sozialen Bereichen z. B. Verordnungen oder Gesetze – weisen auch darauf hin, dass in sozialen Systemen wie Wikipedia die Interaktionsbedingungen noch stärker als in rein physikalischen Systemen durch die Systemelemente beeinflusst werden (vgl. Stephan 2011, 140 und Kap. 5.1.1). Durch die Entstehung dieser Rollenmuster und der hierarchischen Strukturen wird gleichzeitig auch dem ansonsten in Wikipedia eher schwach ausgebildeten Aspekt des sozialen Kapitals Rechnung getragen. BeiträgerInnen, die eine bestimmte Anzahl von Artikeln editieren, werden auf diese Weise durch einen höheren Status belohnt. In einem experimentellen Setting wurde nachgewiesen, dass sich Formen der symbolischen Ökonomie auch in Wikipedia finden lassen: Die Vergabe von Bewertungssternchen hat die Produktivität von derart ausgezeichneten AutorInnen um rund 60% erhöht (vgl. Restivo/van den Rijt 2012, 2).

Insgesamt können Social Media mehr und qualitativ hochwertigere Verknüpfungsmöglichkeiten bereitstellen, als es mit bisherigen Kommunikationsmedien der Fall war. Sie erfüllen damit auch die für Emergenzphänomene notwendigen Voraussetzungen der großen Quantität als auch Qualität der Interaktionen der Systemelemente (vgl. Kap. 5.1.1.2). Auch die Kommunikations- und Sozialisationsstrukturen von Wikipedia bewegen sich auf komplexen Niveaus. Es ist ein starkes Wechselspiel von Selbst- und Fremdorganisation zu beobachten, die ineinander übergehen. Dies bringt auch neue Beziehungen zwischen individueller und kollektiver Akzeptanz von Wissen und Wissensproduktion mit sich, die entsprechend modelliert werden müssen.

Vier elementare Komponenten sind in sozialen Netzwerken wie Wikipedia dominant: Kommunikation, Emotion, Kognition und Sozialisation.

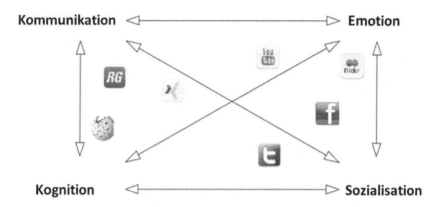

Abbildung 14: Dominante Faktoren in sozialen Netzwerken

Diese müssen sich im System wiederfinden und sich in einem dynamischen Gleichgewicht befinden. Ständige Fluktuationen und Symmetriebrüche sind zu beobachten und möglicherweise Voraussetzung für die Weiterentwicklung und die Stabilität des Systems. Abbildung 14 zeigt symbolhaft, dass je nach Schwerpunkt des sozialen Netzwerks eine Schwerpunktsetzung in einem oder mehreren Bereichen erfolgen kann. So ist Wikipedia eindeutig kognitiv und in etwas geringerem Maße sozialisationsorientiert, während z.b. Facebook durch die starke Ausrichtung auf Kontakte zwischen Privatpersonen stärker emotionale orientiert ist. Wichtig ist jedoch zu betonen, alle Komponenten in allen Social Media vorhanden sind. So kann eine ursprünglich durch Sympathie erzeugte Verbindung auf Facebook zwischen Menschen auch zum Wissensaustausch genutzt werden. Umgekehrt nutzen auch Institutionen zur Wissensvermittlung bewusst emotionale Strategien zur Erreichung ihrer Ziele.

5.4.4.3 Zirkuläre Kausalität am Beispiel der Wikipedia

Wie in der Theorie der Selbstorganisation gelangt man auch bei der Beschreibung sozialer Phänomene durch Zusammenführung der beiden Ursache-Wirkungsketten zum Modell der zirkulären Kausalität. Bezogen auf das Beispiel Wikipedia lassen sich folgende Einsichten gewinnen: Die (zumindest) tendenzielle Einbeziehung aller Beteiligten als gleichrangige Mitwirkende verringert Top-Down-Ansätze bei Wissensprozessen. Eine Voraussetzung dafür ist das Öffnen des Diffusionsprozesses, der (egalitären) Wissensaustausch erst ermöglicht. D.h., es müssen Formen der strukturellen Kopplung gefunden werden, die Teilhabe möglich macht. In Wikipedia sind alle NutzerInnen durch das leicht erreichbare „Bearbeiten"-Interface potenzielle MitarbeiterInnen. Eine Registrierung ist für alle NutzerInnen möglich, jedoch nicht erforderlich. V. a. im krassen Unterschied zum klassischen Editions- und Verlagsprozess wird einer großen Zahl von verteilten Individuen die Möglichkeit gegeben, die Gestalt des Wissenskanons mitzubestimmen.

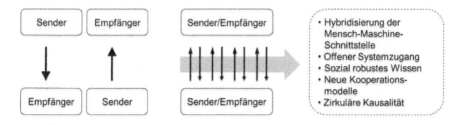

Abbildung 15: Zirkuläre Kausalität durch Social Media (nach Gutounig 2011)

Durch Formen der zirkulären Kausalität kommt es auch zu einer Zunahme des Grades an Autonomie der Beteiligten. Abseits von formellen bzw. hierarchisch strukturierten Kompetenzen bringen AkteurInnen ihr Wissen ein. Durch das kollektive Arbeiten an einem Dokument, ist die Kompetenzanforderung an die Einzelnen vergleichsweise gering, jedoch ist die Bereitschaft „gesichertes Wissen" einzubringen eine Grundvoraussetzung, ohne die es nicht gelingen kann. Dies wird auch von der Gemeinschaft in Form durch das Grundprinzip, dass auf Wikipedia keine Theoriefindung erfolgen sollte, sondern nur das außerhalb der Wikipedia überprüfte und belegbare Wissen gesammelt werden soll (vgl. Wikipedia 2011c), eingefordert. Obgleich vorderhand die anonyme Bearbeitung möglich ist, ist NutzerInnen in der Regel klar, dass es durch die Aufzeichnung der IP-Adresse[44] technologisch möglich ist, die Einträge rückzuverfolgen. Der kollaborative Ansatz geht daher nicht notwendigerweise mit dem Prinzip der Anonymität bzw. Verantwortungslosigkeit einher. Durch die aktive Teilnahme als registriertes Mitglied am Prozess geht auch eine Zuordnung von Verantwortung einher. Zugleich ist auch nur über die Identifikation der UserInnen eine Verteilung von sozialem Kapital (z. B. Reputation) möglich (vgl. Kap. 5.1.3.3).

---

44 Die IP-Adresse ist die Adresse eines Computers bzw. eines lokalen Netzwerks von Computern im Internet.

Man könnte kritisch einwerfen, dass die Gefahr von Nicht-verantwortlichkeit durch Praktiken der zirkulären Kausalität vergrößert wird. Das Abrücken von hierarchischen Strukturen bringt auch eine Verteilung von Entscheidungsfällen auf eine größere Anzahl von Individuen mit sich. Es scheint jedoch nicht so, dass dadurch Verantwortlichkeit insgesamt verloren geht. Die Verantwortung verteilt sich lediglich auf mehrere, der Freiheitsraum des Einzelnen vergrößert sich dadurch. Wie eine Online-Community aussähe, in der vollständige Anonymität garantiert ist und ob dort – wie es in Wikipedia der Fall ist, stellte ein interessantes soziales Experiment dar.[45] Fraglich ist, ob auch in einem solchen Fall die Trajektorie hin zum Wissensaufbau ebenso gewährleistet wäre,

Wie unterscheiden sich nun ExpertInnengruppen von Wikipedia? Verändert sich das Verhältnis zwischen Experten und Nicht-Experten im Hinblick auf die Wissensgenerierung? Im Zuge der Herausbildung der neuzeitlichen Wissenschaft erfuhr nicht nur das über festgelegte Methoden produzierte Wissen eine Prämierung, zugleich hatten auch die TrägerInnen bzw. VermittlerInnen an diesem Status Anteil (vgl. Pscheida 2010, 158). Dies wird durch entsprechende Insignien und Verfahren (Ausbildungen, Zertifizierungen) nach außen hin noch zusätzlich unterstrichen und durch die Herausbildung eines für Nicht-ExpertInnen oft unverständlichen sprachlichen Codes unterlegt. ExpertInnen sind in der Regel auch durch ihre institutionelle Verankerung gekennzeichnet und üben potenziell im Wissensdiskurs Definitionsmacht aus (z. B. über Verbände, Publikationen, Konferenzen etc.). Der Laie als Gegenpart wiederum verfügt nicht über diese Auszeichnungen und ist mitunter auf den Rat der ExpertInnen angewiesen.

Aus kybernetischer Sicht sinkt die Fehlerhäufigkeit, je mehr Individuen am Entscheidungsprozess teilhaben. Dies ist gültig für demokratische Entscheidungsprozesse, lässt sich als Prinzip jedoch auch

---

45 Einen ersten Eindruck einer solchen Gemeinschaft liefert ev. http://www.4chan.org/ ein weitgehend anarchistisch organisiertes Message Board, aus dem u.a. die o.a. Hackergruppe Anonymous hervorgegangen ist (vgl. Kap. 4.1.4).

auf interaktive Netzwerkmedien übertragen. Die Hierarchie zwischen ExpertInnen und Nicht-ExpertInnen wird aufgrund der zirkulären Kausalitätsstrukturen tendenziell flacher. Dies wird gelegentlich auch als Umformung des Dispositivs des gesellschaftlich relevanten Wissens bezeichnet (vgl. Pscheida 2010, 18). Doch hebt sich die Unterscheidung nicht gänzlich auf. Abnehmend ist jedenfalls die traditionelle Machthierarchie (realisiert durch Herkunft, politische Zugehörigkeit etc.), die nicht auf gesellschaftlich anerkannten Kompetenzen beruht. Die Positionen, die streng nach Kompetenz vergeben werden (dominant z. B. auf Universitäten, in Forschungszentren u.Ä.) bleiben neben dem Modell des offenen Wissens weiterhin bestehen.

Masse und Pluralität garantieren nicht allein eine höhere Qualität des Wissens. Netzwerk-Medien in Verbindung mit der Funktionalität der Software erlauben jedoch einen hohen Grad an Interaktion, wodurch inkorrekte Information leichter ausgeschieden werden kann. Wikipedia ist als Enzyklopädie nicht primär ein System zur Wissensgenerierung. In erster Linie stellt es in der Tradition der aufklärerischen Enzyklopädien ein Instrument zur Wissenspopularisierung dar. Ein wesentliches Element dieser Popularisierung ist die Übersetzung von wissenschaftlicher Fachsprache in allgemein verständliche Sprache (vgl. Pscheida 2010, 160). Es handelt sich dabei um eine der expliziten Forderungen der Wikipedia Richtlinien (vgl. Wikipedia 2013e). Artikel, die aufgrund Ihres fachsprachlichen Niveaus unverständlich sind, werden einer Qualitätskontrolle unterzogen bzw. gelöscht. Dennoch lassen sich zahlreiche Elemente ausmachen, die auch wissensgenerierend wirken. So wird allein durch die Ordnung des bestehenden Wissens neues Wissen generiert (z. B. Metawissen über Zusammenhänge etc.). Als solche sind sie wie alle anderen Formen der Wissenserzeugung auch als Versuch zu sehen, der chaotischen Struktur der Welt ein Ordnungssystem gegenüberzustellen, im Sinne der TSO bezogen auf die Wissensbasis entropieverringernd zu wirken.

Es gibt auch Befürchtungen, dass Wissensprozesse, wie sie auf Wikipedia stattfinden, unsere Wissenskultur bedrohen könnten, da die notwendigen Schritte (Auswahl, Abwägung etc.) nicht vollzogen werden (vgl. Haderlein/Seitz 2011, 68). Gerade das Beispiel Wikipedia zeigt jedoch, dass auch diese Prozesse nicht zwingend individuell bzw. in ExpertInnengremien passieren müssen, sondern auch gemeinschaftlich durchgeführt werden können.

5.4.4.4 Selbstherstellung

Wikipedia ist ein offenes System, dass sich sowohl strukturell als auch inhaltlich zum allergrößten Teil aus der Interaktion der UserInnen selbst generiert. Es existiert kein Masterplan, weder hinsichtlich der Taxonomie, noch bezüglich der Inhalte. Was wir heute in Wikipedia sehen können, ist zum allergrößten Teil Ergebnis eines selbstorganisierenden Prozesses. Ein oft als Kritik gegen die Wikipedia-Methode vorgebrachtes und auch gut dokumentiertes Phänomen ist das des Vandalismus. Am bekanntesten wurde der Fall des Journalisten John Seigenthaler Sr., dessen Wikipedia-Eintrag monatelang die Behauptung enthielt, er sei in die Ermordung von John F. Kennedy und Robert F. Kennedy involviert (vgl. Bruns 2008, 124). Doch solche Fälle, wenngleich medial breit diskutiert, sind vergleichsweise selten und ein geringeres Problem als angenommen (vgl. Ebersbach u.a. 2008, 33). Viel häufiger ist zu beobachten, dass falsche Einträge – unbewusst oder in Form von Vandalismus – wenn überhaupt nur über sehr kurze Zeiträume in der Enzyklopädie zu finden sind. Durch die strukturellen Voraussetzungen – hauptsächlich die leichte und unmittelbare Bearbeitbarkeit sowie die Wiederherstellungsfunktion – wird die Grundlage dafür geschaffen, dass Unrichtiges (bzw. nicht Belegbares) nicht im System verbleibt. Der für die Enzyklopädie grundlegende Gedanke, dass nur belegbare Information Eingang finden soll, wird so eher gesichert, als durch eine Redaktion, die von RezipientInnen nur schwer erreicht und beeinflusst werden kann. Der Unterschied liegt aus systemtheoretischer Sicht v. a. in der bei Wikipedia ungleich besseren strukturellen Koppelungsmöglichkeit.

Zusätzlich zum Prinzip des *community-watch* hat Wikipedia auch Richtlinien entwickelt, die ebenfalls Ausfluss eines gemeinschaftlichen Diskurses über die Plattform sind. Besonders bei biographischen Angaben gelten strenge Anspruchskriterien für die Gültigkeit. Informationen müssen daher unbedingt zu verifizieren sein:

> "Informationen, die nur auf parteiischen Webseiten oder in obskuren Zeitschriften veröffentlicht sind, sollten mit Vorsicht behandelt und nicht verwendet werden, wenn sie tendenziös sind. Informationen aus Büchern und Zeitungen im Selbstverlag, oder von privaten Webseiten/Blogs sollten nie benutzt werden, außer sie stammen vom Betroffenen selbst oder einer besonders anerkannten, fachlich qualifizierten Person. (...) Änderungen an Biografieartikeln sollten im Hinblick auf verlässliche Belegangaben kritisch beobachtet werden. Das absichtliche Einfügen falscher Informationen über lebende Personen ist eine subtile, für den Betroffenen unangenehme und für die Wikipedia mitunter peinliche Form des Vandalismus" (Wikipedia 2013d).

Diese Regelungen wurden großteils durch die NutzerInnen selbst entwickelt und zeigen so, dass die Gemeinschaft zum einen in der Lage ist, auf Kritik von außen zu reagieren und zum anderen die Qualität des Projekts selbstorganisiert zu steuern.[46] Nur einige wenige Regeln der Wikipedia sind wirklich unveränderlich. Dies widerspricht aber nicht dem Offenheitsprinzip, sondern dient v. a. dazu den fundamentalen Zweck des Projekts zu unterstützen (vgl. Bruns 2008, 113). Dazu gehört z. B. die Forderung dass jedweder Inhalt auf Wikipedia einer *Open Content*-Lizenz untersteht (vgl. Kap. 5.3.1).

5.4.4.5 Kooperative Mikroprozesse

Kooperative Mikroprozesse spielen bei Wikipedia ebenso eine große Rolle. Alle BeiträgerInnen sind zugleich auch NutzerInnen und somit an korrekten Inhalten interessiert. Der Vandalismus wird durch gemeinsame Anstrengung begrenzt und die Inhalte laufend verbessert. Die Wiki-Struktur

---

46 Die Letztentscheidung über Richtlinien liegt – ähnlich der Rolle des *benevolent dictators* bei Open-Source-Software – bei Wikipedia-Gründer Jimmy Wales.

ermöglicht, dass mehrere BenutzerInnen an einer singulären Ressource arbeiten können. D.h. die Strukturen müssen derart gestaltet sein, dass Kooperation überhaupt erst ermöglicht wird (eine Fähigkeitsstruktur zur Kooperation muss vorhanden sein).

Während Online-Communities wie z. B. Foren und Blogs bereits seit Langem die Möglichkeit bieten, sich über unterschiedliche Standpunkte auszutauschen, erfordert die Arbeit an einem singulären Dokument die Erzielung eines Konsenses über die Gestalt des Eintrags. Die Diskussionsseiten, die hinter jedem Wiki-Dokument hinterlegt sind, sind Ausdruck mehrerer Prinzipien der Selbstorganisation. Zum einen sind Diskussionsprozesse insofern Ausdruck von Kooperation, als dass sie auf das gemeinsame Ziel – hier die Erstellung eines gemeinsamen Artikels – ausgerichtet sind. Dass überhaupt solche Diskussionsseiten und damit die Möglichkeit zur strukturellen Kopplung eingerichtet sind, unterscheidet Wikis von anderen Formen von (Online)-Dokumenten. Interessanterweise sind durch die Bearbeitung einer singulären Ressource auch Gruppen zur Kollaboration gezwungen, die normalerweise ihre gegensätzlichen Ansichten in getrennten Foren diskutieren.[47]

5.4.4.6 Nicht-Linearität

Wikipedia startete mit einem Bestand an Artikeln des gescheiterten Internet-Enzyklopädie-Projektes Nupedia. Dieses setzte noch auf die Einbindung von etablierten ExpertInnen und Begutachtung des durch die NutzerInnen eingesandten Contents und somit auf einen stärker traditionellen Zugang zur Enzyklopädieerstellung (vgl. Bruns 2008, 104). Durch den Anfangsbestand an Artikeln aus der Nupedia war von Beginn an ein Nutzen in der Verwendung gegeben, was die Akzeptanz gegenüber einem leeren

---

47 Dafür lassen sich eine ganze Reihe von Beispielen finden. Besonders schön zu sehen ist dies an weltanschaulichen „Kampfartikeln" wie z. B. Astrologie, Homöopathie oder auch an nationalen Vorstellungsmustern (s. z. B. den englischsprachigen Wikipedia-Artikel über die mazedonische Sprache).

Wiki wesentlich erhöht (vgl. Ebersbach u.a. 2008, 33f). Dieser Anfangsbestand kann insofern als Trajektorie gesehen werden, da im Vergleich zahlreiche Projekte ohne anfänglichen Datenbestand scheiterten. Im Laufe der Entwicklung der Wikipedia kam es auch zu einer Ausdifferenzierung bzw. zu einer nicht vorhersehbaren Vermehrung z. B. durch Schwesterprojekte (Wikibooks, Wiktionary etc.).[48]

5.4.4.7 Nicht-Reduzierbarkeit

Im Bereich der Emergenzforschung wird zwischen *starker* und *schwacher* Emergenz unterschieden (vgl. Kap. 5.1.1.2 u. Stephan 2006, 153). Im Wesentlichen wird bei der Unterscheidung darauf abgezielt, ob die Eigenschaft des emergenten Systems nicht auf die funktionale Anordnung der konstituierenden Systemelemente rückführbar ist. Es handelt sich demnach um eine Irreduzibilitätsthese. Beispiele aus der Geschichte legen nahe, dass soziale Systeme strukturemergent und daher in einem starken Sinne emergent sind (vgl. Stephan 2011, 153). Demnach liegt es nahe die in Netzwerkstrukturen ablaufenden Wissensprozesse auch als emergent in einem *starken* Sinne zu verstehen, da z. B. die Wissensgenerierung in Kommunikationsprozessen nicht funktional aus den einzelnen Kommunikationshandlungen reproduzierbar ist. Es ist aber zunächst nicht gesichert, ob in Zusammenhang mit der Wikipedia von starker Emergenz gesprochen werden kann. Jedenfalls verfügt es als System über schwach emergente Eigenschaften. Für weitere Untersuchungen ist die Funktion von Wikipedia im Gesamtzusammenhang zu betrachten, dafür sind aber mehr und bessere Daten erforderlich.

---

48 S. de.wikibooks.org und de.wiktionary.org.

5.5 Die Praxis der Multitude: Weitere Beispiele von offenen Wissensprozessen durch digitale Netzwerke

Die *Multitude* beschreiben Michael Hardt und Antonio Negri als Netzwerk von Akteuren, die global agieren und in ihren gleichberechtigten Begegnungen ihre Differenz bewahren (vgl. Hardt/Negri 2004, xiv-xvi u. Kap. 6.1.1). Wenngleich im Kontext der politischen Philosophie situiert, eignet sich dieses Konzept sehr gut, um die Vielfalt von Prozessen innerhalb digitaler Netzwerke (insbes. SNS) zu beschreiben. In diesem Bereich existieren zahlreiche lokale Initiativen, die sich nach selbstorganisatorischem Muster organisieren und in denen v. a. soziales Kapital getauscht wird. Ein solches Beispiel des Wissenstransfers mithilfe von Social Media bilden *Barcamps*. Abseits von etablierten Bildungs- und Ausbildungsinstitutionen organisieren sich Menschen, um Wissen auszutauschen und voneinander zu lernen. Barcamps sind Ausdruck neuartiger Formen des Wissensaustauschs auf Gruppenebene. Im Unterschied zu klassischen Konferenzen haben sie kein fixes Programm. Dieses wird von den TeilnehmerInnen am Konferenztag spontan und demokratisch festgelegt. Barcamps ähneln in einigen Aspekten der Open-Space-Methode, sind jedoch weniger strukturiert, sodass sie sehr stark vom Selbstorganisationscharakter geprägt sind. Die Veranstaltungen werden meist von Einzelpersonen als lose Gruppierungen ohne institutionelle Verankerung organisiert. Tatsächlich kreisen sie thematisch hauptsächlich um Fragen der digitalen Gesellschaft und stellen für dieses Feld neben den digitalen Foren einen wichtigen Ort des Diskurses dar. Die Ergebnisse solcher Diskussionen werden über Social Media auch oft als Orientierungswissen für die Öffentlichkeit bereitgestellt bzw. fließen in die Arbeit der einzelnen TeilnehmerInnen ein. Grund für die thematische Konzentrierung auf Internet-Themen ist einerseits, dass sich das Format aus diesem Kontext heraus entwickelt hat (vgl. Gutounig u.a. 2013, 1), aber auch, dass die Vernetzungsmöglichkeiten des Web 2.0 und der Social Media als ermöglichende Faktoren für die Entstehung derartiger Gemeinschaften dienen können (vgl. Boule 2011, 2). Eine Fokussierung auf digitale Themen ist jedoch nicht zwingend erforderlich und es wurden auch Barcamps zu Themen veranstaltet, die keinen engen Technologiebezug aufweisen (vgl. Gutounig u.a. 2013, 2). Die Synergieeffekte in Form von neuen Ideen entstehen auch aus den Kommunikationsprozessen bzw. dem Networking vor Ort. Weiters besteht die Möglichkeit unmittelbar Feedback zu erhalten und abseits hierarchischer Vermittlungsstrukturen in Interaktion zu treten. Die Grenzen zwischen Vortragenden und ZuhörerInnen sind dabei ganz im Sinne der zirkulären Kausalität fließend. Neben der Wissensvermittlung weisen einige Barcamps auch Anwendungsaspekte auf, so werden z. B. auf *CreateCamps* gemeinschaftlich Vorhaben und Projekte umgesetzt. Auch sie verdeutlichen damit, wie Anwendungswissen und Orientierungswissen durch Aufweichung der starren (oftmals institutionell überformten) Schemata überwunden werden können.

Barcamps sind nur ein – wenn auch ein sehr charakteristisches – Beispiel wie offene Wissensprozesse durch Selbstorganisation entstehen können bzw. Wissen mit einem Gabencharakter versehen werden kann (vgl. Kap. 5.1.3 bzw. 6.1.3.2). Weitere Beispiele, wo Open-Source-ähnliche Modelle aufgegriffen und auch jeweils mit dem Schlagwort „Open" versehen werden, sind Online-BürgerInnen-Journalismus, Stadtentwicklung, Designprozesse u.a.m.[49]

5.6 Resümee 4

Wir sind gegenwärtig konfrontiert mit Entwicklungen, die bestimmte Formen sozialer Interaktion bedeutender werden lassen, u.a. Formen der Kooperation und Selbstorganisation. Allem Anschein nach führen diese Phänomene zu mehr Kreativität und Innovativität. Wie in den früheren Abschnitten analysiert, existieren diese Phänomene in allen komplexen sozialen Systemen, werden durch die in digitalen Netzwerken möglichen Wissensprozesse jedoch beschleunigt und erreichen neue Qualitätsstufen. Es

---

49 Dementsprechend wird die Bewegung, die solche Modelle auf andere soziale Settings zu übertragen versucht auch als „Open Everything" bezeichnet.

lässt sich absehen, dass sie in einigen sozialen Teilbereichen zu dominanten Erscheinungen werden. Um in der Lage zu sein, diese Phänomene zu analysieren, wurden in dieser Arbeit neben der Netzwerktheorie (vgl. Kap. 4) v. a. die Theorie der Selbstorganisation (TSO) und ihr nahestehende Theorien, die Theorie des sozialen Kapitals sowie die sozio-kulturelle Evolutionstheorie herangezogen.

Die TSO führt uns allgemein zur Einsicht, dass viele unserer lebensweltlichen Phänomene auf indeterminierten und dynamischen Prozessen basieren. Als nicht-sozialwissenschaftliche Theorie kann sie ihre Erklärungskraft erst durch Übertragung auf die sozialen Prozesse in digitalen Netzwerken entfalten. Die angeführten Beispiele – Open-Source-Software und Wikipedia – lassen dieses Unterfangen und auch weitere Forschung in diesem Bereich als äußerst lohnenswert erscheinen, da in diesen Systemen Selbstorganisation eine größere Rolle zu spielen scheint als in hierarchisch-proprietär organisierten Produktionsmodellen. Die Betrachtungsweise von digitalen Netzwerken und Gemeinschaften als selbstreferentielle Systeme, die durch Emergenz und neue Ordnungsstrukturen gekennzeichnet sind, schafft ein besseres Verständnis für die Entwicklung und den Status-quo unserer medialen Umwelten. Kategorien der TSO wie Einfachheit und Komplexität spielen auch bei Wissensprozessen innerhalb von Organisationen als Regulative eine bedeutende Rolle. Sie können für die erforderlichen Kommunikationsprozesse ganz bewusst zum Zwecke des Wissensmanagements eingesetzt werden.

Die sozio-kulturelle Evolutionstheorie betont ebenfalls den prozessualen, vom Entwicklungsweg her offenen Charakter von Systemen. Die Betonung, dass Wissen nicht statisch, sondern dynamisch veränderbar ist, wird zwar durch die Entwicklung der Wissenschaft insgesamt deutlich, erhält aber durch die evolutionär-stochastischen Theorien eine entsprechende Fundierung.

Die Theorie des sozialen Kapitals ist besonders dort gut anwendbar, wo innerhalb von Gemeinschaften wiederholte Austauschhandlungen bzw. Interaktionen vorhanden sind. In Form der Gabenlogik weist sie einige Parallelen zur Spieltheorie in iterativen Spielen auf (vgl. Kap. 4.1.3). Auch hier wird Defektion (also die Nicht-Erwiderung der Gabe) mit sozialen Sanktionen belegt. Die Theorie des sozialen Kapitals streicht die Bedeutung von kooperativem Verhalten heraus und bietet insofern einen Ansatzpunkt für die Erklärung kollaborativen Verhaltens im Netz. Ihre Mechanismen lassen sich am Beispiel des Feldes der Produktion von Open-Source-Software zeigen. Ihre Erklärungskraft findet jedoch dort eine (partielle) Einschränkung, wo die TeilnehmerInnen an Wissensprozessen nicht im engeren Sinne als Gemeinschaft organisiert sind, wie es z. B. bei Wikipedia meist der Fall ist. Die Gabenlogik mit ihrer Verpflichtung zur Gegengabe kann nur dort funktionieren, wo die Beteiligten einander kennen und Verpflichtungen eingehen können. Für Wissensprozesse innerhalb von Organisationen und Online-Gemeinschaften stellt sie jedoch ein praktikables Instrument dar, das letztlich auch dazu geeignet ist, deren Entwicklung durch die Steuerung sozialen Kapitals zu beeinflussen.

Open-Source-Software insgesamt stellt ein paradigmatisches Beispiel für die Wissensproduktion in der digitalen Netzwerkgesellschaft dar. Hier finden sich die Elemente Kooperation und Selbstorganisation in den unterschiedlichsten kollaborativen Settings. Es ist auch kein Zufall, dass gerade die Open-Source-Vorgangsweise in anderen Feldern nachgeahmt und zitiert wird. Die Wikipedia selbst bedient sich z. B. der im Open-Source-Bereich entwickelten GNU/GPL-Lizenzmodelle[50] sowie der kollaborativen Grundidee zur kontinuierlichen Verbesserung.

Derartige Modelle mit starkem Grad an Selbstorganisation, unterstützt durch Social Media, wurden auf verschiedene Settings übertragen. Ein solches Beispiel im Bereich lokaler Initiativen wären Barcamps. Das sind offene Formen von Konferenzen, in den Wissen frei geteilt wird und auch Projekte kollaborativ und ohne zusätzliches Entgelt umgesetzt werden.

---

50 Heute meist detaillierter in den Creative Commons-Lizenzmodellen entwickelt. Die Texte der Wikipedia stehen momentan unter der Commons Attribution-ShareAlike 3.0 Unported (vgl. Wikipedia 2013h).

6 Soziale und ethische Implikationen offener Wissensprozesse in der Wissensgesellschaft

6.1 Das Szenario des *postmodernen Wissens* aus gegenwärtiger Sicht

6.1.1 Das postmoderne Wissen

Einen wichtigen Markstein für ein besseres Verständnis der Rolle, die Wissen in hoch entwickelten Gesellschaften spielt, bildet die 1979 als Gelegenheitsarbeit angefertigte Studie „Das postmoderne Wissen" von Jean-François Lyotard. Geradezu charakteristisch für einige der zentralen Aussagen dieser Studie ist, dass sie gerade nicht rein als ein Produkt freier wissenschaftlicher Betätigung, sondern als Auftragswerk des Universitätsrates der Regierung von Quebec angefertigt wurde. Es spiegelt sich somit auch im Kontext der Entstehung ein wenig die Transformation der Universitäten als klassische Hüter des Wissens über die Jahrhunderte hin zu Playern im Innovationssystem, die auch Auftragsforschung betrieben, wider. Es macht aber gerade die Qualität dieses Berichts aus, dass er sich einer sorglosen Selbstvergewisserung entzieht und die etablierten Formen des Wissensprozesses angesichts der zahlreichen empirischen Befunde radikal in Frage stellt. Diese luzide Analyse, die sich ebenfalls der Philosophie als zeitgenössischer Kritik verpflichtet fühlt (vgl. Kap. 0), hat selbst Jahrzehnte nach ihrem Erscheinen aufgrund ihrer analytischen Schärfe nichts an Bedeutung eingebüßt. Neben dem kaum zu unterschätzenden Einfluss Lyotards auf die Postmoderne-Debatte soll hier vor allem auf seine Analyse der „Lage des Wissens in den höchstentwickelten Gesellschaften" (Lyotard 1994, 13) und dessen Entwicklung seit etwa 1960 eingegangen werden, wie sie sich in ähnlicher Form auch in der zeitlich später anzusetzenden Debatte um die Wissensgesellschaft gestellt hat (vgl. Kap.

3.2). Lyotard hat damit einen Beitrag zum Orientierungswissen der zu diesem Zeitpunkt gerade erst in den Kinderschuhen steckenden digitalen Revolution geliefert, deren kritischer Evaluation wir uns hier widmen.

Seit den fünfziger Jahren sind die Informatik und die ihr vorausgehenden bzw. nahestehenden Wissenschaften (Telematik, Kommunikationstheorie, Steuerungs- und Regelungstechnik u.a.) zu Pilotwissenschaften aufgestiegen. Dieser Umstand hat zur Folge, dass den informatischen Disziplinen und den von ihr erzeugten Systemen ein bedeutender gesellschaftlicher Stellenwert eingeräumt wird. Da diese Disziplinen allesamt anwendungsorientiert sind, steigt zugleich der Wert des Anwendungswissens gegenüber den theoretischen Grundlagen. Der erst in den achtziger Jahren erfolgte Siegeszug des Personal Computers hat diese Entwicklung lediglich beschleunigt und für das Individuum noch augenscheinlicher gemacht. Für Lyotard scheint klar, dass die Auswirkungen dieser technologischen Transformation auf das Wissen erheblich sein müssen und zwar sowohl hinsichtlich der Art und Weise wie Forschung betrieben wird als auch hinsichtlich der Übermittlung der Erkenntnisse (vgl. Lyotard 1994, 21). Seiner Voraussage nach würde die Multiplizierung der „Informationsmaschinen" die Menschen und ihre Gewohnheiten ebenso verändern, wie die Verkehrsmittel und Übertragungstechniken den Menschen und die Medien verändert haben. Diese Transformation lässt die Natur des Wissens nicht unberührt: Durch den Umstand, dass Information zum Großteil digital übertragen wird, wird alles das ausgeschlossen, was nicht digitalisierbar ist. Was sich nicht in Bits übersetzen lässt und der spezifischen Logik der Informationsmaschinen widersetzt, bleibt vom Diskurs ausgesperrt (vgl. Lyotard 1994, 23). Diese als Befürchtung geäußerte These Lyotards scheint angesichts von E-Learning und Internet-Wissensportalen auf Bildungsprozesse zutreffender denn je. Was dort angeboten wird, schließt das aus, was die digitalen Kanäle nicht passieren kann, verändert dadurch die Art der Wissenskommunikation und trägt schließlich dazu bei festzulegen, was überhaupt als Wissen gelten kann (vgl. Lyotard 1994, 24). Wie andere Systeme, so folgen auch die Informationssysteme ihrer Eigenlogik und schaffen so die ihnen eigentümlichen Bedingungen: „Die Informatik filtert nach den ihr eigenen Kriterien und macht diese so zu den effektiven Wahrheitskriterien der Gesellschaft (...) Was nicht programmierbar ist, darüber muß man schweigen" (Welsch, 1993, 219).

Lyotard schließt dadurch auf eine zunehmende Veräußerlichung des Wissens gegenüber dem Wissenden, womit er sich hinsichtlich seiner Konzeption vom konstruktivistischen Ansatz abhebt (vgl. Kap. 3.4.1.2). Er sieht diesen Prozess als Bedingung für eine zunehmende „Merkantilisierung des Wissens". Das digital vermittelte Wissen muss zunehmend der Wertform genügen:

> „Das Wissen ist und wird für seinen Verkauf geschaffen werden, und es wird für seine Verwertung in einer neuen Produktion konsumiert und konsumiert werden: in beiden Fällen, um getauscht zu werden" (Lyotard 1994, 24).

Das Wissen erhält somit einen Tauschwert und ist damit nicht mehr allgemein – d. h. frei – zugänglich. Durch die Globalisierung und die Dominanz multinationaler Konzerne, die ihre Interessen zumindest gleichberechtigt neben denen der Nationalstaaten platzieren, stellt sich auch die Frage des Zugangs zu Wissen: Wer wird wissen? Der Zugang stellt zwar keine hinreichende, aber eine notwendige Bedingung dar, um den in Kap. 6.2 angesprochenen Autonomiezuwachs des Individuums zu ermöglichen.

Lyotard verknüpft die Frage des Wissens mit der Frage nach der Legitimation. Ebenso wie ein Gesetz durch den definierten Prozess des Zustandekommens legitimiert ist, sind wissenschaftliche Aussagen durch die Bedingungen charakterisiert, die für ihre Gültigkeit bürgen. Dies umfasst u.a. Widerspruchsfreiheit, Möglichkeit der experimentellen Verifikation u.a.m. (vgl. Popper 1976, 8 u. 41). Die Frage der Legitimation der Wissenschaft und der Legitimation des Gesetzgebers sind nun unlösbar verbunden:

> „In dieser Perspektive ist das Recht, darüber zu entscheiden, was wahr ist, nicht unabhängig von dem Recht, darüber zu entscheiden, was gerecht ist, auch wenn die jeweils der einen oder anderen Autorität untergeordneten Aussagen unterschiedlicher Natur sind" (Lyotard 1994, 34).

Durch die veränderten Umweltbedingungen stellt sich die Frage nach der Legitimierung des Wissens in den postmodernen Gesellschaften in veränderter Weise. Eine alles überdeckende regulative Idee, wie sie noch die Aufklärung bereitzustellen versuchte, ist nicht mehr vorhanden, die „große Erzählung hat ihre Glaubwürdigkeit verloren" (vgl. Lyotard 1994, 112). Vordergründig kann man als eine der Hauptursachen an diesem Niedergang den Aufschwung der Technologien seit dem Zweiten Weltkrieg ansehen, „der das Schwergewicht eher auf die Mittel der Handlung als auf ihre Zwecke verlegt hat" (Lyotard 1994, ebd.). Doch Lyotard schürft hier tiefer und fragt nach der Verknüpfung dieser Tendenz mit dem Niedergang der großen Emanzipationserzählungen, die er in den nihilistischen Strömungen des 19. Jahrhunderts ortet. Dieser Nihilismus wiederum resultiert zu einem guten Teil aus der Selbstanwendung des wissenschaftlichen Anspruchs auf diesen selbst. Die Techniken, die notwendig sind, um in der Moderne Wissenschaft und ihre adäquate Beweisführung zu betreiben, sind im Kontext der wissenschaftlichen Pragmatik bzw. des Entdeckungszusammenhangs an finanzielle Ausgaben geknüpft:

> Also kein Beweis, keine Verifizierung von Aussagen und keine Wahrheit ohne Geld. Die wissenschaftlichen Sprachspiele werden Spiele der Reichen werden, wo der Reichste die größte Chance hat, recht zu haben. Eine Gleichung zwischen Reichtum, Effizienz und Wahrheit zeichnet sich ab (Lyotard, 1986, 131).

Hier zeichnet Lyotard ein radikales und einigermaßen pessimistisches Bild einer Wissenschaft, die sich von ökonomischen Interessen leiten lässt und in der eine klare Trennlinie zwischen Begründungs- und Entdeckungszusammenhang nicht nur verschwommen, sondern nachgerade unmöglich erscheint. Die Wissenschaft selbst wird eine Produktivkraft und ein Moment in der Zirkulation des Kapitals (vgl. Lyotard 1994, 132). Auch sieht er bereits die Verquickung von ökonomischen mit wissenschaftlichen Interessen, wie sie später für den *Mode-2* der Wissensproduktion festgestellt wird (vgl. Kap. 6.1.4). Am offensichtlichsten zeigt sich diese Verquickung in der Art und Weise der Forschungsfinanzierung. Diese wird entweder direkt in den F&E-Abteilungen der Unternehmen privat finanziert – wobei der Schwerpunkt des Erkenntnisinteresses eindeutig in der Generierung von Anwendungswissen liegt – oder über gemischtfinanzierte Fonds, die zumindest für eine bestimmte Zeit Unabhängigkeit für die Forschungsinstitutionen garantieren.[51] Mit der Anwendungsorientierung dringen auch die Organisationsformen der Unternehmen zunehmend in die Forschungsinstitutionen ein (Evaluierung, Kundenorientierung etc.) (vgl. Lyotard 1994, 134). Erkennbar wird diese Tendenz etwa durch die Einführung von Methoden des Wissensmanagements an den Universitäten als Stätten der Wissensproduktion. An österreichischen Universitäten ist die Durchführung einer Wissensbilanz im Zuge der Leistungsvereinbarung mittlerweile verpflichtend (vgl. Kap. 3.3.2).[52] Innerhalb des wissenschaftlichen Sprachspiels wird die Systemrationalität der Wahrheit durch solche Instrumente teilweise durch dasjenige der Performativität verdrängt. Führt man die Vision Lyotards und gegenwärtige Entwicklungen konsequent weiter, so verliert der Staat zunehmend die Verfügungsmacht über das Wissen, die er in Form von Forschungsfinanzierung bzw. wissenschaftspolitischen Maßnahmen prinzipiell hat. Zunehmend wird diese im Kontext des *Mode 2* der Wissenschaft von den Unternehmen bzw. privat finanzierten Forschungsinstitutionen übernommen (vgl. Kap. 6.1.4).

Durch die prinzipielle Verfügbarkeit von Informationen über Datenbanken wird die Fähigkeit zum kreativen Verbinden von zuvor isolierten Erkenntnissen zu einer Schlüsselfähigkeit. Im akademischen Kontext wird zunehmend Interdisziplinarität als Form des wissenschaftlichen Herangehensweise relevant (vgl. Kap. 2.2), die ihrerseits als Ausdruck der Delegitimierung der in der humboldtschen Universitätsidee vorhandenen institutionell streng getrennten Universitätsorganisation und ihrer zugehörigen Metaerzählung aufgefasst werden kann (vgl. Lyotard 1994, 152). Parallel zu dieser Entwicklung verschwindet auch

---

51 In Österreich haben sich die Programme für Forschungsförderung, die am Übergang zwischen universitärer und privater Forschung positioniert sind, in der letzten Jahren stark vermehrt. Auch Übergangsmodelle von staatlicher zu privater (Eigen-)Finanzierung fallen in diesen Bereich (z. B. COMET Competence Centers for Excellent Technologies)
52 S. Verordnung der österreichischen Bundesministerin für Wissenschaft und Forschung über die Wissensbilanz (BGBl. II Nr. 216/2010).

zunehmend der Einzelforscher – der Professor –, der sowohl hinsichtlich Wissensvermittlung den netzwerkartigen Informationsmedien als auch in hinsichtlich Wissensgenerierung den interdisziplinären Forschungsteams unterliegt (vgl. Lyotard 1994, 156).

Die Anwendung des Kriteriums der Performativität auf die Wissensproduktion hat für Lyotard jedoch auch Vorteile gegenüber älteren Paradigmen (vgl. Lyotard 1994, 180): So verhindert es den Anschluss an metaphysische Diskurse, es erfordert die Aufgabe der „Fabeln" (als Geschichten, die sich bloß über den gemeinsamen moralischen Wertekanon definieren). Es stellt den Kalkül der Interaktion anstelle der Definition von Wesenheiten und damit die Pragmatik vor die Theorie. Es lässt die "Spieler" Verantwortung übernehmen für ihre Aussagen und darüber hinaus für die Regeln des Spiels überhaupt. Die pragmatischen Funktionen des Wissens von der Beweisführung bis zur Phantasie werden unter dem Aspekt der Effizienz betrachtet. Ein Beispiel dafür sind die Kreativitätstechniken, in denen sich die Gestaltung nicht bloß dem Ziel, sondern auch der effizienten Zielerreichung unterordnet. Was im Kontext der Konzeption Lyotards zweifellos ironisch konnotiert ist, wird im Diskurs des Wissensmanagements tatsächlich positiv bewertet. Der in der humboldtschen Konzeption organisierte Wissens-kanon wird zugunsten einer frei organisierten Form der Wissens-generierung und Wissensaneignung aufgegeben. Dies geschieht freilich meist unter dem Aspekt der ökonomischen Nutzenrationalität.

Die Informationsmedien spielen bei diesem Prozess – ganz im Sinne von Lyotards Begriff der *Paralogie* als einem sprunghaften Wechselspiel zwischen Differenzierung und Vereinheitlichung – eine ambivalente Rolle: Digitale Medien zerstören durch ihre Vielfalt Wissensmonopole, wodurch die Freiheit des Informationsaustausches vergrößert wird. Andererseits ergeben sich durch die geschickte Ausnützung der neuen technischen Möglichkeiten und der Marktstellung neue Potenziale zur Ausübung von

Macht- und Medienkonzentration.[53] Durch die Beherrschung der Kanäle ergeben sich auch Möglichkeiten zur Beherrschung der auf ihnen transferierten Inhalte. Solche Tendenzen sind zu vermeiden, da sie als Kontroll- und Regulierungsinstrumente eingesetzt werden können, die den *Terror* mit sich bringen (vgl. Lyotard 1994, 192) und sollten zugunsten der *Differenz* aufgehoben werden. Als Terror wird hier die durch die "Eliminierung oder Androhung der Eliminierung eines Mitspielers aus dem Sprachspiel, das man mit ihm spielte, gewonnene Wirkung" verstanden (Lyotard 1994, 184). Solche Akte sieht Lyotard als – zumindest im sprachlichen Sinn – Gewaltakte, die *Opfer* zurücklässt. Diese Haltung durchzieht auch sein nachfolgendes Werk „Der Widerstreit" (Lyotard 1989): Opfer wird man, indem einem die Stimme im Diskurs entzogen wird. In den Informationsmedien spielen Eigentumsverhältnisse demnach eine beherrschende Rolle:

> „Die Instanzen der Kommunikation sind wie die des Tausches nur über den Besitz definierbar: den Besitz von Informationen analog dem von Nutzungen. Und wie man den Strom von Nutzungen kontrollieren kann, so kann man auch den Strom der Informationen kontrollieren" (Lyotard 1989, 31f.).

Die Informatisierung der Gesellschaften kann im Wechselspiel jedoch auch als Instrument dienen, die heterogenen sozialen Gruppen, die über die Metaregeln ihres Zusammenlebens diskutieren, mit Information zur Grundlegung von Entscheidungen zu versorgen. Dies setzt freilich weitgehend freien Zugang zu den relevanten Datenbanken voraus, den Lyotard konsequenterweise auch einfordert (vgl. Lyotard 1994, 192).

Ein strukturell ähnliches Konzept entwickeln später auch die politischen Philosophen Michael Hardt und Antonio Negri mit ihren Konzepten des *Empire* und der *Multitude*: Beide Begriffe repräsentieren

---

53 Vgl. etwa die in ähnlicher Form wiederkehrenden Diskussionen über marktbeherrschende Stellung eines Unternehmens und dadurch potenziell mögliche Missbrauch. Dies wurde z. B. bei Betriebssystemen (z. B. Microsoft Windows) bzw. einzelnen Programme wie z. B. Internet Explorer thematisiert, in jüngster Zeit auch bei der derzeit dominanten Suchmaschine Google bzw. im Bereich der Social Networks bei Facebook. Für eine Geschichte derartiger Monopole und ihrer Auflösung s. Wu 2012.

gegensätzliche Bewegungen der informatisierten Netzwerkgesellschaft (vgl. Kap. 5.5). Beide bilden sich in Netzwerkform aus. Im Falle des Empire fungieren als Knoten die Nationalstaaten, supranationalen Institutionen, multinationale Konzerne etc., die daran interessiert sind bestimmte – d.h. in diesen Fällen meist gewinnsichernde – Zustände zu erhalten. Das Netzwerk der Multitude hingegen ist zwar ebenfalls global, bewahrt jedoch in gleichberechtigten Begegnungen seine Differenz (vgl. Hardt/Negri 2004, xiv-xvi). Es versucht also gerade die von Lyotard bereits angesprochenen Tendenzen der Aneignung – und damit einhergehend sehr oft der Nivellierung – zu vermeiden.

Insgesamt verdanken wir Lyotards Analyse einen Einblick in die Verknüpfung der Frage der sozialen Gerechtigkeit mit derjenigen des Umgangs mit Informationen im Zeitalter der beginnenden Digitalisierung. Anhand der von ihm entwickelten Kategorien kann auch die Betrachtung der nachfolgenden Entwicklung der Informations- sowie der Wissensgesellschaft seither durchgeführt werden. Im zeitlichen Abstand seit Erscheinen der Studie soll jedoch auch eine Evaluierung seiner Prognosen im Lichte der Entwicklung der vergangenen Jahrzehnte erfolgen.

6.1.2 Zum Status des Digital Divide

Medien bestimmen über ihre Struktur nicht nur die Wahrnehmungs- und Erkenntnisfähigkeit des Menschen (vgl. Postman 1985, 20), sondern verfügen über je eigene „Dispositionen im Hinblick auf die Bereitstellung kommunikativer Funktionen" (Pscheida 2010, 42). D. h., sie bestimmen wesentlich die kulturellen Grenzen einer Gesellschaft mit, nicht nur wie oben erwähnt im Hinblick auf ihre kognitiven Wissensbestände, sondern in Bezug auf ihre gesamte Identität. Im Hinblick auf Lyotards Analyse ist aber zuvor die Frage über die Verfügungsgewalt über Medien zu stellen. Während digitale Medien wie ausgeführt größere Potenziale für egalitären Zugang bieten (vgl. Kap. 4.1.1 u. 4.1.4), muss überhaupt erst der Zugang zu Hardware, Software und Zugang zum Internet vorhanden sein, um einen Wissensmehrwert aus der Teilhabe am Netzwerk ziehen zu können. Während der Aspekt der Software und der Zugang zu den Wissensbeständen, deren Problematik Lyotard herausgestrichen hat, durch die neueren Entwicklungen (vgl. Kap. 5) an Bedeutung verlieren, stellt sich die Frage nach dem Zugang zu Endgeräten und Zugang zum Netzwerk. Eines der virulenten Probleme der Wissens- und Informationsgesellschaft stellt daher der *Digital Divide* dar, eine Kluft, welche die hoch entwickelten Gesellschaften von denjenigen trennt, deren Infrastruktur sie kaum von den neuen Technologien profitieren lässt. Im Sinne Lyotards (vgl. Kap. 6.1) haben jene den Vorteil, die sich die aufwändigen und kostspieligen Apparate leisten können, die wiederum für Kreativität und die Schaffung von neuem Wissen Voraussetzung sind. Digitale Technologien haben im Vergleich zu klassischen Medienformen (z. B. gedruckten Medien) höhere Eingangsvoraussetzungen in ökonomischer Hinsicht, aber auch in Bezug auf geforderte Kompetenzen *(digital literacy)*. Ihr Potenzial für Exklusion ist daher *prima facie* größer. Die Frage des Zugangs zur technischen Infrastruktur wird auf diese Weise verknüpft mit der Frage, ob es ein Recht auf Zugang zu kulturellen Gütern geben kann.

Der Bedeutung dieser Problematik entspricht auch, dass eben diese Kluft zum Thema einer zweistufigen UN-Weltgipfelkonferenz (2003 und 2005) gemacht wurde. Im Jahre 2003 wurden – zumindest als Zielvorstellung – die Rahmenbedingungen für einen globalen Entwicklungsplan im Bereich der Informationstechnologien vorgegeben: 2015 sollten weltweit alle Dörfer, Schulen, Universitäten, Gesundheitszentren und öffentlichen Verwaltungen ans Internet angeschlossen sein (vgl. Tunis Agenda 2005, Nr. 90). Dies sollte als Beitrag zu einer gerechten Verteilung der Information gesehen werden, deren Voraussetzung natürlich eine umfangreiche Investition in die Infrastruktur bildet. Ihrer Bedeutung im Kontext der Mode-2-Wissensproduktion entsprechend nahmen an diesen Verhandlungen auch die großen Unternehmen teil. In jüngerer Zeit hat die Aufmerksamkeit durch internationale Organisationen einerseits abgenommen und ist v. a. in akademischen bzw. Policy-orientierten

Bereichen einer optimistischeren Einschätzung gewichen (vgl. Tongia/Wilson 2007, 2). Was könnten die Gründe dafür sein?

Ein Blick auf die Anzahl der InternetnutzerInnen verdeutlicht, dass Afrika derjenige Kontinent ist, der – wenngleich bei hohen Steigerungsraten – den größten Abstand zu den hoch entwickelten Regionen aufweist. Lediglich 15,6% der Bevölkerung nutzen 2012 das Internet (vgl. Miniwatts Marketing Group 2012). Zugleich ist Afrika die Weltregion, die (wenngleich ausgehend von einem niedrigen Niveau) über den Zeitraum 2000-2011 die höchste Steigerungsrate (2.527,4%) aufweist (im Vergleich Nordamerika 151,7%). Zu beachten ist hier auch die Nutzung mobiler Technologien: 2011 gibt es bereits mehr als 5 Milliarden Mobilfunkanschlüsse, wobei in Entwicklungs- und Schwellenländern die Zuwächse besonders hoch sind (vgl. Bitkom 2010). Diese rasante Entwicklung gibt zumindest Hoffnung, dass die von der UN-Weltgipfelkonferenz proklamierten Ziele tatsächlich erreicht werden könnten. Nicht zuletzt wurde Mobilfunk in strukturschwachen Regionen ohne Festnetzanbindung zum nachhaltigen Entwicklungsmotor, wie er in dieser Geschwindigkeit durch die Versorgung mit terrestrischer Infrastruktur nicht hätte erreicht werden können.

Zahlreiche offene Informationsprojekte – am einflussreichsten hier wiederum Wikipedia – arbeiten daran zumindest den „informational gap" zu verkleinern. In diesem Zusammenhang ist auch das strategische Konzept der Online-Enzyklopädie zu verstehen, die AutorInnenbasis bewusst auch geografisch auf Entwicklungs- und Schwellenländer auszudehnen. „Unsere eigentliche humanitäre Bedeutung werden wir in den nächsten Jahren entfalten, wenn wir den Leuten Information bringen, die bisher keine Information hatten" (Wikipedia: "Leute informieren, die keine Information haben" 2011). In dieser Aussage von Wikipedia-Gründer Jimmy Wales zeigt sich einerseits, dass Wikipedia ein immenses und global umspannendes Wissenspopularisierungsprojekt sein kann und andererseits das ethische Potenzial derartiger Projekte.

6.1.3 Ökonomische Nutzenmodelle

Der Umgang mit Information und Wissen ist von unterschiedlichen ökonomischen Nutzenmodellen geprägt, die sich in zwei große Gruppen einteilen lassen: (1) Zum einen der marktbasierte kapitalistische Zugang, der Information und Wissen als Ware im Umlauf sieht und diese auch zu Marktpreisen verkauft (vergleichbar dem von Lyotard skizzierten Modell, vgl. Kap. 6.1). Aufgrund des Eigentumscharakters können wir dies als „proprietäres Nutzenmodell" bezeichnen. Es setzt auch ein Wissensverständnis voraus, dass Wissen für externalisierbar und transferierbar hält (vgl. 3.4.4). Zum anderen ein (2) ökonomisches Modell, das an verschiedene Konzepte der freien *Gabe* erinnert, die nicht unmittelbar pekuniär abgegolten wird und gerade im Kontext des Internets und der Softwareerzeugung (Open Source) bemerkbar ist (vgl. Kap. 5.1.1 und 5.3).

6.1.3.1 Proprietäre Nutzenmodelle

Das proprietäre Nutzenmodell der Informationsökonomie basiert auf dem Recht auf geistigem Eigentum bzw. Patenten, das in Form von Nutzungsrechten an potenzielle NutzerInnen weitergegeben werden kann. Es steht damit weitgehend im Gegensatz zu den offenen Lizenzmodellen, wie sie in Kap. 5.3.1 diskutiert wurden. Ein weithin bekanntes Beispiel für ein proprietäres Modell ist das Betriebssystem MS-DOS (und seines darauf basierenden Nachfolgers Windows), das sich durch eine Kooperation zwischen IBM und Microsoft zum de-facto Standard entwickelte und die Umgebung für weitere Softwareentwicklung definierte. So bestimmte Microsoft über lange einen wesentlichen Teil der Wissensschaffung in der Informatik (vgl. Sveiby 1998, 160) und ist bis heute z. B. im Betriebssystemmarkt dominierend.

6.1.3.2 Ökonomie der Großzügigkeit

Gegenwärtig ist zu beobachten, dass Information in einem immer größeren Ausmaß geteilt wird. Wie u.a. bereits anhand des Modells des Wissenstransfers dargelegt (vgl. Kap. 3.4.3) verfügen Information und Wissen über Eigenschaften, die es nahelegen, nicht das ökonomische Modell des „Austauschs" zu verwenden, sondern dasjenige der Teilung. Information wird also weniger im ökonomischen Sinn „ausgetauscht" (also gehandelt), da dies auch die Annahme von Knappheit und ausschließbarer Nutzung bis zu einem gewissen Grad voraussetzt. In Kap. 3.3.3 wurde dargelegt, dass dies kaum den Systemeigenschaften von Information und Wissen entsprechen kann. Als vom Modell proprietärer Nutzungsrechte abweichend etabliert sich demnach, v. a. im Bereich der Informationstechnologien, zunehmend eine *Ökonomie der Großzügigkeit* – vergleichbar dem Gabentausch (vgl. Bruck/Sloterdijk 2005; Derrida 1993, 37ff.), die sich gegenüber der marktökonomischen Herangehensweise als Alternative positioniert. In ihr soll der Information und dem Wissen der Warencharakter und der Warenwert genommen werden.

Als Grundlage für den Austausch in zahlreichen Online-Communities und EntwicklerInnen-Netzwerken scheint die *Logik der Gabe* zugrunde gelegt (vgl. Kap. 5.1.3.2), die darauf basiert, dass jemand etwas gibt, ohne unmittelbar eine reziproke Austauschhandlung zu erwarten (vgl. Eigner/Nausner 2003, 397f). Diese Tauschlogik bildet eine vorkapitalistische Gesellschaftsform, die noch nicht alles in Kauf und Verkauf klassifiziert, zu der es aber eine Reihe gegenwärtiger Entsprechungen bzw. sogar Rückkehrtendenzen gibt (vgl. Mauss 1990, 157ff). Sie bezieht ihre Motivation aus der Freude am öffentlichen Geben, sowie am Vergnügen an symbolischen Akten wie der Gastfreundschaft, Festen oder sonstigen Marktplätzen symbolischen Kapitals. Wir können uns aber auch bewusst auf diese beziehen bzw. sie reaktualisieren und „gegen die Ökonomien der Akkumulation und Expropriation ausspielen" (Hetzel 2006, 282):

„Gegenseitige Anerkennung, Großzügigkeit sowie moralische Verpflichtung und nicht rechnerisches Kalkül, dies sind nach Mauss die lang vergessenen, nun erst langsam wieder auftauchenden aktuellen Motive, die im Thema der Gabe angelegt sind" (Moebius 2009, 112).

Zahlreiche Elemente der Open-Source-Software-Produktion, wie sie in Kap. 5.3.3 analysiert wurden und selbst einige Phänomene der Gemeinschaft der Wikipedia-BeiträgerInnen (vgl. Kap. 5.4.4.3) lassen sich unter eine solche Ökonomie der Großzügigkeit subsummieren.

6.1.4 Nicht-hierarchische Netzwerkmodelle von Wissensproduktion

Wissenschaftsinstitutionen unterliegen seit einigen Jahrzehnten einem besonders starken Wandel, der v. a. durch die Entwicklung hin zu nichtöffentlichen Forschungseinrichtungen charakterisiert ist (*Mode* 2, vgl. Gibbons u.a. 1994), wodurch das System Wissenschaft die Monopolstellung zur Erzeugung und Verwaltung von Wissen verliert. Forschung verlässt zunehmend „das institutionelle Gehäuse der Wissenschaft und durchdringt viele Bereiche der Gesellschaft" (Krohn 2003, 111) und wird zum Teil als Wissensdienstleistung ausgelagert (z. B. an Think Tanks). Transdisziplinarität ist ein bestimmender Faktor der Mode 2-Forschung (vgl. Kap. 2.1), der wesentlich auch durch die neuen Formen der digital vernetzten Kommunikation mit ermöglicht wurde (vgl. Gibbons 1994 u.a., 39). Auch wird im Mode 2 eine stärkere Hinwendung der Wissenschaft zu gesellschaftlich relevanten Problemstellungen – mithin zu Anwendungswissen – konstatiert und von Gibbons u.a. teilweise auch gutgeheißen. Dieses Phänomen ist jedoch nicht ganz neu und tritt in der Wissenschaftsgeschichte häufig dort auf, wo die (öffentlichen) Ressourcen verknappt werden (vgl. Wieser 2010, 134f.). In jedem Fall lässt sich eine stärkere Verknüpfung zwischen Wissenschaft und Wirtschaft konstatieren, z. B. an der Entwicklung des *science linkage*[54], dessen Indikator im Zeitraum zwischen

---

54 Beschreibt durchschnittliche Zahl an Zitationen wissenschaftlicher Literatur in Patentschriften.

1991-2001 um mehr als das Dreifache anstieg (vgl. Schibany/Gassler 2003, 138).

Aufgrund der Eigenschaften frei verfügbaren Wissens (Nichtausschließbarkeit der Nutzung, nichttrivalisierender Konsum, vgl. Kap. 3.3.3) kann ein Marktversagen die Folge sein. Mit dem privaten Sektor allein als Investor in Forschung kann aufgrund der nicht effizienten Allokation der Ressourcen klassischerweise kaum gerechnet werden. Wissen erfüllt die Kriterien eines öffentlichen Gutes und sollte auch öffentlich finanziert werden (vgl. Schibany/Gassler 2003, 132). Systemische Ansätze betonen jedoch die Verschränkung des Wissensprozesses, in dem sich die einzelnen Schritte (Wissensgenerierung – Wissensdiffusion – Wissensanwendung) nicht linear entwickeln, sondern einander beeinflussen und bedingen 3.4.2). So profitiert selbst die Grundlagenforschung von technologischen Entwicklungen (Messtechnologien etc.) der Anwendung.

Es wird sich zeigen, welche Rolle öffentlich finanzierte Wissensinstitutionen unter den Bedingungen einer „socially distributive knowledge production" (Gibbons u.a. 1994, 14) spielen werden und ob sie ihrer ursprünglichen Aufgabe gerecht werden, die zentralen Hüter des Wissens zu sein. Auch werden sie die Frage zu beantworten haben, ob sie ihre Arbeit als expliziten Gegenentwurf zur anwendungsorientierten Mode-2-Forschung sehen. Gegenwärtig setzen sie eher darauf, sich mit den Mode-2-Playern zu vernetzen. Offensichtlich ist jedenfalls, dass Wissenschaft um ihrer selbst Willen im Mode 2 auf dem Rückzug ist (vgl. Pscheida 2010, 225).

6.1.5 Zugang zu Wissen: Kommerzialisierung und Public Domain

Wie bereits erwähnt (vgl. Kap. 3.3.3) ist der substanzbehaftete Begriff von Information und Wissen aufgrund der ihnen inhärenten Eigenschaften ein fraglicher. Besonders aus dem Umstand, dass Information nicht austauschbar ist, hat Hans Sachsse bereits in den frühen siebziger Jahren des 20. Jahrhunderts den Schluss gezogen, dass es kein Eigentumsrecht und damit auch keine Geheimhaltung von Information geben sollte (vgl. Sachsse 1993, 67). Der Umstand, dass Lyotards Befürchtungen in der jüngsten Vergangenheit nicht im umfangreichen Sinne wahr wurden, liegt z.T. in der Verfügbarkeit des heute frei zugänglichen Wissens. Es liegt auch in der Verantwortung der Zivilgesellschaft, dass sie auch weiterhin nicht wahr werden. Diese Verantwortung schließt mit ein, einzelnen privaten Anbietern – wie z. B. Google – nicht allein das Feld der Digitalisierung von Buchbeständen sowie die Verfügungsgewalt über andere Datenbestände (z. B. bibliographische Daten) zu überlassen. Nicht der Prozess selbst ist problematisch, sondern die offene Frage nach der Zugangsberechtigung für diese Daten. Den kritischen Anmerkungen Lyotards (vgl. Kap. 6.1.1) ist insofern Rechnung zu tragen, als dass möglichst viele Datenbestände im Bereich der Public Domain verbleiben. Wie Robert Darnton vorschlägt, könnte dies z. B. in Form öffentlicher digitaler Bibliotheken verwirklicht werden (vgl. Darnton 2010).

Bei wissenschaftlichen Publikationen besteht die Problematik darin, dass die zum Großteil öffentlich finanzierten Forschungsergebnisse durch die Veröffentlichung in wissenschaftlichen Fachzeitschriften kommerzialisiert und anschließend durch die Fachbibliotheken mithilfe öffentlicher Finanzierung gekauft werden müssen. Eine mögliche Reaktion auf diese Form der Kommerzialisierung durch Fachverlage besteht in der Einrichtung von *Open Access Journals*, die freien Zugang zu den Wissensbeständen erlauben und dennoch meist über ein wissenschaftliches Peer Review–Verfahren verfügen.

6.2 Soziale und politische Implikationen offener Wissensprozesse

Es stellt sich nun die Frage, wie die genannten Wissensprozesse, die durch die neuen Medienformen und die neuen Formen der Kollaboration ermöglicht werden, den öffentlichen Diskurs und die politische Meinungsbildung beeinflussen. Als Grundthese kann die von Götschl (2001b, 35) entwickelte Charakteristik von „qualified democracies" bzw. Wissensgesellschaften herangezogen werden: Durch die (wissenschaftliche) Wissens-produktion in zunehmend interdependenten, offenen und dynamischen Kategoriensystemen entstehen nicht-hierarchische, multidimensionale Kontexte von Wissensprozessen. Für digitale Wissensgesellschaften be-deutet dies ein immer stärkeres Zusammenrücken von Wissensprozessen und demokratischen Prozessen und bildet zugleich eine neue Basis für de-mokratische, evolutionäre Stabilität. Die Verbindung von Wissen und Mit-bestimmungsrechten entfaltet so erst den Möglichkeitsraum heutiger Ge-sellschaften: „Only knowledge is capable of increasing the democratic po-tential of liberal societies" (Stehr 2001, 91). Die digitalen Medien und die durch sie ermöglichten Kommunikations- sowie Sozialisationsprozesse sind zu einem gestaltenden Element unserer Gesellschaft geworden. Diese evolutionäre Entwicklung könne nun zu besser verteilter Einsicht, besser verteilter Kompetenz sowie besser verteilter Verantwortlichkeit führen.

Diese Entwicklung geht einher mit einer Verstärkung der Autonomie der Einzelnen, da sie die individuelle Kreativität am besten entfaltet (vgl. Götschl 2001b, 36). Darauf aufbauend kann es durch Kooperation zur Ausgestaltung von neuen sozialen Strukturen kommen. Diese Formen der Zusammenarbeit wiederum erfordern einen offenen Zugang zu Wissen. Militärische und autoritäre Strukturen werden zugunsten von evolutionär-selbstorganisierenden Strukturen der Zivilgesellschaft zurückgedrängt (vgl. Götschl 2001b, 36). Einen zentralen Schnittpunkt zwischen politischer Theorie und Medientheorie bildet das Modell von Öffentlichkeit, über die politische Diskurse überhaupt erst verhandelt werden können.

6.2.1 Strukturwandel der Öffentlichkeit: Habermas und der Entscheidungsbildungsprozess im digitalen Zeitalter

Das von Jürgen Habermas über Jahrzehnte entwickelte Rechtsstaatsmo-dell basiert auf gleichberechtigten und vernünftigen Diskursen erfolgsori-entiert entscheidender Individuen (vgl. Habermas 2008, 144), ist also gerade frei von jenen Machtdiskursen des Wissens, die Michel Foucault skizziert (vgl. Kap. 3.1.3). Diese Diskursethik basiert dementsprechend weitgehend auf einer idealen Sprechsituation, die zwar faktisch schwer zu erreichen, als regulative Idee jedoch notwendig ist. Darin enthalten sind u.a. strukturelle Gewaltfreiheit, die unbeschränkte Teilnahme aller Betroffenen, Einsichts- und Verständigungsbereitschaft der DiskursteilnehmerInnen, ihre Gleichberechtigung und die Wahrhaftigkeit bei der Äußerung ihrer Interessen (vgl. Wimmer 2008, 250f.). Dieses Rechtsstaatmodell ist aber auch angewiesen auf eine *Öffentlichkeit* als Ort, an dem solche Diskurse stattfinden oder auch präfiguriert werden. Die grundlegenden Überlegungen hat Habermas bereits in der bahnbrechenden Arbeit „Strukturwandel der Öffentlichkeit" 1962 gelegt und den Einfluss der Medien auf politische und soziale Meinungsbildungsprozesse aufgezeigt. In der Folge hat er ein Modell der deliberativen Demokratie entwickelt, das diskursive Praxis, das Vorhandensein von Öffentlichkeit und die Frage der Legitimität demokratischer Entscheidungen zusammendenkt (vgl. Habermas 1998).

Auf die bahnbrechenden Änderungen des Informations- und Wissenszeitalters durch die Neuen Medien hat Habermas jedenfalls reagiert. Er erkennt zwar die Verbreiterung der Medienöffentlichkeit verbunden mit einer Intensivierung der inhaltlichen Diskurse durch das Internet an, sieht die Auflösung etablierter Öffentlichkeitsrollen – z. B. der Intellektuellen – jedoch äußerst kritisch:

„Die Nutzung des Internet hat die Kommunikationszusammenhänge zugleich erweitert und fragmentiert. Deshalb übt das Internet zwar eine subversive Wirkung auf autoritäre Öffentlichkeitsregime aus. Aber die horizontale und entformalisierte Vernetzung der Kommunikation schwächt zugleich die Errungenschaften traditioneller Öffentlichkeiten. Diese bündeln nämlich innerhalb politischer Gemeinschaften die Aufmerksamkeit eines anonymen und zerstreuten Publikums für ausgewählte Mitteilungen, sodass sich die Bürger zur gleichen Zeit mit denselben kritisch gefilterten Themen und Beiträgen befassen können. Der begrüßenswerte Zuwachs an Egalitarismus, den uns das Internet beschert, wird mit der Dezentrierung der Zugänge zu unredigierten Beiträgen bezahlt. In diesem Medium verlieren die Beiträge von Intellektuellen die Kraft, einen Fokus zu bilden" (Habermas 2008, 81f.).

Hier vermischt Habermas m.E. berechtigte Gefahrenpotenziale (Fragmentarisierung) mit Kritik, die nicht alle Möglichkeiten des Mediums und wohl auch nicht alle gegenwärtigen Entwicklungen ausreichend berücksichtigt. Während in den Filter- und Personalisierungsfunktionen zahlreicher Informationsservices tatsächlich die Gefahr fragmentierter Weltsichten besteht, bilden sich auch in der digitalen Welt Informationszentralen aus, die von einem Großteil der UserInnen frequentiert werden. Wikipedia kann hier als ein bedeutendes Beispiel für die von Habermas eingeforderten Äquivalente für die Öffentlichkeitsstrukturen gelten. Auch weitere Anwendungen im Bereich der der Social Media (bzw. des Web 2.0) erfüllen die von ihm geforderten Kriterien: Der Zugang zur Öffentlichkeit ist uneingeschränkt offen, TeilnehmerInnen sind gleichrangig, die Wahl der Themen ist nicht eingeschränkt und der Kreis der TeilnehmerInnen ist unabgeschlossen (vgl. Münker 2009, 74). Zum anderen ist die Sichtweise auf die alten Medien (hier zählt Habermas das Fernsehen dazu), wohl zu optimistisch. Auch dort existieren seit jeher die unterschiedlichen Kanäle, die ihrerseits weltanschaulich gefärbt sind und die Gefahr von geschlossenen Weltbildern mit sich bringen. Die RezipientInnen solcher Medien fühlen sich so in ihrer Weltsicht immer wieder aufs Neue bestärkt. Interaktive und responsive Elemente, wie sie in der Mehrzahl der Online-Medien existieren – z. B. Kommentarfunktionen – erlauben zumindest im Ansatz so etwas wie eine Auseinandersetzung. Je nach Medium und Zielgruppe entwickelt sich auch eine dazugehörige Gesprächs– und Regelkultur (*Netiquette*). Wer den gegenwärtigen Zustand von Fernsehinhalten kennt, wird auch den habermasschen Optimismus auf die Durchschlagskraft von Intellektuellen über dieses Medium nur schwer nachvollziehen können. Ebenso schwer verständlich ist – v. a. aufgrund der augenscheinlichen Vorteile egalitärer und kollektiver Medienformen (vgl. Kap. 5) – die Effekte der Demokratisierung der Informationskanäle geringer zu bewerten, als den Prominenzfaktor von Intellektuellen in den Broadcast-Medien. Die Wirkung, die die Info-Revolution bereits in vielen Gebieten der Erde gezeigt hat, spricht eine eindeutige Sprache (vgl. Kap 6.2.2).

Dass nur die Vorselektion von Qualitätsmedien – Habermas orientiert sich hier am deutschen Kanon von *Süddeutscher Zeitung, Frankfurter Allgemeine* oder der *Zeit* (vgl. Habermas 2008, 134) – das nötige Orientierungswissen zu vermitteln imstande wären, zeugt einerseits von der Unterschätzung der Mündigkeit informationsbewusster BürgerInnen und anderseits vom Misstrauen gegenüber selbstorganisatorischen und demokratischen Wissensprozessen. Was die Mündigkeit anbelangt, gesteht er an anderer Stelle dennoch zu, dass man auch ohne großes politisches Wissen in der Lage sein kann politische Entscheidungen zu treffen (vgl. Habermas 2008, 179), nicht aber wenn es um die BürgerInnen als selbst gestaltende Akteure der sie betreffenden Öffentlichkeit geht.

Wie Habermas selbst feststellt, herrscht in Bezug auf die Massenmedien eine asymmetrische Struktur der Kommunikation vor: Die MedienteilnehmerInnen als vermeintliche DiskursteilnehmerInnen finden sich weitgehend als passive ZuschauerInnen und KonsumentInnen wider (vgl. Habermas 2008, 160). Er gesteht zwar dem Internet prinzipiell zu, diesen asymmetrischen Charakter durch die Struktur des Read-/Write-Web auszugleichen, der jedoch einzig in Bezug auf die Zensur autoritärer Regime abschwächend wirkt. In Bezug auf liberale Regime herrsche die Fragmentarisierung, die Tendenz zu *issue publics* – einer Art Mikro-öffentlichkeit für Gruppen mit Spezialinteressen. Während z. B. die Diskussion um Rechtsradikalen-Gruppen im Internet Habermas hier recht zu geben scheint (vgl. Lobo 2011), darf auch das quantitative Verhältnis zwischen TerroristInnen und mündigen BürgerInnen im Netz nicht missachtet werden.

Die Feststellung, dass „mediengestützte Kommunikation" ein meistens von Eliten angestoßener und getragener Diskurs" (Habermas 2008, 166) sei, trifft freilich für die durch Social Media ermöglichten Prozesse immer weniger zu, angesichts der durch zirkuläre Kausalität gekennzeichneten Diskurse (vgl. Kap. 5.1.1.4). Die Teilnehmer an Social Media nutzen diese Medien, um Anliegen zu kommunizieren, die sie selbst bzw. ihre Umwelt tangieren, und repräsentieren damit viel eher jene soziale Formation der Multitude (vgl. Kap. 6.1.1), die sich von unitaristischen Konzepten der Vergangenheit wie z. B. Volk, Masse oder Klasse abhebt (vgl. Hardt/Negri 2004). Durch die Tatsache, dass Inhalte in kürzester Zeit mit dem eigenen bzw. weiteren Netzwerken geteilt werden können (*Sharing*-Funktionalitäten), wird bei entsprechender Resonanz bzw. bei Erreichen einer kritischen Masse eine (Diskurs-)bewegung entfacht. Obwohl also separierte Interessen an Mikroöffentlichkeiten gelangen, können bei Konvergenz der Interessen Bewegungen entstehen, die ihre grundsätzliche Differenz nicht zugunsten von Institutionalisierung aufheben: „'The people' is one. The multitude, in contrast is many" (Hardt/Negri 2004, xiv).

Ob diese Diskurse auch wirklich dem deliberativen Modell gerecht werden lässt sich daran erkennen, ob sie (1) relevante Fragestellungen liefern, deren Für und Wider mit geeigneten Argumenten abgewogen wird, (2) die sich herausschälenden Alternativen geprüft und evaluiert werden und letztlich (3) die rational motivierten Stellungnahmen für die Entscheidung den Ausschlag geben (vgl. Habermas 2008, 167). Für jede dieser Anforderungen ließen sich zahlreiche Beispiele finden. Es sei hier lediglich auf die behandelten Fälle Wikipedia (einschließlich der dort stattfindenden Diskussionsprozesse) sowie auf die Entstehung von Open-Source-Software verwiesen (vgl. Kap. 5.4 und 5.3). Auch wenn einige Indikatoren darauf hindeuten, wird sich erst erweisen, ob diese als Exempel für gesamtgesellschaftliche Prozesse wirklich robust genug sind. Doch auch hier liegt eine Gefahr, die Nützlichkeit solcher Theoriemodelle für das Internetzeitalter zu übersehen.

Habermas selbst scheint in Bezug auf die Neuen Medien zwischen Ignoranz und oberflächlicher Analyse zu schwanken. Das Internet und die ablaufenden Prozesse werden dabei auf Chat-Rooms und die Gefahr der Partikularisierung reduziert (Habermas 2006b, 423). Diese Analyse hat einige Kritik von Internetdenkern hervorgerufen, hauptsächlich darüber, dass sich Habermas zu wenig mit den möglichen Instrumenten des Mediums auseinandergesetzt habe und die fruchtbare Verbindung zur eigenen Theorie der Öffentlichkeit leichtfertig übersehe (vgl. Rheingold 2007). Tatsächlich haben wir es heute zwar mit sehr partikularisierten

Öffentlichkeiten zu tun, die sich jedoch zumindest temporär rund um bestimmte Services gruppieren. Als Informationsmedium hat sich beispielsweise das Micro-Blogging-Service Twitter etabliert. Auch innerhalb dieses Info-Streams gibt es teils isolierte, teils überlappende Öffentlichkeiten, die dennoch Netzwerke bzw. Muster bilden:

> "What we see emerging, then, is not simply a fragmented society composed of isolated individuals, but instead a patchwork of overlapping public spheres centred around specific themes and communities which through their overlap nonetheless form a network of issue publics that is able to act as an effective substitute for the conventional, universal public sphere of the mass media age; the remnants of that mass-mediated public sphere itself, indeed, remain as just one among many other such public spheres, if for the moment continuing to be located in a particularly central position within the overall network" (Bruns 2008, 69).

Rund um politische bzw. Katastrophenereignisse bilden Nachrichtenströme Muster, die einige Charakteristika von selbstorganisierenden Systemen aufweisen (vgl. Kap. 5.1.1). Die Strukturbildung solcher Nachrichtenströme wurde auch visualisiert (vgl. Bruns/Burgess 2011, 8). Diese Öffentlichkeiten werden zeitnah und ad-hoc gebildet (vgl. Kap. 4.1.1) und sind damit den Broadcast-Medien meist voraus, welche umgekehrt vermehrt auf Ad-Hoc-Meldungen der Social Media referenzieren. Auch hier wiederum finden wir starke Anzeichen von zirkulärer Kausalität. In Formen von Bürgerjournalismus, News-Blogs und Twitter formieren sich informierte Öffentlichkeiten, selbst wenn die Unabhängigkeit der Medienindustrie selbst gefährdet ist (vgl. Bruns 2008, 68).

6.2.2 Die Rolle von Netzwerkmedien und Social Media in politischen Veränderungsprozessen

Dass der Status moderner Gesellschaften im Zeitalter der Globalisierung fragiler geworden ist und in der Tendenz zu einem Kontrollverlust etablierter Institutionen wie Staat, Kirche, Militär u.a.m. geführt hat, wird zuerst dem menschlichen Wissen zugeschrieben (vgl. Stehr 2001, 89). Wissen wirkt dabei in der Hinsicht, dass Lebensprobleme vollständiger erkannt und gelöst werden können, als es durch übergeordnete Instanzen möglich ist. Es wirkt auch dahin gehend, dass ein zunehmender Verantwortungsdruck für das Handeln dieser mit Macht ausgestatteten Institutionen entsteht. Dieser Trend hat sich mit Einführung der audiovisuellen Rundfunkmedien erstmals gesellschaftlich, im Sinne einer globalen Verantwortungsgemeinschaft, tatsächlich spürbar gemacht:

> „Erst durch die global gewordene Technik entwickelt sich eine universale Kommunikationsgemeinschaft (die sicher noch nicht der idealen Kommunikationsgemeinschaft nach den Vorstellungen von Habermas und Apel entspricht), der sich niemand mehr endgültig entziehen kann, vor der sich jeder zu rechtfertigen hat" (Huning 1993, 247).

Von Relevanz sind dabei zunächst natürlich die Kanäle, über die Information und Wissen potenziell distribuiert werden können. Verschiedentlich wurden die Entstehung und Wirkmächtigkeit sozialer Veränderungsbewegungen wie z. B. die Frauenbewegung bzw. die Antikriegsbewegungen in den USA auf ihre netzwerkartige Struktur zurückgeführt (vgl. Naisbitt 1986, 272). Die Entstehung digitaler Netzwerkmedien scheint demnach prädestiniert auch im Bereich soziopolitischer Prozesse neue Entwicklungen zu ermöglichen. Der Kosovokrieg im ehemaligen Jugoslawien 1999 wurde gelegentlich als „1. Internet-Krieg" bezeichnet, v. a. weil gegen Ende der 90er Jahre des 20. Jahrhunderts die NutzerInnenzahlen erstmals gesellschaftlich relevante Größen erreichten und sich das World Wide Web neben den Broadcast-Medien als Alternative Informationsquelle etablierte (vgl. Bieber 2000, 124). Sowohl von der albanischen als auch von der jugoslawischen Seite wurden Internetpräsenzen eingerichtet, die der Gegenseite jeweils Massaker vorwarfen. Diese waren eher für ein internationales Publikum gedacht. Zu diesem Zeitpunkt, zu dem das Internet noch kaum Interaktionsmöglichkeiten bot, gab es zwischen den einzelnen Webauftritten keinen Dialog, was diese letztlich zu einer weiteren Bühne für das Ausleben des Hasses – für einen „Cyberwar" machte (vgl. Bieber 2000, 127). In Bezug auf den Kosovo-Krieg ist die Rolle des Internets daher negativ zu beurteilen. Zahlreiche der unabhängigen Webpräsenzen haben

Fakten verzerrt dargestellt, ohne Möglichkeit sie zu überprüfen (vgl. Bieber 2000, 128). Bilder unbekannter Herkunft wurden im Web neu kontextualisiert (z. B. Darstellungen von Massakern). Diese Darstellungen, die mitunter zu einer weiteren Aufstachelung von Gewalt geführt haben, hätten über die klassischen Medien wahrscheinlich weniger Verbreitung gefunden, da dort zumindest teilweise die Faktizität überprüft worden wäre. Die MedienrezipientInnen innerhalb und außerhalb Jugoslawiens hatten zwar mehr Information, konnten diese allerdings weder überprüfen noch frei kommentieren.

Seit damals haben sich die digitalen Medienformen wesentlich weiterentwickelt. Es ist also erneut die Frage zu stellen, wie der mittlerweile ubiquitäre Zugang zu vernetzten Mediensystemen, insbesondere durch Social Media (s. Kap. 4.1.1) die Art und Weise, wie wir Wissen generieren, verteilen und anwenden, beeinflusst und wie sich dies auf politische Dimensionen auswirkt. Die Allgegenwart dieser Medienformen hat auch Auswirkungen auf politische Veränderungsprozesse und abermals trifft Marshall McLuhans These „the Medium is the Message" (2001, 7) hier zu: Das neue Medium erweitert nicht nur die Kommunikationsmöglichkeiten, sondern verändert diese, schafft gänzlich neue Möglichkeiten. Die vernetzte Gesellschaft hat größeren Zugang zu Information, mehr Möglichkeiten sich zu äußern und größere Gestaltungsmöglichkeiten bei kollektiven Aktionsformen. Es ist kein Zufall, dass zahlreiche BürgerInnebeteiligungsbewegungen zu der Zeit entstanden sind, als die Neuen Medien NutzerInnen die Teilhabe ermöglichten. Nicht zuletzt ist dies ein Hinweis darauf, dass die Mehrzahl der Computernetzwerke nicht allein Rechner, sondern Menschen miteinander verbinden.

Mittlerweile existiert eine gut dokumentierte Historie an politischem Aktivismus, der sich zur Organisation auf die Mobilfunknetze, zunehmend aber auf Social Media Networks stützt (vgl. Shirky 2011). Es gibt Hinweise auf Formen politischer Mobilisierung durch Plattformen wie Wikipedia, Wikileaks, Facebook, Twitter etc. So hat sich z. B. während des so genannten „Arabischen Frühlings" in den arabischen Ländern die Zahl der Facebook-NutzerInnen gegenüber Westeuropa und den USA überdurchschnittlich vergrößert (vgl. Socialbakers 2011, zit. nach Haderlein/Seitz 2011, 87). Was sich besonders durch die Netzwerktypologie an der Organisationsform verändert hat, ist die Dezentralität. Während z. B. politische Protestbewegungen meist eine zentrale Form der Steuerung aufwiesen – z. B. durch etablierte politische Interessensvertretungen bzw. in autoritären Regimen auch illegale Gruppierungen – werden diese zunehmend als *Schwarmintelligenz* organisiert. Dieser Begriff ist inspiriert durch die Entstehungsweise von Vogelschwärmen. Dort sind solche Formationen dadurch charakterisiert, dass sich das Verhalten des Schwarmes nicht durch die Orientierung an einem Leittier ergibt, sondern das Verhalten der Einzeltiere lediglich durch dasjenige der unmittelbar benachbarten Vögel beeinflusst wird (vgl. Sawyer 2011, 188). Analog verliert es auch in sozialen Kontexten an Bedeutung, über zentrale AnführerInnenpersönlickeiten zu verfügen. Einzelpersonen, die auch nicht den Anspruch erheben, für eine bestimmte Gruppe zu sprechen, koordinieren über Social Media Networks politische Aktivitäten. Der Bedarf an engen organisationalen Verknüpfungen zwischen den AkteurInnen ist abgeschwächt worden. Digitale Netzwerke ermöglichen Koordination verteilter AkteurInnen, die relevante Auslöser für Veränderungsprozesse sein können. Wie bei den Wissensnetzwerken kann auch hier von einem hohen Grad an Selbstorganisation gesprochen werden, da diese hohe Ähnlichkeit aufweisen. Beiden fehlt das Element der zentralen Steuerung:

„(...) selbstorganisierende Systeme besitzen keine zentrale Autorität, und die Interaktion ihrer Elemente folgt keinem kollektiven Programm oder Befehl. [..] Das naturwissenschaftliche Konzept der Selbstorganisation lässt sich sinnvoll auf spontane Entstehung von Märkten oder kollektiven Vorstellungen und auf alle Prozesse kollektiven Handelns anwenden, die als ungeplante Prozesse eine Gruppe von Individuen involvieren, die lokal interagieren, aber ihre Handlungen unabhängig voneinander auswählen und nicht an einem kollektiven Ziel orientiert sind" (Mayntz 2011, 168f).

Die AkteurInnen selbst gehen dabei von unterschiedlichen Prämissen für ihre eigenen Handlungen aus und können daher als „heterogene Akteure"

(Mayntz 2012, 170) bezeichnet werden. Wir können diese sozialen Formationen in verschiedenen Kontexten – z. B. organisiertes Verhalten von KonsumentInnen – beobachten. Diese spontanen Organisationsformen von Menschen, die Onlinetools benutzen, um unabhängig von Organisationen ihre Bedürfnisse zu befriedigen, werden auch unter der Bezeichnung *Groundswell* beschrieben (vgl. Li/Bernoff 2009, 2f).

Zahlreiche autoritäre Regime haben bereits das Veränderungspotenzial von Social Media erfahren müssen und haben darauf ihrerseits durch Maßnahmen in diesem Bereich reagiert. Es ist auch nicht so sehr die Zugangsproblematik, die durch die Diskussion um den Digital Divide und Internetzensur so sehr ins Zentrum gerückt wurde. Vielmehr ist es das innerhalb von Staaten durch Interaktion der BürgerInnen entstehende Potenzial, welches als Netzwerkeffekt der Nutzung von digitalen Medien und deren Kommunikationspotenzial entsteht. Nicht so sehr die bekannten Broadcast-Medien lassen den Ruf nach Freiheit und Demokratie aufkeimen als vielmehr interne Diskussionsprozesse, die durch Social Media ermöglicht werden: „Access to information is far less important, politically, than access to conversation" (Shirky 2011). Ein Beispiel für solche Prozesse sind die Proteste in der arabischen Welt 2010/2011. Zahlreiche Indikatoren deuten darauf hin, dass die mediale Vernetzung unter den Protestierenden zur Mächtigkeit der Bewegung und zumindest teilweise zum Erfolg der Bemühungen wesentlich beigetragen hat.[55]

Zirkuläre Kausalität spielt in diesen Prozessen ebenfalls eine entscheidende Rolle. Neu entstandene Bewegungen wie Open Government Data greifen die Forderung nach Transparenz in der Open Source Community auf und transferieren sie auf andere soziale Phänomene. Die Forderung nach Transparenz stellt einen der zentralen Aspekte politischer Forderungen der Wissensgesellschaft dar. Diese soll

---

55 Z. B. die Rolle von Social Media am politischen Umsturz in Tunesien, vgl. Mit Facebook und Twitter gegen das Regime (2011) oder der mögliche Einfluss von Wikileaks, vgl. Sullivan 2011. Auch die Aufrufe zu den ersten größeren Demonstrationen gegen das Regime Hosni Mubaraks erfolgten über Facebook (vgl. Ghonim 2012, 179ff).

sich, wie Tim Berners-Lee fordert, in einer grundsätzlichen Veröffentlichung (möglichst) aller Regierungsdaten widerspiegeln und möglichst auch in verwertbarer Form zur Verfügung stehen (Berners-Lee 2009). Dieser Entwicklung vorgreifen wollen Projekte nach der Machart von Wikileaks, die offizielle Dokumente, die zuvor geheim gehalten wurden, z.T. unter Verwendung illegaler Methoden, veröffentlichen.[56] Die zentrale Forderung dabei lautet Transparenz über politische und administrative Entscheidungsprozesse herzustellen. Dieses Ziel kann ebenfalls als Umsetzung zirkulärer Kausalität gesehen werden, da es Informationen an die Öffentlichkeit bringt, die das (demokratische) Verhalten entscheidend verändern können. Zugleich wird auch eine Debatte geführt darüber, ob Offenheit und Transparenz jedenfalls positiv zu bewertende Phänomene darstellen. Generell führen Social Media u.a. durch das vergrößerte Informationsangebot zu stärkerer Kontrastierung unterschiedlicher bzw. bisher abgeschnittener Informationszustände. Durch die Zunahme dieser Dynamik steigt die Bereitschaft zu individueller Meinungsäußerung, generell aber auch der sozialen Innovation (die sich mitunter auch in kreativen Formen des Widerstands zeigt).

Die neuen Medienformen haben u.a. gerade aufgrund ihrer Unmittelbarkeit – d.h. die Berichte werden zunächst nicht durch die etablierten BerichterstatterInnen (KorrespondentInnen) geliefert – eine große Rolle in den Umsturzbewegungen 2010/11 in Nordafrika gespielt (vgl. Haderlein/Seitz 2011, 54). Dies betrifft neben den Social Networks im engeren Sinne v. a. die Medien, wo BürgerInnen unmittelbar journalistische Funktionen ausüben können, also zum Sender werden können (Podcasts, Videocasts u.a.m.).

---

56 S. http://wikileaks.org

6.3 Ethische Potenziale der vernetzten Wissensgesellschaft

An einigen der in dieser Arbeit behandelten Punkte kann man ablesen, dass zwischen den wissenschaftlich-technologischen Entwicklungen und dem menschlichen Wissensbestand nicht lediglich ein quantitativer (mehr Wissen), sondern ein qualitativer Zusammenhang besteht. Gleichzeitig bleibt auch das anthropologische Selbstverständnis des Menschen im digitalen Zeitalter nicht unverändert. Die Technologie als sozio-kulturelles Artefakt hat alle unsere Lebensbereiche durchdrungen, was ein zunehmend komplexer werdendes Beziehungsgeflecht zwischen Mensch und Technologie zur Folge hat (vgl. Götschl 2005a, 1). Unsere hoch entwickelten Gesellschaften sind auf der Suche nach Übergängen zwischen der Informations- und Wissensdynamik auf der einen und dem Wandel von Moral und Ethik auf der anderen Seite. Die Herausforderungen einer gegenwärtigen Analyse liegen in einer Homogenisierung zwischen wissenschaftlich-technischem Fortschritt und einer Realisierung des Humanpotenzials des Menschen, also zwischen Anwendungs- und Orientierungswissen. Erst die Kombination aus beiden lässt nachhaltige gesellschaftliche Entwicklung erwarten. Einige Aspekte der Veränderung des Wissensprozesses, die in dieser Arbeit angesprochen werden, deuten darauf hin, dass die Menschheit in der Lage ist, größere humanistische Potenziale zu entfalten. So steigen durch die Tendenz zu einer symmetrisch gleichen Verteilung zwischen TrägerInnen und NutzerInnen von Wissensgenerierung, Wissensverteilung und Wissensanwendung die individuellen und sozialen Grade von Freiheit an (vgl. Götschl 2001b, 36). Demgegenüber steigen aber auch die Gefahrenpotenziale. Die Digitalisierung und Kybernetisierung hat somit sowohl die Hoffnungen als auch die Befürchtungen verstärkt (vgl. Kap. 4.1.4).

Es ist auch Aufgabe einer zeitgemäßen philosophischen Reflexion, Konzepte einer *praktischen Ethik* für diese Herausforderungen unserer Welt zu entwickeln. Der Aufgabe einer interdisziplinären Zusammenarbeit mit anderen Disziplinen im eingangs skizzierten Sinne (vgl. Kap. 2.2), wird sich die Philosophie nur mit einer „bescheidenen" und „vernünftigen Zusammenarbeit" (vgl. Lenk/Maring 1998, 7) mit anderen lebensweltlichen Bereichen erarbeiten können. Ethik wird hier also nicht als über die Zeitverläufe unveränderbares und universalistisches, jedoch weiterhin als weitgehend transkulturelles System verstanden. Es wird in einer Ethik der Informationsgesellschaft erforderlich sein, die Spannung zwischen den neuen, durch Technik realisierten Möglichkeiten miteinzubeziehen und andererseits die ethische Prinzipien nicht völlig auszuhöhlen: „Die Ethik muß sich den Herausforderungen durch neue, technisch multiplizierte Handlungsmöglichkeiten und Auswirkungen stellen, ohne ihre konstanten Grundintuitionen zu verleugnen" (Lenk 1993, 135). Die Erwartungen, die an sie herangetragen werden, liegen aber darin, eine Orientierungsfunktion zu liefern und nicht bei formalen Schemata stehen zu bleiben.

Die philosophischen Schwierigkeiten, von der Seins- auf die Sollensebene zu schließen, werden im *naturalistischen Fehlschluss* verdeutlicht: Es gibt keine logisch-deduktiven Übergang vom Sein zum Sollen. Dennoch lassen die Veränderungen unserer wissenschaftlich-technologischen Umwelt ethische Einschätzungen nicht unberührt. Die Technikphilosophie hat sich einiger der Aspekte der Veränderung der ethischen Perspektive durch Technik bereits angenommen, jedoch steht dabei meist die Verantwortlichkeit der ErzeugerInnen von Technik (IngenieurInnen, ForscherInnen etc.) im Vordergrund. Fast jede Technologie lässt sich auch für unmenschliche Taten missbrauchen (vgl. Kap. 0). Wir wollen uns hier jedoch im Wesentlichen auf einen Teilaspekt beschränken, der sich auf die Frage reduzieren lässt: Wie wirkt sich (mehr) Wissen in Zusammenhang mit neuen Technologien auf den Humanisierungsgrad der Menschheit aus? Wie bereits erwähnt, gibt es historisch eine Reihe von Beispielen, die den Humanitätszuwachs durch mehr Wissen und mehr Technik fraglich erscheinen lassen. Wo ließe sich daher anknüpfen, wenn wir auf der Suche nach den ethischen Potenzialen der Wissensgesellschaft sind?

Allgemein sind evolutionäre Prozesse, die charakterisiert sind durch einen hohen Grad an Selbstorganisation, auch „Realität erzeugende bzw. Werte schaffende Prozesse (...) wodurch es im Kern zu einer leichteren

Überbrückung der klassischen Grenzen zwischen Sein und Sollen kommt" (Götschl 2012, 65). Es lässt sich auf dieser Basis die Frage stellen, inwiefern Neue Medien einen höheren Selbstverwirklichungsgrad des Menschen als selbstorganisierendes System ermöglichen bzw. weiter unterstützen. Die Theorie der Selbstorganisation zeigt in anderen Kontexten jedoch bereits, dass systemimmanente Charakteristika der Kooperation und Koevolution zur Ausdifferenzierung von Identität bzw. Autonomie eines Systems führen (vgl. Götschl 2006, 45). So kann der Zugang zu einer großen Menge an Informationen über die digitalen Netzwerke den Autonomiegrad des Individuums erhöhen, welcher durch die kompetente Nutzung derselben noch weiter gesteigert werden kann (vgl. Kap. 6.2.2).

In Frage steht hier, wie sich Wissen in Zusammenhang mit neuen Medientechnologien auf Sachverhalte aus der Perspektive der praktischen Ethik auswirkt. Diese interessiert für die ethische Beurteilung v. a. die konkreten Auswirkungen für die Anspruchsgruppen und zieht als Maßstab im Sinne der utilitaristischen Konzeption u.a. heran, inwieweit die daraus resultierenden Folgen einen Zuwachs an Glück für alle Betroffenen bedeuten (vgl. Singer 1994). Bei der Frage, *wo* die ethischen Werte zu finden seien, können wir daher Heinz von Foerster und seiner Konzeption der *KybernEthik* folgen: „In jedem meiner Gespräche (...) bin ich bemüht meinen Sprachgebrauch so im Griff zu haben, dass Ethik impliziert ist" (von Foerster 1993a, 68). Sie realisieren sich demnach immanent in der (Sprach-)Handlung und in ihren Konsequenzen. Mit der Freiheit so oder anders zu handeln, geht jedoch die Verantwortung für eben diese Konsequenzen einher (vgl. von Foerster 1993a, 73f.). Bei dieser Verantwortung für die Handlung ist die Ethik, so wie sie hier verstanden wird, verortet.

6.3.1 Wissen, Gewissen und Humanisierung

Um die komplexen Zusammenhänge zwischen menschlichem Wissen, wertbehafteten Urteilen und der Idee der Humanität ein wenig zu beleuchten, wird zunächst folgende These angenommen: Ein größerer Wissensbestand des Individuums wirkt im Mittel humanisierend. Es scheint zunächst einfach Gegenbeispiele zu geben, die eine oft unheilvolle Verquickung von Wissen und dessen amoralischem Missbrauch nahelegen. Max Horkheimer und Theodor Adorno haben in der „Dialektik der Aufklärung" Aspekte aufgezeigt, wo eine rein instrumentelle Vernunft ohne entsprechendes Orientierungspotenzial den Menschen zu Objekten degradieren bzw. der Fortschritt destruktiv werden kann: „(...) als bloße Konstruktion von Mitteln ist Aufklärung so destruktiv, wie ihre romantischen Feinde es ihr nachsagen" (Horkheimer/Adorno 1988, 48). Dennoch lässt sich für den umgekehrten Effekt eine ungleich größere Zahl an Beispielen beibringen: Wer mehr weiß, reagiert respektvoller und sensibler auf Probleme und Mitmenschen. In Gesellschaften mit hohem Wissens- und Bildungsstand sind die Menschen demokratiefähiger, konsensuale Entscheidungsmuster sind stabiler und nachhaltiger. Was könnten die Gründe dafür sein?

Zunächst sind die Kenntnisse über unsere Lebenswelt und die daraus resultierenden Zusammenhänge Ausdruck einer jener bereits erwähnten „versteckten" Ethik in dem Sinne, dass sie nicht Werte im Sinne einer transzendentalen Ethik generieren, durch das Wissen über die Interdependenz möglicher Handlungsfolgen aber sehr wohl humanisierend wirken. Der Begriff der Verantwortung scheint eng verknüpft mit dem Wissen der Handelnden. Wer mehr weiß über die Konsequenzen seines Tuns, wird vorsichtiger agieren. Diesem Umstand ist auch die Disziplin der Technikfolgenabschätzung zu verdanken. Sie versucht „Technikentwicklungen analytisch und kritisch zu begleiten" (Mittelstraß 2000b, 37). Sie tut dies, indem sie die gesellschaftlichen und oft wertbehafteten Fragen wieder mit den wissenschaftlichen Grundlagen verbindet. In gewisser Weise handelt es sich somit um eine Aktualisierung des alten sokratischen Ansatzes, dass Tugend gleich dem Wissen ist: der Wissende kann gar nicht untugendhaft handeln (vgl. Rohls 1999, 46f). Insofern sind auch aus Sicht der Kybernetik 2. Ordnung die Aspekte des Wissens und des Gewissens eng miteinander verknüpft (vgl. von Foerster

1993b). Es lässt sich sogar sagen, dass Gewissen als Teilaspekt von Wissen dargestellt werden kann, da es hinsichtlich der Bewertung der Handlung keinen zusätzlichen Aspekt über die subjektive Verfasstheit hinaus einbringt. Was getan wird, wird aufgrund der Handlung und des Wissensstandes der Handelnden bewertet. Alle Formen von Wissen beinhalten also Werte, alle Werte wiederum beinhalten Wissen.

Aus kybernetischer Sicht ist das Herausfinden ethischer Prinzipien wissensbasiert, ergänzt um den Aspekt der Sozialität oder mit Heinz von Foerster „wenn Kognition ihre eigenen Kognitionen durch die Kognitionen eines anderen errechnet" (1993b, 110). Das Gewissen kristallisiert sich somit als spezifische Wissensform heraus, die Handelnde jedoch in die Lage versetzt, die ethischen Konsequenzen ihres Tuns im gemeinsamen Handlungskontext abzuschätzen. Berufung auf Gewissen ohne zugrunde gelegtes Wissen erweist sich als Leerformel. Nicht zuletzt deshalb ist zwischen den Kategorien Erkenntnis und Humanität eine Konvergenz zu beobachten. Gemäß dem konstruktivistischen Anteil von Information und Wissen (vgl. Kap. 3.4.1.2), heißt Information zu erzeugen auch eine Wahl zu treffen: „Um aber wählen zu können, muss man die Freiheit haben, ein Revolutionär zu werden. Eine Epistemologie ist daher auch ein politisches Problem" (von Foerster 1993b, 273).

Letztlich sind Gesellschaften, die möglichst freien Zugang zu Wissen (und damit möglichst freien Zugang zu den Datenbasen) ermöglichen auch demokratischer und z. B. hinsichtlich der Beachtung der Menschenrechte auch humaner. Sie lassen aufgrund der (juristischen und politischen) Gleichbehandlung weitgehende Selbstorganisation aller kreativen Individuen zu (vgl. Wallner 2008, 90). Umgekehrt befördern gerade die neuen Netzwerkmedien den Demokratisierungsprozess, was sich an zahlreichen politischen Umwälzungsprozessen zeigen lässt (vgl. Kap. 6.2.2). Die Technik verfügt sowohl über ein Erkenntnispotenzial, indem sie uns besseres Wissen über die Welt ermöglicht, als auch über ein Humanpotenzial (vgl. Götschl 2005a, 3). Wie in anderen Kontexten moderner Gesellschaften ist zu sehen, dass Social Media dazu beitragen, mittlere Freiheitsgrade zu erhöhen, gerade weil sie den „ethischen

Imperativ" Heinz von Foersters ermöglichen, nämlich stets so zu handeln, dass die Gesamtzahl der Wahlmöglichkeiten zunimmt (von Foerster 1993b, 147). Indem sie ein hochdynamisiertes Netzwerk von Individuen bilden, üben Social Media eine mehrfache Trajektorienfunktion aus: Sie ermöglichen überhaupt erst eine größere Zahl von Alternativen kennen zu lernen (im Vergleich z. B. zu Broadcast–Medien). Zugleich stellt dies für die zahlreichen Kommunikationshandlungen auch die Hintergrundbasis für das Finden von Alternativen dar. Durch die Bewertungs- und Kommentarfunktion entsteht durch gemeinschaftliche Bearbeitung eine Form von Orientierungswissen für zukünftige Entscheidungen.

Dieser Trend zur kollaborativen Entscheidungsfindung steht weitgehend im Einklang mit den sozio-politischen Modellen der Steuerung moderner Gesellschaften, die in der Tendenz den Machtverlust zentral organisierter Politik konstatieren, zugunsten polyzentrisch geordneter Steuerungssysteme, die stärker als gesellschaftliche Selbststeuerung organisiert sind (vgl. Willke 2001a, 333). Hier herrscht ein Wettbewerb unterschiedlicher Leitideen, deren Relevanz sich erst im Zuge langwieriger Kommunikationsprozesse herausstellt. Hoffnungen bestehen dahingehend, dass die Teilnahme von möglichst vielen lernenden und wissenden (also im hohen Maße selbstorganisierten) Systemelementen sich die Selbstreferentialität des übergeordneten Systems erhöht und es in seiner Evolution reaktionsfähiger wird (vgl. Wallner 2008, 95). Diese Form der evolvierendenden Selbstreferentialität können wir auch als Orientierungswissen bezeichnen. Auch die autopoietische Sichtweise geht davon aus, dass in selbstorganisierenden Systemen der Freiheitsgrad tendenziell zunimmt. Heinz von Foerster hat als ethischen Imperativ ausgegeben: „Handle stets so, daß die Anzahl der Relationen wächst" (1993b, 49). Diese Forderung lässt sich in einem dynamischen Netzwerk leichter realisieren als isoliert. Die Möglichkeit der strukturellen Kopplung in dicht vernetzten Kommunikationssystemen erlaubt vielfältigere Interaktionsmöglichkeiten. Somit trägt die Vernetzung zur ethischen Aufwertung unserer Lebensumwelt bei. Darüber hinaus gelten jene partizipativen demokratischen Prozesse als gerechter, bei denen eine möglichst große Zahl an Entscheidungen und Wünschen einzelner berücksichtigt werden können (vgl. Wallner 2008, 95).

6.3.2 Die mediale Inszenierung des Welt-Ethos im Zeitalter von Social Media

Dass gerade die mediale Inszenierung dazu beitragen könnte, ein friedliches Welt-Ethos zu schaffen, hat bereits Marcel Mauss erkannt. Kino, seine medialen Techniken und Körpertechniken sah er als Möglichkeiten, internationale Bindungen zu stärken (vgl. Därmann 2010, 33). Während das Kino und in der Folge das Fernsehen die kulturelle Hegemonie des Westens noch verstärkten, ist durch die universelle Autorschaft der neuen Netzwerkmedien auch das Umgekehrte denkbar und möglich: Dass der Westen kulturelle Muster anderer übernimmt. Während wir von letzterem noch kaum Beispiele entdecken können, ist z. B. das durch mobile Geräte aufgenommene Bewegtbild in Online–Videokanälen allgegenwärtig. Während es hierzulande vorerst noch hauptsächlich dazu verwendet wird, uns über die soziale und politische Lage aufzuklären, bleibt zu hoffen, dass über diese Kanäle auch verstärkt Kultur- und Wissensaustausch erfolgen kann, der wiederum auch neuen kulturellen Praktiken Raum gibt, die sich aus der Interaktion speisen und die Mauss bereits in seinem Essay als „Hybride" bezeichnet hat (vgl. Mauss 1990, 131).

Vergleichbar mit den durch Social Media ausgelösten politischen Veränderungsprozessen, lassen sich auch Beispiele für virales Vorgehen gegen Unternehmen finden, die durch ethisch fragwürdiges Verhalten auffallen.[57] Marketingverantwortliche von Unternehmen stehen vor neuen Aufgaben, da sie durch die Macht der über Social Media organisierten KonsumentInnen sogar bei Regierungen intervenieren müssen, um

---

57 Stellvertretend für unzählige solcher Fälle die Greenpeace-Kampagne gegen Nestle wegen der Ausbeutung von Regenwäldern,
s. http://www.greenpeace.org/international/en/campaigns/climate-change/kitkat/

Eingriffe in Menschen- bzw. Tierrechte abzustellen.[58] Auch hier tragen die Social Media zur raschen Verbreitung der Information bei, durch die Vernetzung entsteht Druck auf die jeweiligen Märkte. Social Media NutzerInnen agieren dabei auf mehreren Ebenen: Sie sind sich ihrer Macht als Konsumentinnen, WählerInnen etc. wohl bewusst und sie nutzen diese Macht auch, um entsprechend mitzugestalten. Niemals zuvor war eine solche Vorgangsweise in dieser Geschwindigkeit, aber v. a. in dieser Konzentration möglich. Die von Howard Rheingold einst prognostizierten *Smart Mobs* (vgl. Rheingold 2003) als Ausformungen spontan und selbstorganisierter Bewegungen, die mit und durch Neue Medien entstehen, entstehen heute täglich in vielfacher Ausformung rund um die Welt. Es handelt sich dabei ebenfalls um komplexe Systeme, die sich mit linearen Modellen kaum noch beschreiben lassen (vgl. Kap. 5.1.1)

6.4 Resümee 5

Wissensprozesse und soziale Veränderungen sind unweigerlich miteinander verknüpft. Für die postindustriellen bzw. postmodernen Gesellschaften hat dies kaum ein anderer Denker so deutlich herausgearbeitet wie Jean-François Lyotard. Deshalb werden seine Analysen hier als Dispositiv verwendet, um den gegenwärtigen Status quo unserer Wissengesellschaften zu evaluieren. Wir können festhalten, dass seine Prognose – Wissen werde vornehmlich das sein, was digitalisierbar ist – tendenziell zutrifft. Wo SchülerInnen, StudentInnen Bildungsprozessen unterworfen sind, wo ForscherInnen ihre Ergebnisse austauschen u.Ä., geschieht dies dominant über digitale Plattformen. Gegenstand solcher Prozesse ist demnach vor allem das, was Wissen im weiteren Sinn genannt wird (vgl. Kap. 3.4.4). Zum einen ist diese Entwicklung aber bereits seit Aufkommen der Gutenberg-Galaxis vorhanden, zum anderen bieten die zahlreichen interaktiven

---

58 So geschehen u.a. bei der selbstorganisiert abgelaufenen Kampagne gegen Hundetötungen in der Ukraine im Vorfeld der Fußballeuropameisterschaft 2012 (vgl. Tierschützer boykottieren McDonalds und Adidas 2011)

Technologien rund um Video, Video-Chats, Virtual Realities u.a.m. zunehmend die Möglichkeit, Face-to-Face-Kommunikation abzubilden und erlauben damit Wissensprozesse über den reinen Informationsaustausch hinaus zu ermöglichen. Dem Befund Lyotards ist daher zuzustimmen, jedoch hat die technologische Entwicklung selbst seitdem einige der möglichen negativen Effekte abgeschwächt.

Ganz ähnlich könnte man hinsichtlich des Digital Divide argumentieren. Es ist zutreffend, dass Zugang zu den modernen Kommunikationsmitteln auch Zugang zu Instrumenten der Macht und des Wohlstands bedeutet. Auch ist es ein Faktum, dass große Teile der Weltbevölkerung noch davon ausgeschlossen sind. Neben den Anstrengungen der Weltgemeinschaft, die informationale Infrastruktur zu verbessern, ist es die Weiterentwicklung der Technologie selbst, die zu einer Verbesserung der Lage beigetragen hat. Mobilfunk (und mit ihm mobiles Internet) hat selbst in schwer erreichbaren Gebieten in kurzer Zeit die Abstände zu den Entwicklungsstufen weiter entwickelter Gebiete verringert.

Hinsichtlich der Ökonomisierung des Wissens zeichnen sich ebenfalls Modelle ab, welche die von Lyotard befürchteten Konsequenzen weniger drastisch erscheinen lassen. Ökonomien der Großzügigkeit bzw. der Gabe etablieren sich ausgehend von der Digital Community in immer mehr sozialen Subsystemen. Diese sind nicht primär als revolutionäre Alternativentwürfe zu verstehen, sondern etablieren sich als weitere Form der Produktionsweise, die sich mit den etablierten Marktmechanismen meist gut verzahnt.[59] Wie nachhaltig diese Modelle sind, wird sich allerdings erst erweisen müssen. Prozesse der Enthierarchisierung lassen sich seit einigen Jahrzehnten auch in der Wissenschaft finden und werden dort unter dem Begriff Mode 2-Wissensproduktion zusammengefasst. Auch dort sind die Informatisierung und Vernetzung die treibenden Kräfte dieser Entwicklung. Auch wenn die wirtschaftliche Entwicklung meist durch die dort betriebene anwendungsnahe Forschung profitiert,

---

59 Das paradigmatische Beispiel stellt auch hier wiederum Open-Source-Software dar.

bleibt die Frage der öffentlichen Finanzierung von Wissensproduktion offen. Bei zu starker Verlagerung in den nicht-öffentlichen Sektor bleiben die Gefahr eines Marktversagens und der Ausfall von Forschungsleistungen bestehen. Auch lässt sich noch nicht absehen, ob die oben besprochenen Formen verteilter und kollaborativer Wissensprozesse in der Lage sind, Teile der Wissensproduktion zu übernehmen. Voraussetzung dafür ist jedoch in jedem Fall, dass Wissen zumindest in seiner kodifizierten Form frei verfügbar ist. Die in dieser Arbeit angeführten Beispiele – von Open-Source über Wikipedia bis Open Data u.a.m. – stellen Versuche dar, diesem Ziel näher zu kommen.

Für politische Veränderungsprozesse im engeren Sinne lassen sich einige Beispiele revolutionärer und nicht revolutionärer Ereignisse finden, in denen über Neue Medien politische Bewegungen mobilisiert wurden (vgl. Kap. 6.2.2). Veränderungen solcher Art erfordern jedoch eine Art von Öffentlichkeit, die sich im Fall digitaler und zunehmend mobiler Medien stark unterscheidet vom klassischen Öffentlichkeitsbegriff der Print- und Rundfunkmedien. Wie sich an einigen Beispielen (z. B. *Arabischer Frühling*) ablesen lässt, ist es trotz Partikularisierung dennoch möglich vermittels dieser Technologien temporäre Öffentlichkeiten zu entwickeln und zu mobilisieren. Es gibt aufgrund der Beobachtung o.a. sozialer Bewegungen die Hypothese, dass diese Technologien und die durch sie ermöglichten Emergenzphänomene in der Lage sind, die Verantwortung der Einzelnen mit der Verantwortung der Gruppe in einem stärkeren Maße zu versöhnen als dies bisher der Fall war. Dies würde auch zu einer Stärkung der Zivilgesellschaft führen.

Schwieriger als die Auswirkungen neuer Technologien auf die politische Sphäre, sind diejenigen auf Ethik und Moral zu bestimmen. Zum einen deswegen, weil Übergänge zwischen Sein und Sollen in philosophischer Hinsicht prinzipiell problematisch sind, andererseits da es sehr elaborierte transzendentalethische Konzeptionen gibt, die ihre Ergebnisse unabhängig von neuen Entwicklungen sehen. Da diese Position in mancherlei Hinsicht unbefriedigend erscheint, wurden hier eher Bereiche der Praktischen Ethik herangezogen, da diese vermehrt versuchen, die uns umgebende Umwelt und die daraus resultierenden Problemstellungen in die ethische Bewertung einzubeziehen. In Bezug auf Wissen wurde auf Ansätze der Kybernetik 2. Ordnung zurückgegriffen, vor allem weil diese zwischen Wissen und Gewissen – im Sinne individueller Verantwortlichkeit – einen engen Zusammenhang sieht. Vereinfacht gesagt bedeutet mehr Wissen auch mehr Verantwortung, weshalb Menschen, die über umfangreiches Wissen verfügen – im Mittel – in ethischer Hinsicht verantwortungsvoller handeln. Da dafür neben komplex strukturierten (Aus-)Bildungsprozessen auch ein freier Zugang zu vorhandenem Wissen förderlich ist, wird hier eine positive Einschätzung des Potenzials der digitalen Netzwerkmedien vorgenommen. Zusätzlich bestehen über den Informationsaustausch hinaus durch die Vernetzung vielfältige Potenziale für Wissensprozesse und Kooperation, z. B. durch die Ermöglichung interkultureller Kontakte).

7 Zusammenfassung und Schlussfolgerungen

7.1 Zusammenfassung

Ausgangspunkt der vorliegenden Arbeit sind die in digitalen Netzwerkmedien ablaufenden Wissensprozesse unter besonderer Berücksichtigung der immer dominanter werdenden Formen von Social Media. Es geht darum, Facetten aufzuzeigen, die aus interdisziplinärer Perspektive für den gegenwärtigen Umgang mit Wissenstechnologien bzw. allgemeiner mit Wissensprozessen charakteristisch sind. Da dies aus vorwiegend theoretischer Perspektive erfolgt, bot sich als leitmotivische Unterscheidung diejenige zwischen Orientierungswissen und Anwendungswissen an: Orientierungswissen meint neben der Darstellung der Phänomene und ihrer Abhängigkeiten auch die reflexive Durchdringung, die letztlich für jeden auch die Grundlage für eine normative Bestimmung bietet. Diesen Bogen von kritischer Analyse bis zu sozial-ethischen Fragestellungen spannt letztlich auch die vorliegende Arbeit (vgl. Kap. 2.3 und 6). Um diesem weiten Themenfeld gerecht zu werden, bedurfte es einiger Vorarbeiten: Die Komplexität der Aufgabenstellung erforderte es zunächst aus methodischer Perspektive, eine rein disziplinäre Herangehensweise zu hinterfragen. Im Spannungsfeld zwischen Disziplinarität, Interdisziplinarität und Transdisziplinarität ist am ehesten letztere dazu geeignet, problemorientierte Analysen zu ermöglichen, die sich zudem an lebensweltlichen Fragestellungen und potenziellen Lösungsalternativen orientieren. Ein größeres Orientierungswissen hinsichtlich der untersuchten Phänomenbereiche ist dabei eines der vorrangigen Ziele.

Auf dem Weg hin zur Analyse von Wissensprozessen wird ein kursorischer Aufriss der Wissensforschung geliefert. Diese beginnt mit der Philosophie, die bis heute eine der Disziplinen mit dem stärksten Interesse am Wissen ist. Die philosophische Wissensanalyse bildet demgemäß einen erheblichen Teil der Philosophiegeschichte insgesamt und kann nur in denjenigen Strömungen Erwähnung finden, die einen inhaltlichen Bezug zur vorliegenden Arbeit aufweisen, als da sind v. a. der Pragmatismus, die Diskursanalyse sowie die Evolutionstheorien. Diese bilden auch die Folien vor denen zahlreiche zeitgenössische Debatten um Wissensprozesse stattfinden und die in der Arbeit kritisch diskutiert werden. Nicht zuletzt bildet der Diskurs um die Wissensgesellschaft einen soziologischen Meta-Rahmen, in den sich z. B. innovationsorientierte Politiken (von EU-Ebene bis hinunter zur Region) ebenso einbetten lassen wie der Bedarf an wissensorientierter Organisationsführung (in Gestalt von Wissensmanagement). Wissensgesellschaften legen ihr vornehmliches Interesse auf Wissensprozesse (Generierung, Distribution sowie Anwendung neuen Wissens) und schätzen deren Bedeutung für die kulturelle und wirtschaftliche Entwicklung hoch ein. Tatsächlich lässt sich die Bedeutung von nützlichem Wissen, das sich meist in Form von neuen Technologien verkörpert, als die wesentliche Grundlage für das ökonomische Wachstum Europas seit dem 18. Jahrhundert ausmachen. Bereits die Beschäftigung mit diesen Ansätzen macht ganz deutlich: Wissen ist mannigfaltig und multifunktional. Um die unterschiedlichen Facetten des Wissensbegriffs besser fassen und auch besser differenzieren zu können, erfolgt eine begrifflich ausgerichtete Analyse, wobei v. a. Ansätze aus dem pragmatischen Kontext (v. a. Wissensmanagement) und aus verschiedenen Systemtheorien sowie dem Konstruktivismus kritisch diskutiert wurden. Aus diesen wurde schließlich ein für die Arbeit tauglicher Begriff von Wissen destilliert, der auch auf den bereits etablierten Gebrauch in der Literatur Rücksicht nimmt. Auf diesen aufbauend wird ein Modell für Wissensprozesse entworfen.

Netzwerke spielen gegenwärtig für Wissensprozesse offensichtlich eine herausragende Rolle. Dennoch lässt sich zu Recht die Frage stellen, worin der qualitative Unterschied netzwerkförmiger Arrangements gegenüber z. B. hierarchischen Anordnungen besteht. Mehrere Aspekte sind hier von Bedeutung: Die Digitalisierung und die netzwerkartige Verknüpfung von Informationssystemen haben die Art und Weise, wie

Wissen generiert, verteilt und angewandt wird, radikal verändert. Kommunikation über vernetze Hypermedien ist das formgebende Austauschprinzip der Netzwerkgesellschaft. Dies bringt eine immer stärkere Hybridisierung des Mensch-Maschine-Interface mit sich: Der Zugang zu Kommunikationsplattformen und Social Media ist durch die verfügbaren Schnittstellen (Mobile Computing) ubiquitär. Durch die digitale Technik wurde Vernetzung in einem derart überwältigenden Sinne real, wie dies vor wenigen Jahrzehnten noch völlig undenkbar war. Sollte es überhaupt Netzwerkeffekte geben, so realisieren sie sich in derartigen Mega-Netzen. Die Einführung von Social Media als vernetzte Software, die den Interaktionsgrad der Vernetzung nochmals potenziert hat, stellt lediglich den bislang letzten Höhepunkt dieser Entwicklung dar. Festzuhalten ist, dass zahlreiche digitale Netzwerke für Informations- und Wissensaustausch genutzt werden. Damit soll nicht behauptet werden, dass andere Aspekte in diesen Medienformen (z. B. Unterhaltung) quantitativ nicht sogar noch dominanter sind. Fokussiert wird in dieser Arbeit aber auf Wissensprozesse und ihr Implikationspotenzial. Eine der Gründe für die Wirkmächtigkeit der Netzwerkmedien ist die immer bedeutender werdende Form der Kooperation. Diese ist in allen Gemeinschaften und sogar in nicht-menschlichen Kontexten immer schon vorhanden, wird aber durch die Netzwerkform weiter begünstigt, da diese potenziell mehr Möglichkeiten zur Kooperation ermöglicht. Dass große Netzwerke auch dysfunktionale Elemente bis hin zum Absterben des Systems entwickeln können, wird hier ebenfalls erwähnt und exemplarische Beispiele dafür werden genannt.

Auf der Basis der Theorie der Selbstorganisation (TSO) können die o.a. Wissensprozesse als dynamische Gleichgewichts- bzw. Ungleichgewichtszustände beschrieben werden. Diese Systemmodelle sind prozessorientiert und adäquater für den Komplexitätsgrad dieser Systeme als kausaldeterministische Modelle. Selbstorganisierende Systeme besitzen die Fähigkeit zur Selbst-Herstellung, zur Reparatur von Schäden und sind durch kooperative Mikroprozesse sowie einen hohen Emergenzgrad gekennzeichnet. In diesem Teil werden anhand der TSO auch diejenigen Begriffe (z. B. zirkuläre Kausalität) herausgearbeitet, die an späterer Stelle auf die Fallbeispiele angewandt werden. Die Theorie des symbolischen Kapitals wiederum liefert Erklärungsmodelle für Akteure der digitalisierten Netzwerkgesellschaft. Verstärkt sind in Netzwerken Austauschprozesse zu beobachten, die auf Formen symbolischer Ökonomie beruhen. Soziales Kapital und Formen der Gabe sind Strukturelemente, die besonders häufig zu finden sind. An Fallbeispielen (Wikipedia, Open-Source-Software) wird schließlich gezeigt, dass einige der o.a. Elemente sich in diesen Phänomenbereichen identifizieren lassen.

Die Veränderungen hin zur digitalisierten Netzwerks- und Wissensgesellschaft haben die sozialen und selbst die ethischen Prinzipien nicht unverändert gelassen. Ein Beispiel einer wirkmächtigen Analyse der Informationsgesellschaft ist Jean-François Lyotards Studie „Das postmoderne Wissen", der eine kritische Neuinterpretation gewidmet ist. Anhand von einigen in dieser Arbeit angesprochenen Problembereichen (Digital Divide, Verfügungskontrolle über Wissen, Produktionsmodelle von Wissen u.a.m.) wird versucht, den gegenwärtigen Status zu ermitteln und kritisch zu evaluieren. Es lässt sich auf dieser Basis feststellen, dass Lyotards Befürchtungen nicht unberechtigt sind, sich durch nachfolgende Entwicklungen – technologische ebenso wie soziale Innovationen – aber großteils nicht in vollem Umfang bewahrheitet haben. Einige Gründe dafür werden im anschließenden Abschnitt behandelt. Dafür eignet sich das Modell der Öffentlichkeit von Jürgen Habermas. Obwohl dieser selbst gelegentlich Zweifel hegt, ob sich eine Öffentlichkeit in seinem Sinne in digitalen Netzwerken realisiert, so lassen sich doch in kaum anderen Medien so starke Belege für die Emergenz einer kritischen Sphäre finden wie im Internet, ja verstärkt noch in Social Media. Es liegen ausreichend Anhaltspunkte dafür vor, dass diese Medien erhebliche Veränderungspotenziale mit sich bringen. Beispiele dafür sind zahlreiche soziale Phänomene z. B. die Revolutionen in der arabischen Welt („Arabischer Frühling").

Eine Reflexion über die Ethik im Zeitalter der digitalen Wissensgesellschaft beschließt die Arbeit. Diese Überlegungen gehen aus von Heinz von Foerster, der eine enge Verknüpfung zwischen den Kategorien des Wissens und des Gewissens sieht. Die aufgestellte Hypothese lautet, dass uns heute potenziell mehr Wissen zur Verfügung steht als allen Vorgängergenerationen. Sollte die vorgenannte Verbindung bestehen, so eröffnen sich Potenziale für die Humanisierung der Weltgemeinschaft. Diese – zweifelsohne optimistisch grundierte – These wird zur Diskussion gestellt. Daran anschließende Erörterungen – und nicht zuletzt daran anschließende Entwicklungen der Zukunft – werden ihre Adäquatheit offenbaren.

7.2 Schlussfolgerungen

Die am Beginn aufgeworfene Fragestellung (vgl. Kap. 2.1) lautet, ob aus dieser Analyse für die Gestaltung von Systemen Anhaltspunkte gewonnen werden können. Wenn die Grundlagenbereiche der Theorie der Selbstorganisation und der sowohl für Wissensprozesse als auch für sozio-dynamische Veränderungsprozesse relevanten digitalen Netzwerkverknüpfungen angesehen werden, ergeben sich zumindest einige Anhaltspunkte, die für die Systemgestaltung berücksichtigt werden können. Einen davon hat Fredmund Malik in einem Postulat zusammengefasst:

> „Organisiere ein System so (das ist der konstruktivistische Teil), dass möglichst viel Selbstorganisation entstehen kann (das ist der evolutionäre Teil). Im Endeffekt sind wir darauf zurückgeworfen (...) weise Regeln zu erlassen, bei deren Einhaltung wir eine Hoffnung haben können, dass die Befolgung dieser Regeln der Erhaltung des Ganzen dienlich ist" (Malik 2006, 219).

Dies würde z. B. dafür sprechen, die Informationsfreiheit im World Wide Web zu erhalten bzw. das Internet noch offener und demokratischer zu gestalten. Dem Imperativ von Heinz von Foerster hinsichtlich der Wahlmöglichkeiten gemäß (vgl. Kap. 6.3.1) lässt sich folgern, dass wir gegenüber Einschränkungen skeptisch sein und deren Notwendigkeit ausführlich diskutieren sollten. Die beschriebenen Netzwerkeffekte und die daraus abgeleiteten Folgerungen lassen sich nur erreichen, wenn wir dem

Selbstorganisationspotenzial möglichst wenig Einhalt gebieten. Selbstorganisationspotenzial entsteht, wie beschrieben, v. a. durch hohe Systemkomplexität, sowohl hinsichtlich der Anzahl der beteiligten Elemente als auch in noch stärkerem Ausmaß durch die Qualität der Relationen. Die in digitalen Netzwerken, insbesondere Social Media Networks ablaufenden (Wissens-)Prozesse erfüllen diese Voraussetzungen in hohem Maße. Wir sollten daher wachsam sein gegenüber Tendenzen, die versuchen, Offenheit einzuschränken und manchmal auch bereit sein, nicht-ausschließbare Gefahrenpotenziale in Kauf zu nehmen. Dazu gehört ein Vertrauen in die Möglichkeiten der Selbstorganisation und die Selbst-Regulierungsfähigkeit von Systemen. Bisherige Beispiele, die z.T. auch in dieser Arbeit diskutiert wurden, lassen vorsichtigen Optimismus gerechtfertigt erscheinen. Zahlreiche Projekte in diesem Sinne sind gerade in Umsetzung: Open Government Data, Enthüllungsplattformen, BürgerInnen-Beteiligungs-Plattformen und natürlich die zahllosen Interessensnetzwerke innerhalb der Social Media Networks.

Es ist kaum abzusehen, welches Menschenbild durch die neuen Medienformen entstehen wird. Wir wissen jedoch, dass jede Medienrevolution unser Selbstverständnis bereits radikal verändert hat. Auch wissen wir, dass Medien nicht zwangsweise humanisierend wirken, zu viele Beispiele von Propaganda und Manipulation sind bekannt, um dies behaupten zu können. Dennoch lässt sich zumindest seit dem Beginn der *Gutenberg-Galaxis* ein Trend ausmachen, der die Ideen der Humanität – insbesonders der Aufklärung – nicht nur weiter verbreitet, sondern deren Entstehen auch begünstigt hat. Dies kann schließlich auch von der Computer-Galaxis gesagt werden, wobei im Internet-Zeitalter diese Prozesse insgesamt eine radikale Beschleunigung erfahren haben.

Die Internet-Forschung – und hier insbesondere die Frage der Auswirkung von Wissen auf persönliche, zwischenmenschliche, soziale, politische sowie moralische Sphären – gehört zu den sich am dynamischsten entwickelnden Forschungsgebieten der Gegenwart. Da die digitale Vernetzung fast ausnahmslos alle Lebensbereich des Menschen erfasst, hat sie unsere Welt bereits radikal verändert und wird dies auch in absehbarer Zeit weiterhin tun. Daraus ergibt sich eine Fülle von noch offenen Forschungsfragen. Zu Beginn dieser Arbeit haben wir etwa die Fragen nach dem Selbstverständnis des Menschen sowie nach seiner persönlich definierten Sphäre – der Privatheit – im digitalen Zeitalter aufgeworfen. Einige der in dieser Arbeit thematisierten Aspekte (z. B. Ubiquität der Netzwerkmedien, vgl. Kap. 4.1.1) deuten darauf hin, dass sich die Privatsphäre in einer total vernetzten Gesellschaft zunehmend auflöst. Die Frage, was eine solche soziale Struktur der *Post-Privacy* konkret bedeutet, werden gerade erstmals diskutiert und bedürfen einer weitergehenden interdisziplinären Untersuchung, die abermals die technologischen, psychologischen, soziologischen und theoretischen Aspekte mitberücksichtigt.

Wenn auch die in dieser Arbeit behandelten Entwicklungen für unser Zusammenleben als eher optimistisches Szenario angenommen werden, so lässt sich diese Annahme nicht vollends aufrechterhalten, ohne auch weitere Gefahrenpotenziale in die Analyse miteinzubeziehen. Diesem Unterfangen konnte im hier behandelten Umfang nicht nachgekommen werden. Vielmehr verdient diese Frage eine Vielzahl von eigenständigen Analysen. Fragestellungen, die an die hier behandelten anschließen können, sind z. B. diejenigen nach dem Zusammenhang zwischen Vernetzung und Kontrolle. Auf den komplexen und teils gegenläufigen Zusammenhang hat bereits Lyotard hingewiesen (vgl. Kap. 6.1.1) und – wie erörtert – scheinen die Freiheitspotenziale die Gefährdungspotenziale im Moment zu überwiegen. Jedoch ist mit der Verwendung von personenbezogenen Daten für Geschäftszwecke ein neues Problemfeld aufgetaucht, das aber bereits im Zuge der ausführlichen Diskussion rund um den Datenschutz abgehandelt wird. Neueren Ursprungs ist jedoch, dass die Mehrzahl diese Daten allen – oder zumindest eingeschränkten Öffentlichkeiten – über Social Media zugänglich ist. Dies ist in Zusammenhang mit dem zuvor angesprochenen Rückzug der Privatsphäre zu betrachten. Gleichzeitig steht dies vor dem Hintergrund, dass Daten, die in digitalen Netzwerken veröffentlicht werden – zumindest de facto – meist unauslöschlich sind. Das ewige Gedächtnis des Netzes bietet verbunden mit zunehmend besseren technischen Möglichkeiten, etwa der Gesichtserkennung auf Fotos, neue Möglichkeiten zur Kontrolle, die auch die – im Moment durch die zirkuläre Kausalität stark in Bedrängnis geratenen – Machtinstitutionen stärker nutzen könnten. Es wird daher auch auf diesem Gebiet starker Forschungsanstrengungen bedürfen, die u.a. folgende Fragen beantworten sollten: Wie verändert sich unser Selbstbild, wie verändert sich unser Verhalten in einer Gesellschaft, die unser Leben zunehmend multimedial festhält und die nicht vergessen kann? Wie können die derzeit durch die Selbstorganisation in den Social Media erzielten Freiräume und Entwicklungspotenziale langfristig gesichert und vor Interessen der Kontrolle durch Geschäfts- bzw. Überwachungsinteressen geschützt werden? Die Forschung kann hier durchaus ihren Beitrag leisten, um Einfluss auf die Governance der digitalen Netzwelten auszuüben und so mitzuhelfen, dass die Menschen auch in Zukunft von den Netzwerkeffekten der digitalen Vernetzung profitieren können: Größere Potenziale für mehr Freiheit, mehr Entwicklung, mehr Kooperation und mehr Wissen.

Literaturverzeichnis

Abecker, Andreas (2002): Geschäftsprozessorientiertes Wissensmanagement. Effektive Wissensnutzung bei der Planung und Umsetzung von Geschäftsprozessen. Berlin [u.a.]: Springer.

Accenture (Hg.) (2011): Jumping the boundaries of corporate IT. Accenture global research on Millennials' use of technology. Online verfügbar unter http://www.accenture.com/SiteCollectionDocuments/PDF/global_millennial_generation_research.pdf, zuletzt geprüft am 30.5.2013.

Alavi, Maryam; Leidner, Dorothy E. (2001): Review - Knowledge Management and Knowledge Management Systems - Conceptual Foundations and Research. In: *MIS Quarterly* 25 (1), S. 107–136.

Aldrich, Howard E. [u.a.] (2008): In defence of generalized Darwinism. In: *J Evol Econ* 18 (5), S. 577–596.

Anacker, Michael (2007): Das Erkenntnisproblem und der Wissensbegriff in der philosophischen Tradition. In: Rainer Schützeichel (Hg.): Handbuch Wissenssoziologie und Wissensforschung. Konstanz: UVK Verlagsgesellschaft, S. 335–374.

Anderson, John Robert (1988): Kognitive Psychologie. Eine Einführung. Heidelberg: Spektrum-der-Wiss.-Verl.-Ges.

Anderson, John [u.a.] (1995): Cognitive Tutors - Lessons Learned. In: *J. of the Learning Sc* 4 (2), S. 167–207.

AnonWiki (Hg.) (2011): FAQ. Online verfügbar unter http://wiki.du-bist-anonymous.de/wiki/Hauptseite, zuletzt geprüft am 16.8.2011.

Applehans, Wayne; Globe, Alden; Laugero, Greg (1999): Managing knowledge. A practical web-based approach. 2. Aufl. Reading, Mass. [u.a.]: Addison-Wesley.

Aristoteles (1995): Nikomachische Ethik. Übersetzt von E. Rolfes, bearb. von G. Bien. Darmstadt (Philosophische Schriften, 3).

Aristoteles (1989): Metaphysik. Erster Halbband: Bücher I (A) - VI (E). 3., verb. Aufl. Hamburg: Meiner.

Aschenbrenner, Norbert (2004): Vom Info-Bit zum Wissen. In: *Pictures of the Future*, S. 65–67.

Austrian Internet Monitor (4. Qu. 2012). Integral Markt- und Meinungsforschung. Online verfügbar unter http://www.integral.co.at/downloads/Internet/2013/01/AIM-Consumer_-_Q4_2012.pdf, zuletzt geprüft am 30.5.2013.

Axelrod, Robert M. (2009): Die Evolution der Kooperation. Studienausgabe. 7. Aufl. München: Oldenbourg.

Ayers, Phoebe; Matthews, Charles; Yates, Ben (2008): How Wikipedia works. And how you can be a part of it. San Francisco: No Starch Press.

Back, Andrea; Gronau, Norbert; Tochtermann, Klaus (Hg.) (2009): Web 2.0 in der Unternehmenspraxis. Grundlagen, Fallstudien und Trends zum Einsatz von Social-Software. 2., aktualisierte Aufl. München: Oldenbourg.

Baker, Alan (2010): Simplicity. Stanford Encyclopedia of Philosophy. Online verfügbar unter http://plato.stanford.edu/entries/simplicity, zuletzt geprüft am 30.5.2013.

Bateson, Gregory (2000): Steps to an ecology of mind. Chicago: University of Chicago Press.

Baudrillard, Jean (1994): Zeit und Kommunikation. Jean Baudrillard im Gespräch mit Eckhard Hammel. In: *Information Philosophie* 5 (Dezember), S. 12–16.

Bauer, Joachim (2008): Prinzip Menschlichkeit. Warum wir von Natur aus kooperieren. Aktualisierte Taschenbucherstausg. München: Heyne.

Baumgartner, Peter (1993): Der Hintergrund des Wissens. Vorarbeiten zu einer Kritik der programmierbaren Vernunft. Klagenfurt: Kärntner Druck- und Verlagsgesellschaft.

Baumgartner, Peter; Götschl, Johann (2010): (Kurz)bericht zur 3. Forschungswerkstatt "Emergenz in den Bildungswissenschaften". Donau Universität Krems. Online verfügbar unter http://www.donau-uni.ac.at/imperia/md/content/department/imb/forschung/kurzbericht_fowe3.pdf, zuletzt geprüft am 30.5.2013.

Baumgartner Hans-Michael; Höffe, Ottfried (2001): Zur Funktion der Philosophie in Wissenschaft und Gesellschaft. In: Kurt Salamun (Hg.): Was ist Philosophie? Neuere Texte zu ihrem Selbstverständnis. 4., verb. und erw. Tübingen: Mohr Siebeck, S. 303–314.

Beckermann, Ansgar (2001): Zur Inkohärenz und Irrelevanz des Wissensbegriffs. Plädoyer für eine neue Agenda in der Erkenntnistheorie. In: *Zeitschrift für philosophische Forschung* 55 (4), S. 571–593.

Benkler, Yochai (2007): The wealth of networks. How social production transforms markets and freedom. New Haven, Conn: Yale University Press.

Bentham, Jeremy (1843): The Works of Jeremy Bentham. 11 Bände. Hg. v. John Bowring. Edinburgh: William Tait (4).

Berger, Roland (2006): Innovation als Grundlage des Wachstums von Wirtschaft, Beschäftigung und Wohlstand. In: Nikolaus Schweickart u. Armin Töpfer (Hg.): Wertorientiertes Management, Teil 2. Berlin/Heidelberg: Springer-Verlag, S. 139–156.

Berners-Lee, Tim (2006): developerWorks Interviews - Tim Berners-Lee. Unter Mitarbeit von Scott Laningham. developerWorks. Online verfügbar unter http://www.ibm.com/developerworks/podcast/dwi/cm-int082206txt.html, zuletzt geprüft am 30.5.2013.

Berners-Lee, Tim (2009): Putting Government Data online. Online verfügbar unter http://www.w3.org/DesignIssues/GovData.html, zuletzt geprüft am 30.5.2013.

Bieber, Florian (2000): Cyberwar or Sideshow? The Internet and the Balkan Wars. In: *Current History* 99 (635), S. 124–128.

Bitkom (2010): Bald mehr als fünf Milliarden Mobilfunkanschlüsse. Online verfügbar unter http://www.bitkom.org/de/markt_statistik/64046_64681.aspx, zuletzt geprüft am 30.5.2013.

Blazek, Paul (1999): Strategische Überlegungen in Singapur. In: *Pacific News* 12 (Februar/März). Online verfügbar unter http://www.pacific-news.de/pn12/stratsing.html, zuletzt geprüft am 30.5.2013.

Born, Rainer (2001): Was kann und soll es bedeuten, in Zusammenhang mit Wissensmanagement und Cognitive Science von "Wissen" zu sprechen? In: Rainer P. Born und Otto Neumaier (Hg.): Philosophie, Wissenschaft, Wirtschaft. Miteinander denken - voneinander lernen. Akten des VI. Kongresses der Österreichischen Gesellschaft für Philosophie, Linz, 1. - 4. Juni 2000. Wien: ÖBV & HPT (Schriftenreihe der Österreichischen Gesellschaft für Philosophie, 4), S. 528–533.

Boule, Michelle (2011): Mob Rule Learning. Camps, Unconferences, and Trashing the Talking Head. Medford, New Jersey: Cyber Age Books.

Bourdieu, Pierre (1998): Praktische Vernunft. Zur Theorie des Handelns. Frankfurt am Main: Suhrkamp (Edition Suhrkamp, 1985 = N.F., 985).

Bourdieu, Pierre (1999): Sozialer Sinn. Kritik der theoretischen Vernunft. 3. Aufl. Frankfurt am Main: Suhrkamp.

Brandenburger, Adam; Nalebuff, Barry (2008): Coopetition - kooperativ konkurrieren. Mit der Spieltheorie zum Geschäftserfolg. 2. Aufl. Eschborn: Rieck.

Brockman, John (Hg.) (2011): Wie hat das Internet Ihr Denken verändert? Die führenden Köpfe unserer Zeit über das digitale Dasein. Frankfurt am Main: Fischer-Taschenbuch-Verl.

Bruck, Peter A.; Sloterdijk, Peter (2005): Inhalts-Manna aus der Pfingstmaschine. Ein Gespräch. In: *Die Furche Dossier* (22).

Bruns, Axel (2008): Blogs, Wikipedia, Second Life, and beyond. From production to produsage. New York, NY; [u.a.]: Lang.

Bruns, Axel (2008): Life beyond the public sphere - Towards a networked model for political deliberation. In: *Information Polity: The International Journal of Government & Democracy in the Information Age* 13 (1-2), S. 65–79.

Bruns, Axel; Burgess, Jean (2011): The Use of Twitter Hashtags in the Formation of Ad Hoc Publics. Paper presented at the European Consortium for Political Research conference. Online verfügbar unter http://snurb.info/files/2011/The%20Use%20of%20Twitter%20Hashtags%20in%20the%20Formation%20of%20Ad%20Hoc%20Publics%20(final).pdf, zuletzt geprüft am 30.5.2013.

Bundesverband Digitale Wirtschaft (BVDW) e.V. (Hg.) (2012): Trends der digitalen Wirtschaft in Zahlen. Daten und Fakten aus der BVDW-Studiensammlung im Überblick. Düsseldorf. Online verfügbar unter http://www.bvdw.org/mybvdw/media/download/bvdw-studie-trends-der-digitalen-wirtschaft.pdf?file=2372, zuletzt geprüft am 30.5.2013.

Caillé, Alain (2006): Weder methodologischer Holismus noch methodologischer Individualismus – Marcel Mauss und das Paradigma der Gabe. In: Stephan Moebius, Christian Papilloud (Hg.): Gift – Marcel Mauss´ Kulturtheorie der Gabe. Wiesbaden: VS Verlag für Sozialwissenschaften 2006.

Caraca, Joao (2003): Introductory note: Novelty, knowledge and learning. In: Pedro Conceição, M. V. Heitor und Bengt-Åke Lundvall (Hg.): Innovation, competence building, and social cohesion in Europe. Towards a learning society. Cheltenham, UK; Northampton, MA: Edward Elgar, S. 19–23.

Castells, Manuel (2004): Das Informationszeitalter. Wirtschaft, Gesellschaft, Kultur. Unveränd. Studienausg. der 1. Aufl. Opladen: Leske + Budrich (8259).

Chien-Lee, Wang; Krumm, John (2011): Trajectory Processing. In: Yu Zheng und Xiaofang Zhou (Hg.): Computing with spatial trajectories. New York: Springer Science+Business Media, LLC, S. 3–34.

Craig, Edward; Vossenkuhl, Wilhelm (1993): Was wir wissen können. Pragmatische Untersuchungen zum Wissensbegriff. Wittgenstein-Vorlesungen der Universität Bayreuth. Frankfurt am Main: Suhrkamp.

Därmann, Iris (2010): Theorien der Gabe zur Einführung. Hamburg: Junius.

Darnton, Robert (2010): The Library. Three Jeremiads. In: *The New York Review of Books*. Online verfügbar unter http://www.nybooks.com/articles/archives/2010/dec/23/library-three-jeremiads/?pagination=false, zuletzt geprüft am 30.5.2013.

Derrida, Jacques (1993): Falschgeld. München: Fink (Zeit geben, 1).

Deutsche Gesellschaft für die Vereinten Nationen (Hg.) (2010): Der wahre Wohlstand der Nationen. Wege zur menschlichen Entwicklung. Jubiläumsausgabe zum 20. Erscheinen. Bonn: UNO-Verl.

Drucker, Peter F. (2005): Management im 21. Jahrhundert. 4. Aufl. München: Econ.

Ebersbach, Anja (2011): Bekannte Theorien zu sozialen Netzwerken – von Milgram bis McAfee. Online verfügbar unter http://blog.hallowelt.biz/2011/03/09/bekannte-theorien-zu-sozialen-netzwerken-von-milgram-bis-mcafee/, zuletzt aktualisiert am 09.3.2011, zuletzt geprüft am 30.5.2013.

Ebersbach, Anja; Glaser, Markus; Heigl, Richard (2008): Wiki-Tools. Wiki. Kooperation im Web. 2. Aufl. Berlin: Springer.

Eigner, Christian; Nausner, Peter (Hg.) (2003): Willkommen „Social Learning"! In: Graggober, Marion; Ortner, Johann; Sammer, Martin (Hg.): Wissensnetzwerke. Konzepte, Erfahrungen und Entwicklungsrichtlinien. Wiesbaden: Deutscher Universitäts-Verlag. S. 389-429.

Van Eimeren, Birgit; Frees, Beate (2012): 76 Prozent der Deutschen online - Neue Nutzungssituation durch mobile Geräte. Ergebnisse der ARD/ZDF-Onlinestudie 2012. In: Media Perspektiven 7-8/2012, S. 362-379. Online verfügbar unter http://www.ard-zdf-onlinestudie.de/fileadmin/Onlinestudie_2012/0708-2012_Eimeren_Frees.pdf, zuletzt geprüft am 30.5.2013.

Ein Brocken bröckelt. Bertelsmann übernimmt Brockhaus (2008). In: *sueddeutsche.de* 2008, 17.12.2008. Online verfügbar unter http://www.sueddeutsche.de/kultur/bertelsmann-uebernimmt-brockhaus-ein-brocken-broeckelt-1.372797, zuletzt geprüft am 30.5.2013.

Eppler, Martin J. (2000): Michael Polanyis post-kritische Philosophie und deren Konsequenzen für das Management von Wissen im universitären, betrieblichen und persönlichen Kontext. In: Jürgen Mittelstraß (Hg.): Die Zukunft des Wissens. XVIII. Deutscher Kongress für Philosophie, Konstanz 1999 : Workshop-Beiträge. XVIII. Deutscher Kongress für Philosophie. Konstanz: UVK; Akademie Verlag.

Europäische Kommission (Hg.) (2010): Bewertung der Lissabon-Strategie. Europäische Kommission. Brüssel (Arbeitsdokument der Komissionsdienststellen, SEK(2010) 114 endgültig).

Europäische Kommission (Hg.) (2010): Europa 2020. Eine Strategie für intelligentes, nachhaltiges und integratives Wachstum. Europäische Kommission. Brüssel (Mitteilung der Kommission). Online verfügbar unter http://eur-lex.europa.eu/LexUriServ/LexUriServ.do?uri=COM:2010:2020:FIN:DE:PDF, zuletzt geprüft am 30.5.2013.

Evers, Hans-Dieter; Gerke, Solvay; Schweißhelm, Rebecca (2004): Malaysia, Singapur, Indonesien. Wege zur Wissensgesellschaft. Hg. v. Universität Bonn, Department of Southeast Asian Studies. Bonn (Southeast Asian Studies Working Paper, 20). Online verfügbar unter http://edoc.hu-berlin.de/evifa/article/evers-2004-01-01/PDF/evers.pdf, zuletzt geprüft am 30.5.2013.

Falk, Armin (2007): Gift Exchange in the Field. In: *Econometrica* 75 (5), S. 1501–1511.

Feichtinger, Johannes; Mitterbauer, Helga; Scherke, Katharina (2004): Interdisziplinarität – Transdisziplinarität. Zu Theorie und Praxis in den Geistes- und Sozialwissenschaften. In: *newsletter MODERNE* 7 (2), S. 11–16. Online verfügbar unter http://www-gewi.uni-graz.at/moderne/heft13s.htm#s6, zuletzt geprüft am 30.5.2013.

Feyerabend, Paul (1980): Erkenntnis für freie Menschen. Veränderte Ausgabe. Frankfurt/M. (Edition Suhrkamp, 1011).

Feyerabend, Paul (1987): Farewell to reason. London: Verso.

Florey, Ernst (1996): Gehirn und Zeit. In: Siegfried Josef Schmidt (Hg.): Gedächtnis. Probleme und Perspektiven der interdisziplinären Gedächtnisforschung. 3. Aufl. Frankfurt am Main: Suhrkamp, S. 170–189.

Foerster, Heinz von (1993a): KybernEthik. Berlin: Merve-Verl.

Foerster, Heinz von (1993b): Wissen und Gewissen. Versuch einer Brücke. Frankfurt am Main: Suhrkamp (Suhrkamp-Taschenbuch Wissenschaft, 876).

Foerster, Heinz von (1987): Erkenntnistheorien und Selbstorganisation. In: Der Diskurs des Radikalen Konstruktivismus. Frankfurt/M. 1987. (=Suhrkamp-Taschenbuch Wissenschaft, 636).

Foerster, Heinz von (2003): Understanding understanding. Essays on cybernetics and cognition. New York: Springer.

Foucault, Michel (1977): Überwachen und Strafen. Frankfurt am Main: Suhrkamp.

Foucault, Michel(1973): Archäologie des Wissens. Frankfurt am Main: Suhrkamp.

Garton, Laura; Haythornthwaite, Caroline; Wellman, Barry (1997): Studying Online Social Networks. In: *Journal of Computer-Mediated Communication* 3 (1).

Geißler, Cornelia: Was sind ...Social Media? (2010). In: *Harvard Business Manager* (September), S. 31.

Gettier, Edmund (1963): Is Justified True Belief Knowledge? In: *Analysis* 23 (6), S. 121–123. Online verfügbar unter http://www.ditext.com/gettier/gettier.html, zuletzt geprüft am 30.5.2013.

Ghonim, Wael (2012): Revolution 2.0. Wie wir mit der ägyptischen Revolution die Welt verändern. Berlin: Econ.

Gibbons, Michael [u.a.] (1997): The new production of knowledge. The dynamics of science and research in contemporary societies. London: Thousand Oaks; New Delhi: Sage Publications.

Giddens, Anthony (1999): Soziologie. 2., überarb. Graz [u.a.]: Nausner & Nausner.

Giles, Jim (2005): Internet encyclopaedias go head to head. In: *news@nature* 438 (7070), S. 900–901.

Global Information Technology Report (2012). Hg. v. World Economic Forum. Datenplattform abrufbar unter http://www.weforum.org/issues/global-information-technology/gitr-2012-data-platform, zuletzt geprüft am 30.5.2013.

Göbel, Markus; Ortmann, Günther; Weber, Christiana (2007): Reziprozität. Kooperation zwischen Nutzen und Pflicht. In: Georg Schreyögg und Jörg Sydow (Hg.): Kooperation und Konkurrenz. Wiesbaden: Gabler, S. 161–206.

Goldenfeld, Nigel (2011): Denken wie das Internet, denken wie die Biologie. In: John Brockman (Hg.): Wie hat das Internet Ihr Denken verändert? Die führenden Köpfe unserer Zeit über das digitale Dasein. Frankfurt, M: Fischer-Taschenbuch-Verl, S. 251–254.

Götschl, Johann (1986): Wozu eine Bibliographie der Geisteswissenschaften? Aspekte einer wissenschaftstheoretischen Antwort. In: Günter Bernhard (Hg.): Bibliographie, Geisteswissenschaftliche Fakultät, Karl-Franzens-Universität Graz. Graz: Akad. Dr.- und Verl.-Anst, S. xv-xx.

Götschl, Johann (1993): Zur philosophischen Bedeutung des Paradigmas der Selbstorganisation. Implikationen und Voraussetzungen für die Entwicklung eines neuen Bildungsbegriffs. Graz.

Götschl, Johann (2001a): Charakteristika eines evolutiven dynamischen Wissenschaftsbegriffes. Alexander von Humboldt als Vorläufer einer evolutiven Modellierung der Wissenschaftsentwicklung. In: Alexander von Humboldt - Aufbruch in die Moderne. Hg. v. Ottmar Ette [u.a.]. Berlin: Akad.-Verl. (Beiträge zur Alexander-von-Humboldt-Forschung, 21), S. 111–136.

Götschl, Johann (2001b): Introduction. In: Johann Götschl (Hg.): Evolution and progress in democracies. Towards new foundations of a knowledge society. Dordrecht, Netherlands; Boston: Kluwer Academic Publishers, S. 7–39.

Götschl, Johann (2003): Ist alles möglich? – Philosophie als Orientierung? In: Montagsakademie. Graz 2003, S. 78-83.

Götschl, Johann (2005a): Technik und Ethik. Institut für Philosophie; Ludwig Boltzmann Institut für Wissenschaftsforschung Universität Graz. Online verfügbar unter http://lamp.tu-graz.ac.at/~hspt/Joomla/images/stories/studium/technik_und_ethik/techni_ethik_muhr_arbeitsblaetter_ws04_05.pdf, zuletzt geprüft am 26.09.12.

Götschl, Johann (2005b): Theoretische und pragmatische Aspekte von Forschung. In: Erwin Bratengeyer (Hg.): Forschung. Strategien, Programme, Förderungen. Expertenmeeting an der Donau-Universität Krems. Krems: Ed. Donau-Univ. Krems (Round Table Forschung, 1), S. 1–13.

Götschl, Johann (2006): Selbstorganisation: Neue Grundlagen zu einem einheitlichen Realitätsverständnis. In: Miloš Vec (Hg.): Selbstorganisation. Ein Denksystem für Natur und Gesellschaft. Köln, Weimar, Wien: Böhlau, S. 35-65.

Götschl, Johann (2010): Disziplinarität, Interdisziplinarität und Transdisziplinarität. Wissenschaft und Forschung in neuen Spannungsfeldern. In: Werner Lenz (Hg.): Interdisziplinarität - Wissenschaft im Wandel. Beiträge zur Entwicklung der Fakultät für Umwelt-, Regional- und Bildungswissenschaft. Wien: Löcker, S. 93-110.

Götschl, Johann (2012): Zum dynamischen Menschenbild der Gegenwart. Wissenschaftsphilosophische Erkundungen. In: Hilarion Petzold (Hg.): Die Menschenbilder in der Psychotherapie. Interdisziplinäre Perspektiven und die Modelle der Therapieschulen. Wien: Krammer, S. 73–86.

Götschl, Johann; Schinagl Wolfgang (2003): Die "stürmische" Praxis des elektronischen Zeitenbruchs. In: Gigatrends. Erkundungen der Zukunft unserer Lebenswelt. Hg. v. Franz Kreuzer, Wolfgang Mantl und Maria Schaumayer. Wien, Köln, Graz: Böhlau 2003, S. 83-99.

Grassmuck, Volker (2004): Freie Software. Zwischen Privat- und Gemeineigentum. 2., korr. Aufl. Bonn: Bundeszentrale für Politische Bildung (Schriftenreihe / Bundeszentrale für Politische Bildung, 458). Online verfügbar unter http://freie-software.bpb.de/Grassmuck.pdf, zuletzt geprüft am 30.5.2013.

Gutounig, Robert u.a (2007a): Wissens- und Erfahrungstransfer. In: Wissensmanagement Forum (Hg.): Das Praxishandbuch Wissensmanagement. Integratives Wissensmanagement. Graz: Verl. der Techn. Univ., S. 144–163.

Gutounig, Robert u.a (2007b) Grundlagen des Wissensmanagements. In: Wissensmanagement Forum (Hg.): Das Praxishandbuch Wissensmanagement. Integratives Wissensmanagement. Graz: Verl. der Techn. Univ., S. 11–28.

Gutounig, Robert (2009): Wissensprozesse in digitalen Netzwerkstrukturen. Dynamische Gleichgewichte und Ungleichgewichte zwischen Anwendungs- und Orientierungswissen. Projektbericht. In: *Erstausgabe* 2, S. 43–54.

Gutounig, Robert (2011): Social Media and Self-Organization. Potentials for Knowledge Processes and Social Change. In: Birgit Hofstätter und Günter Getzinger (Hg.): Proceedings of the 10th Annual IAS-STS Conference on Critical Issues in Science and Technology Studies. 2nd-3rd May 2011: IFZ Eigenverlag.

Gutounig, Robert; Dennerlein, Sebastian; Kraker, Peter; Kaiser, Rene; Rauter, Romana; Ausserhofer, Julian (2013): Assessing Barcamps: Incentives for Participation in Ad-hoc Conferences and the Role of Social Media. In: Proceedings of the 13th International Conference on Knowledge Management and Knowledge Technologies. New York: ACM Press.

Habermas, Jürgen (1990): Strukturwandel der Öffentlichkeit. Untersuchungen zu einer Kategorie der bürgerlichen Gesellschaft. Frankfurt am Main: Suhrkamp.

Habermas, Jürgen (1998): Faktizität und Geltung. Beiträge zur Diskurstheorie des Rechts und des demokratischen Rechtsstaats. Frankfurt am Main: Suhrkamp.

Habermas, Jürgen (2006a): The Public Sphere. In: Robert E. Goodin und Philip Noel Pettit (Hg.): Contemporary political philosophy. 2nd edition. Malden, Mass: Blackwell Publishing, S. 103–106.

Habermas, Jürgen (2006b): Political Communication in Media Society: Does Democracy Still Enjoy an Epistemic Dimension? The Impact of Normative Theory on Empirical Research. In: *Communication Theory* 16 (4), S. 411–426.

Habermas, Jürgen (2008): Kleine politische Schriften. Ach, Europa. Frankfurt am Main: Suhrkamp.

Haderlein, Andreas; Seitz, Janine (2011): Die Netzgesellschaft. Schlüsseltrends des digitalen Wandels. Kelkheim: Zukunftsinstitut.

Haken, Hermann (1996): Konzepte und Modellvorstellungen der Synergetik zum Gedächtnis. In: Siegfried Josef Schmidt (Hg.): Gedächtnis. Probleme und Perspektiven der interdisziplinären Gedächtnisforschung. 3. Aufl. Frankfurt am Main: Suhrkamp.

Hardt, Michael; Negri, Antonio (2004): Multitude. War and democracy in age of empire. London: Hamish Hamilton.

Heinrich, Lutz Jürgen; Heinzl, Armin; Roithmayr, Friedrich (2007): Wirtschaftsinformatik. Einführung und Grundlegung. 3. Aufl. München [u.a.]: Oldenbourg.

Herrmann-Pillath, Carsten (2007): Evolutionsökonomik. In: Rainer Schützeichel (Hg.): Handbuch Wissenssoziologie und Wissensforschung. Konstanz: UVK Verlagsgesellschaft, S. 231–241.

Hetzel, Andreas (2006): Derridas Ethik der Gabe und Marions Phänomenologie der Gebung. In: Stephan Moebius, Christian Papilloud (Hg.): Gift – Marcel Mauss' Kulturtheorie der Gabe. Wiesbaden: VS Verlag für Sozialwissenschaften 2006.

Hillis, Daniel W. (2011): Einleitung. Die Morgenröte der Vernetzung. In: John Brockman (Hg.): Wie hat das Internet Ihr Denken verändert? Die führenden Köpfe unserer Zeit über das digitale Dasein. Frankfurt, M: Fischer-Taschenbuch-Verl, S. 27–31.

Hippel, Eric von; Krogh, Georg von (2003): Open Source Software and the "Private-Collective" Innovation Model: Issues for Organization Science. In: *Organization Science* 14 (2), S. 209–223.

Horkheimer, Max; Adorno, Theodor W. (1988): Dialektik der Aufklärung. Philosophische Fragmente. Ungekürzte Ausg. Frankfurt am Main: Fischer Taschenbuch Verlag.

Huning, Alois (1993): Technik und Menschenrechte. In: Hans Lenk und Günter Ropohl (Hg.): Technik und Ethik. 2. Aufl. Stuttgart: Reclam, S. 245–258.

Ingram, Mathew (2011): Hey Twitter, you are a media entity now — embrace it. GIGAOM. Online verfügbar unter http://gigaom.com/2011/09/08/hey-twitter-you-are-a-media-entity-now-embrace-it/, zuletzt geprüft am 30.5.2013.

Isaacson, Walter (2011): Steve Jobs. London: Little, Brown.

Kanitscheider, Bernd (2006): Chaos und Selbstorganisation in Natur- und Geisteswissenschaft. In: Miloš Vec (Hg.): Selbstorganisation. Ein Denksystem für Natur und Gesellschaft. Köln, Weimar, Wien: Böhlau, S. 66–90.

Kant, Immanuel (1917): Der Streit der Fakultäten. Zweiter Abschnitt. Berlin: de Gruyter/Reimer (Gesammelte Schriften. Akademie Ausgabe, 7).

Kelty, Christopher M. (2009): Conceiving Open Systems. In: *Washington University Journal of Law & Policy* (30), S. 139-177.

Kim, Amy Jo (2001): Community building. Strategien für den Aufbau erfolgreicher Web-Communities. Bonn: Galileo Press.

Kocyba, Hermann (2004): Wissen. In: Bröckling, Ulrich; Krasmann, Susanne; Lemke, Thomas (Hg.): Glossar der Gegenwart. Frankfurt am Main: Suhrkamp (Edition Suhrkamp, 2381).

Krämer, Sybille (2008): Medium, Bote, Übertragung. Kleine Metaphysik der Medialität. Frankfurt am Main: Suhrkamp.

Krassmann, Susanne (2007): Epistemologie, Macht und Subjektivierung. In: Rainer Schützeichel (Hg.): Handbuch Wissenssoziologie und Wissensforschung. Konstanz: UVK Verlagsgesellschaft, S. 281–289.

217

Krohn, Wolfgang (2003): Das Risiko des (Nicht-)Wissens - zum Funktionswandel der Wissenschaft in der Wissensgesellschaft. In: Stefan Böschen (Hg.): Wissenschaft in der Wissensgesellschaft. Wiesbaden: Westdt. Verl, S. 97–118.

Kühhirt, Uwe; Rittermann, Marco (2007): Interaktive audiovisuelle Medien. Mit Tabellen. München: Fachbuchverl. Leipzig im Carl Hanser Verl.

Kuhn, Thomas S. (1976): Die Struktur wissenschaftlicher Revolutionen. 2., rev. und um das Postskriptum von 1969 erg. Frankfurt am Main: Suhrkamp (Suhrkamp-Taschenbuch Wissenschaft, 25).

Land Steiermark (2011): Wachstum durch Innovation. Wirtschaftsstrategie Steiermark 2020. Graz.

Laughlin, Patrick R. [u.a.] (2006): Groups Perform Better Than the Best Individuals on Letters-to-Numbers Problems. Effects of Group Size. In: *Journal of Personality and Social Psychology* 90 (4), S. 644–651.

Lehner, Franz (2009): (2009): Wissensmanagagement. Grundlagen, Methoden, technische Unterstützung. 3., akt. u. erw. Auflage. München, Wien.

Lenk, Hans (1993): Über Verantwortungsbegriffe und das Verantwortungsproblem in der Technik. In: Hans Lenk und Günter Ropohl (Hg.): Technik und Ethik. 2. Aufl. Stuttgart: Reclam, S. 112–148.

Lenk, Hans (2001): Perspektiven pragmatischen Philosophierens. In: Kurt Salamun (Hg.): Was ist Philosophie? Neuere Texte zu ihrem Selbstverständnis. 4., verb. und erw. Tübingen: Mohr Siebeck, S. 315–336.

Lenk, Hans; Maring, Matthias (1998): Einleitung: Technikethik und Wirtschaftsethik. In: Hans Lenk und Matthias Maring (Hg.): Technikethik und Wirtschaftsethik. Fragen der praktischen Philosophie. Opladen: Leske + Budrich, S. 7–20.

Li, Charlene; Bernoff, Josh (2010): Facebook, YouTube, Xing & Co. Gewinnen mit Social Technologies. München: Hanser.

Lichtenberg, Frank R. (1993): R&D Investment and International Productivity Differences (NBER Working Paper, 4161). Online verfügbar unter http://www.nber.org/papers/w4161, zuletzt geprüft am 30.5.2013.

Liessmann, Konrad Paul (2006): Theorie der Unbildung. Die Irrtümer der Wissensgesellschaft. Wien: Zsolnay.

Livingstone, Sonia; Ólafsson, Kjartan; Staksrud, Elisabeth (2011): Social Networking, Age and Privacy. EU Kids Online (Hg.). EU Kids Online. Online verfügbar unter http://eprints.lse.ac.uk/35849, zuletzt geprüft am 30.5.2013.

Lobo, Sascha (2011): Der neue Terrorismus kommt aus dem Netz. In: *Spiegel Online*. Online verfügbar unter http://www.spiegel.de/netzwelt/web/0,1518,778089,00.html, zuletzt geprüft am 26.09.2012.

Lorenz, Kuno (1995): Pragmatismus. In: Jürgen Mittelstraß (Hg.): Enzyklopädie Philosophie und Wissenschaftstheorie, Bd. 3. Stuttgart [u.a.]: Metzler, S. 325–327.

Lübbe, Hermann (1996): Zeit-Erfahrungen. Sieben Begriffe zur Beschreibung moderner Zivilisationsdynamik. Stuttgart: Steiner (Abhandlungen der Geistes- und Sozialwissenschaftlichen Klasse / Akademie der Wissenschaften und der Literatur, 1996,5).

Lucko, Sandra; Trauner, Bettina (2002): Wissensmanagement. 7 Bausteine für die Umsetzung in der Praxis. München: Hanser (Pocket-Power, 32).

Luhmann, Niklas (1987): Soziale Systeme. Grundriß einer allgemeinen Theorie. Frankfurt am Main: Suhrkamp (Suhrkamp-Taschenbuch Wissenschaft, 666).

Luhmann, Niklas (1995): Gesellschaftsstruktur und Semantik. Studien zur Wissenssoziologie der modernen Gesellschaft. Frankfurt am Main: Suhrkamp.

Luhmann, Niklas; Kieserling, André (2002): Die Politik der Gesellschaft. Frankfurt am Main: Suhrkamp.

Lycan, William G. (2006): On the Gettier Problem. In: Stephen Cade Hetherington (Hg.): Epistemology futures. Oxford: Clarendon Press, S. 148–168.

Lyotard, Jean-François (1994): Das postmoderne Wissen. 3., unveränd. Neuaufl. Wien: Passagen (Edition Passagen, 7).

Malik, Fredmund (2006): Management und Organisation. Interview mit Fredmund Malik. In: Miloš Vec (Hg.): Selbstorganisation. Ein Denksystem für Natur und Gesellschaft. Köln, Weimar, Wien: Böhlau, S. 199–224.

Masuda, Yoneji (1983): The Information Society as Post-Industrial Society. 2nd U.S. printing. Tokio: World Future Society

Maturana, Humberto R.; Varela, Francisco J. (1987): Der Baum der Erkenntnis. Die biologischen Wurzeln menschlichen Erkennens. Bern: Goldmann.

Mauss, Marcel (1990): Die Gabe. Form und Funktion des Austauschs in archaischen Gesellschaften. Frankfurt am Main: Suhrkamp (Suhrkamp-Taschenbuch Wissenschaft, 743).

Mayntz, Renate (2011): Emergenz in Philosophie und Soziatheorie. In: Jens Greve (Hg.): Emergenz. Zur Analyse und Erklärung komplexer Strukturen. Berlin: Suhrkamp, S. 156–186.

McLuhan, Marshall (1962): The Gutenberg Galaxy. The Making of the Typographic Man. Toronto: University of Toronto Press.

McLuhan, Marshall (2001): Understanding media. Repr. 2008. London: Routledge.

Milgram, Stanley (1967): The small world problem. In: *Psychology Today* (1), S. 60–67.

Miniwatts Marketing Group (2012): Internet World Stats. Online verfügbar unter http://www.internetworldstats.com/stats.htm, zuletzt geprüft am 30.5.2013.

Mit Facebook und Twitter gegen das Regime (2011). In: *derstandard.at*, 17.01.2011. Online verfügbar unter http://derstandard.at/1293370896162, zuletzt geprüft am 30.5.2013.

Mittelstraß, Jürgen (1987): Die Stunde der Interdisziplinarität. In: Jürgen Kocka (Hg.): Interdisziplinarität. Praxis, Herausforderung, Ideologie. Frankfurt am Main: Suhrkamp, S. 152–158.

Mittelstraß, Jürgen (1998): Die Häuser des Wissens. Wissenschaftstheoretische Studien. Frankfurt am Main: Suhrkamp (Suhrkamp-Taschenbuch Wissenschaft, 1390).

Mittelstraß, Jürgen (2000a): Schwere wissenschaftliche Träume oder: Von der theoretischen Einheit zur praktischen Transdisziplinarität. In: *Rechtshistorisches Journal* 19, S. 30–41.

Mittelstraß, Jürgen (2000b): Die Angst und das Wissen - oder was leistet die Technikfolgenabschätzung? In: Annemarie Gethmann-Siefert und Carl Friedrich Gethmann (Hg.): Philosophie und Technik. München: Fink, S. 25–42.

Mittelstraß, Jürgen (2010): Interdisziplinarität. In: Enzyklopädie Philosophie und Wissenschaftstheorie. Stuttgart: Metzler, s.v.

Moebius, Stephan (2009): Die elementaren (Fremd-)Erfahrungen der Gabe. Sozial-theoretische Implikationen von Marcel Mauss' Kultursoziologie der Besessenheit und des „radikalen Durkheimismus" des Collège de Sociologie. In: Berliner Journal für Soziologie (19, 2009), S. 104-126.

Mokyr, Joel (2002): The gifts of Athena. Historical origins of the knowledge economy. Princeton: Princeton Univ. Press.

Münker, Stefan (2009): Emergenz digitaler Öffentlichkeiten. Die Sozialen Medien im Web 2.0. Frankfurt am Main: Suhrkamp.

Musgrave, Alan E. (1993): Alltagswissen, Wissenschaft und Skeptizismus. Eine historische Einführung in die Erkenntnistheorie. Tübingen: J.C.B. Mohr.

Nagel, Thomas (1979): Mortal questions. Cambridge: Cambridge Univ. Press.

Naisbitt, John (1986): Megatrends. 10 Perspektiven, die unser Leben verändern werden. 6. Aufl. Bayreuth: Hestia.

Negroponte, Nicholas (1996): Total digital. Die Welt zwischen 0 und 1 oder die Zukunft der Kommunikation. 3. Aufl. München: Bertelsmann.

Neuweg, Georg Hans (2001): Könnerschaft und implizites Wissen. Zur lehr-lerntheoretischen Bedeutung der Erkenntnis- und Wissenstheorie Michael Polanyis. 2. Aufl. Münster: Waxmann.

Nonaka, Ikujiro; Takeuchi, Hirotaka (1997): Die Organisation des Wissens. Wie japanische Unternehmen eine brachliegende Ressource nutzbar machen. Frankfurt/Main: Campus-Verl.

North, Klaus (2011): Wissensorientierte Unternehmensführung: Wertschöpfung durch Wissen. Wiesbaden: Gabler Verlag.

O'Reilly, Tim (2005): What Is Web 2.0. Design Patterns and Business Models for the Next Generation of Software. O´Reilly. Online verfügbar unter http://oreilly.com/web2/archive/what-is-web-20.html, zuletzt geprüft am 30.5.2013.

Pape, Hans (2009): Pragmatismus. In: Hans Jörg Sandkühler (Hg.): Enzyklopädie Philosophie, Bd. 2. Hamburg: Meiner, S. 2116–2122.

Paulus, Johannes (1991): Enzyklika Centesimus annus seiner Heiligkeit Papst Johannes Paul II. an die Mittbrüder... zum 100. Jahrestag v. Rerum Novarum. Sekretariat d. Dt. Bischofskonferenz. Bonn (Verlautbarungen des Apostolischen Stuhls, 101). Online verfügbar unter http://www.vatican.va/holy_father/john_paul_ii/encyclicals/documents/hf_jp-ii_enc_01051991_centesimus-annus_ge.html, zuletzt geprüft am 30.5.2013.

PC Magazine (Hg.) (2012): Definition of: Amara's law. Online verfügbar unter http://www.pcmag.com/encyclopedia_term/0,1237,t=Amaras+law&i=37701,00.asp, zuletzt geprüft am 30.5.2013.

PGM - Marketing Research Consulting (2011): DigiKids 2011. Kinder und digitale Medien. Ihr Leben im Web 2.0. Hg. v. PGM - Marketing Research Consulting. PGM - Marketing Research Consulting. Wien. Online verfügbar unter http://www.kinderundmedien.at/info-menue/bibliothek/mediennutzung.html, zuletzt geprüft am 30.5.2013.

Platon (1991): Menon. Sämtliche Werke in 10 Bänden. Griechisch und Deutsch. Übers. v. Friedrich D. E. Schleiermacher. Frankfurt am Main [u.a:] Insel Verl.

Polanyi, Michael (1985): Implizites Wissen. Frankfurt am Main: Suhrkamp (/Suhrkamp-Taschenbuch / Wissenschaft] Suhrkamp-Taschenbuch Wissenschaft, 543).

Popper, Karl R. (1976): Logik der Forschung. 6. Aufl. Tübingen: Mohr.

Pörksen, Bernhard (2011): Schlüsselwerke des Konstruktivismus. Wiesbaden: VS Verlag für Sozialwissenschaften.

Postman, Neil (1985): Wir amüsieren uns zu Tode. Urteilsbildung im Zeitalter der Unterhaltungsindustrie. Frankfurt am Main: S. Fischer.

Probst, Gilbert J. B (2012): Wissen managen. Wie Unternehmen ihre wertvollste Ressource optimal nutzen. Unter Mitarbeit von Steffen Raub und Kai Romhardt. 7. Aufl. Wiesbaden: Gabler.

PROJEKT EUROPA 2030. Herausforderungen und Chancen. Bericht der Reflexionsgruppe an den Europäischen Rat über die Zukunft der EU 2030 (2010). Online verfügbar unter http://www.consilium.europa.eu/uedocs/cmsUpload/de_web.pdf, zuletzt geprüft am 30.5.2013.

Pscheida, Daniela (2010): Das Wikipedia-Universum. Wie das Internet unsere Wissenskultur verändert. Bielefeld: Transcript.

Puhl, Klaus (1998): Regelfolgen. In: Eike von Savigny (Hg.): Ludwig Wittgenstein, Philosophische Untersuchungen. Berlin: Akademie Verlag, S. 119–142.

Raffl, Celina: Innovation durch Kooperation. Open Source als Untersuchungsgegenstand der TA. In: Georg Aichholzer, Afons Bora, Stephan Bröchler, Michael Decker, Michael Latzer (Hg.): Technology Governance. Der Beitrag der Technikfolgenabschätzung. Berlin: edition sigma, S. 331-338.

Rapp, Friedrich (1993): Die normativen Determinanten des technischen Wandels. In: Hans Lenk und Günter Ropohl (Hg.): Technik und Ethik. 2. Aufl. Stuttgart: Reclam, S. 31–48.

Raymond, E. S. (2001): The cathedral and the bazaar. Musings on Linux and open source by an accidental revolutionary. Rev. Sebastopol, California: O'Reilly.

Reichenbach, Hans (1983): Gesammelte Werke. 9 Bände. Braunschweig: Vieweg (4).

Reininghaus, Paolo (2004): Digitales Wissensdesign. Wissensgenerierung und Komplexitätsdynamik. Graz, Univ., Diss., 2004.

Reinmann-Rothmeier, Gabi; Mandl, Heinz (2000): Individuelles Wissensmanagement. Strategien für den persönlichen Umgang mit Information und Wissen am Arbeitsplatz. Bern [u.a.] : Huber.

Reinmann, Gabi; Mandl, Heinz (2010): Wissensmanagement und Weiterbildung. In: Rudolf Tippelt (Hg.): Handbuch Erwachsenenbildung, Weiterbildung. 4., durchges. Wiesbaden: VS, Verl. für Sozialwiss., S. 1049–1066.

Resetarits, Andreas (2008): Modellierungen von Regelgenerierungen in digitalen Prozessen. Dissertation. Karl-Franzens-Universität Graz, Graz.

Restivo, Michael; van de Rijt, Arnout; Perc, Matjaz (2012): Experimental Study of Informal Rewards in Peer Production. In: *PLoS ONE* 7 (3), e34358.

Rheingold, Howard (2003): Smart mobs. The Next Social Revolution. Cambridge: Perseus.

Rheingold, Howard (2007): Habermas blows off question about the Internet and the Public Sphere. Online verfügbar unter http://www.smartmobs.com/2007/11/05/habermas-blows-off-question-about-the-internet-and-the-public-sphere/, zuletzt geprüft am 30.5.2013.

Rodrigues, Maria João (2007): For a new cycle of the Lisbon Strategy. MJR Note. Online verfügbar unter http://www.mariajoaorodrigues.eu/L201/Publications.php?-A29&A20=A20, zuletzt geprüft am 30.5.2013.

Rohls, Jan (1999): Geschichte der Ethik. 2., umgearb. und erg. Tübingen: Mohr Siebeck.

Roth, Gerhard (1996): Neuronale Grundlagen des Lernens und des Gedächtnisses. In: Siegfried Josef Schmidt (Hg.): Gedächtnis. Probleme und Perspektiven der interdisziplinären Gedächtnisforschung. 3. Aufl. Frankfurt am Main: Suhrkamp, S. 127–158.

Sabine Saphörster (2004): Mobilisiertes Wissen. In: *Pictures of the Future*, S. 67–70.

Sachsse, Hans (1993): Ethische Probleme des technischen Fortschritts. In: Hans Lenk und Günter Ropohl (Hg.): Technik und Ethik. 2. Aufl. Stuttgart: Reclam, S. 49–80.

Salamun, Kurt (Hg.) (2001): Was ist Philosophie? Neuere Texte zu ihrem Selbstverständnis. 4., verb. und erw. Tübingen: Mohr Siebeck.

Schibany, Andreas; Gassler, Helmut (2003): Interaktion und Netzwerke zwischen Wissenschaft und Wirtschaft. In: Marion Graggober (Hg.): Wissensnetzwerke. Konzepte, Erfahrungen und Entwicklungsrichtungen. Wiesbaden: Deutscher Universitäts-Verlag.

Schick, Hagen (2002): Theorieprobleme des Wissensmanagements. In: Zeitschrift für Personalforschung 3/2002, S. 433-458.

Schinagl, Wolfgang (2005): Wissensgenerierung im Kontext einer digital-pragmatischen Rationalität. Dissertation an der Karl Franzens Universität Graz 2005.

Schmeda, Elmar (2010): Der kommende Aufstand. 3. Aufl., Nov. 2010. Hamburg: Ed. Nautilus (Nautilus-Flugschrift).

Schmidt, Siegfried Josef (Hg.) (1996): Gedächtnis. Probleme und Perspektiven der interdisziplinären Gedächtnisforschung. 3. Aufl. Frankfurt am Main: Suhrkamp.

Schneider, Ursula (2001a): Die 7 Todsünden im Wissensmanagement. Kardinaltugenden für die Wissensökonomie. Frankfurt am Main: Frankfurter Allgemeine Buch (Unternehmensführung).

Schneider, Ursula (2001b): Rethinking and Retheorizing Tacit Knowledge. In: Rainer P. Born und Otto Neumaier (Hg.): Philosophie, Wissenschaft, Wirtschaft. Miteinander denken - voneinander lernen; Akten des VI. Kongresses der Österreichischen Gesellschaft für Philosophie, Linz, 1. - 4. Juni 2000. Wien: ÖBV & HPT (Schriftenreihe der Österreichischen Gesellschaft für Philosophie, 4), S. 557–573.

Schneider, Ursula (2006): Das Management der Ignoranz. Nichtwissen als Erfolgsfaktor. Wiesbaden: Dt. Univ.-Verl.

Schreiter, Jörg (1990): Pragmatismus. In: Hans Jörg Sandkühler (Hg.): Europäische Enzyklopädie zu Philosophie und Wissenschaften, Bd. 3. Hamburg: Meiner, S. 842–847.

Schützeichel, Rainer (2007): Systemtheoretische Wissenssoziologie. In: Rainer Schützeichel (Hg.): Handbuch Wissenssoziologie und Wissensforschung. Konstanz: UVK Verlagsgesellschaft, S. 258–267.

Shannon, Claude. E (1948): A Mathematical Theory of Communication. In: *The Bell System Technical Journal*, Vol. 27, S. 379–423, 623–656, Juli, Oktober, 1948.

Shirky, Clay (2011): Technology, the Public Sphere, and Political Change. In: *Foreign Affairs* January/February 2011. Online verfügbar unter http://www.foreignaffairs.com/articles/67038/clay-shirky/the-political-power-of-social-media, zuletzt geprüft am 30.5.2013.

Simon, Fritz B.; Clement, Ulrich; Stierlin, Helm (2004): Die Sprache der Familientherapie. Ein Vokabular ; kritischer Überblick und Integration systemtherapeutischer Begriffe, Konzepte und Methoden. 6., überarb. und erw. Aufl. Stuttgart: Klett-Cotta.

Singer, Peter (1994): Praktische Ethik. 2. rev. und erw. Aufl. Stuttgart: Reclam.

Socialbakers (Hg.) (2011): World Continents Facebook Statistics. Online verfügbar unter http://www.socialbakers.com/countries/continents?worldInterval=last-week#world-intervals, zuletzt geprüft am 08.09.2011.

Social Media Statistiken (2013): Quartalszahlen. Immer mehr Menschen nutzen Facebook nur noch mobil. Social Media Statistiken (Hg.). Hattersheim. Online verfügbar unter http://www.socialmediastatistik.de/facebook-immer-mehr-menschen-nutzen-ausschliesslich-mobil/, zuletzt geprüft am 30.5.2013.

Stadler, Michael; Kruse, Peter (1996): Visuelles Gedächtnis für Formen und das Problem der Bedeutungszuweisung in kognitiven Systemen. In: Siegfried Josef Schmidt (Hg.): Gedächtnis. Probleme und Perspektiven der interdisziplinären Gedächtnisforschung. 3. Aufl. Frankfurt am Main: Suhrkamp, S. 250–266.

Stalder, Felix (2006): Manuel Castells. The theory of the network society. Repr. Cambridge [u.a.]: Polity.

Stallman, Richard (2010): Free software, free society. Selected essays of Richard M. Stallman. Boston, MA: SoHo Books.

Stehr, Nico (2001): A World Made Of Knowledge. In: *Society* 39 (1), S. 89–92.

Stephan, Achim (2005): Emergenz. Von der Unvorhersagbarkeit zur Selbstorganisation. 2., unveränd. Paderborn: Mentis.

Stephan, Achim (2006): Zur Rolle des Emergenzbegriffs in der Philosophie des Geistes und in der Kognitionswissenschaft. In: Dieter Sturma (Hg.): Philosophie und Neurowissenschaften. Frankfurt am Main: Suhrkamp, S. 146–166.

Stephan, Achim (2011): Emergenz in sozialen Systemen. In: Jens Greve (Hg.): Emergenz. Zur Analyse und Erklärung komplexer Strukturen. Berlin: Suhrkamp, S. 133–155.

Stewart, Thomas A. (1998): Der vierte Produktionsfaktor. Wachstum und Wettbewerbsvorteile durch Wissensmanagement. München: Hanser.

Stocker, Alexander; Tochtermann, Klaus (2010): Wissenstransfer mit Wikis und Weblogs. Fallstudien zum erfolgreichen Einsatz von Web 2.0 in Unternehmen. Wiesbaden: Gabler.

Sullivan, Andrew (2011): Tunisia's Wikileaks Revolution. In: *The Atlantic*. Online verfügbar unter http://andrewsullivan.theatlantic.com/the_daily_dish/2011/01/tunisias-wikileaks-revolution.html, zuletzt geprüft am 30.5.2013.

Suominen, Jaakko (2009): Cultural Appropriation of the Internet. In: Soziale Technik 3/2009, S. 17-18.

Sveiby, Karl Erik (1998a): Wissenskapital. Das unentdeckte Vermögen. Immaterielle Unternehmenswerte aufspüren, messen und steigern. Landsberg/Lech: Verl. Moderne Industrie.

Sveiby, Karl Erik (1998b): What is Information? Online verfügbar unter http://www.sveiby.com/articles/Information.html, zuletzt geprüft am 30.5.2013.

Sveiby, Karl Erik; Lloyd, Tom (1990): Das Management des Know-how. Führung von Beratungs-, Kreativ- und Wissensunternehmen. Frankfurt/Main: Campus-Verl.

Taureck, Bernhard H. F. (1997): Michel Foucault. Orig.-Ausg. Reinbek bei Hamburg: Rowohlt.

The Editors of Tom's Hardware (Hg.) (2006): 9/11 and the Internet: Limits and opportunities. tom´s hardware. Online verfügbar unter http://www.tomshardware.com/reviews/eleveln-internet,1863.html#, zuletzt geprüft am 30.5.2013.

Thompson Klein, Julie (1994): Notes Toward a Social Epistemology of Transdisciplinarity. Vortrag für den 1. Weltkongress der Transdisziplinarität. Arrábida. Online verfügbar unter http://basarab.nicolescu.perso.sfr.fr/ciret/bulletin/b12/b12c2.htm, zuletzt geprüft am 30.5.2013.

Tierschützer boykottieren McDonalds und Adidas. Hundetötung in der Ukraine (2011). In: *Focus online*, 23.11.2011. Online verfügbar unter http://www.focus.de/panorama/welt/hundetoetung-in-der-ukraine-tierschuetzer-boykottieren-mcdonalds-und-adidas_aid_686899.html, zuletzt geprüft am 30.5.2013.

Toffler, Alvin (1983): Die dritte Welle, Zukunftschance. Perspektiven für die Gesellschaft des 21. Jh. München: Goldmann.

Tongia, Rahul; Wilson Ernest J. [III] (2007): Turning Metcalfe on his Head: The Multiple Costs of Network Exclusion. Department of Engineering and Public Policy (Hg.) (Paper, 120). Online verfügbar unter http://repository.cmu.edu/epp/120, zuletzt geprüft am 30.5.2013.

Tunis Agenda for the Information Society (2005). Online verfügbar unter http://www.itu.int/wsis/docs2/tunis/off/6rev1.html, zuletzt geprüft am 30.5.2013.

Ugander, Johan [u.a.] (2011): The Anatomy of the Facebook Social Graph. Online verfügbar unter http://arxiv.org/pdf/1111.4503, zuletzt geprüft am 30.5.2013.

Unesco (2005): Towards knowledge societies. Paris.

Vec, Miloš (Hg.) (2006): Selbstorganisation. Ein Denksystem für Natur und Gesellschaft. Köln, Weimar, Wien: Böhlau.

Verordnung der österreichischen Bundesministerin für Wissenschaft und Forschung über die Wissensbilanz (BGBl. II Nr. 216/2010).

Vetter, Rolf; Wiesenbauer, Ludwig (1995): Vernetzte Organisationen. Projektorientierte Unternehmensführung als Weg aus der Krise. Wiesbaden: Gabler.

Wallner, Regina (2008): Wissenschaftsphilosophische Grundlagen für ein integraleres Verständnis von Nachhaltigkeit. Dipl.-Arb. Karl-Franzens-Universität Graz, Graz. Institut für Philosophie.

223

Warta, Alexander (2010): Kollaboratives Wissensmanagement in Unternehmen. Indikatoren für Erfolg und Akzeptanz am Beispiel von Wikis. Diss. Universität Konstanz, Konstanz. Online verfügbar unter http://d-nb.info/1008628026/34, zuletzt geprüft am 30.5.2013.

Weber, Susanne; Jütte, Wolfgang (2006): Kooperations- und Netzwerkmanagement. Bielefeld: Bertelsmann W (Studientexte für Erwachsenenbildung).

Wellman, Barry; Giulia, Milena (2002): Virtual communities as communities: Net surfers don't ride alone. In: Marc A. Smith und Peter Kollock (Hg.): Communities in cyberspace. London; New York: Routledge, S. 167–194.

Welsch, Johann (2005): Innovationspolitik. Eine problemorientierte Einführung. Wiesbaden: Gabler.

Wersig, Gernot (1974): Information, Kommunikation, Dokumentation. Ein Beitrag zur Orientierung der Informations- und Dokumentationswissenschaft. 2. Aufl. Pullach bei München: Verl. Dokumentation (Beiträge zur Informations- und Dokumentationswissenschaft, 5).

Wikipedia (2013a): Wikipedia:About. Online verfügbar unter http://en.wikipedia.org/wiki/Wikipedia:About, zuletzt geprüft am 30.5.2013.

Wikipedia (2013b): Wikipedia:Grundprinzipien. Online verfügbar unter http://de.wikipedia.org/wiki/Wikipedia:Grundprinzipien#Zentrale_Grundprinzipien_der_Wikipedia, zuletzt geprüft am 30.5.2013.

Wikipedia (2013c): Wikipedia:Keine Theoriefindung. Online verfügbar unter http://de.wikipedia.org/wiki/Wikipedia:Keine_Theoriefindung, zuletzt geprüft am 30.5.2013.

Wikipedia (2013d): Wikipedia:Artikel über lebende Personen. Online verfügbar unter http://de.wikipedia.org/wiki/Wikipedia:Artikel_%C3%BCber_lebende_Personen zuletzt geprüft am 30.5.2013.

Wikipedia (2013e): Wikipedia:Laientest. Online verfügbar unter http://de.wikipedia.org/wiki/Wikipedia:Laientest, zuletzt geprüft am 30.5.2013.

Wikipedia (2013f): Wikipedia:Gesichtete Versionen. Online verfügbar unter http://de.wikipedia.org/wiki/Wikipedia:Gesichtete_Versionen, zuletzt geprüft am 30.5.2013.

Wikipedia (2013g): Wikipedia:Geschützte Seiten. Online verfügbar unter http://de.wikipedia.org/wiki/Wikipedia:Gesch%C3%BCtzte_Seiten, zuletzt geprüft am 30.5.2013.

Wikipedia (2013h): Wikipedia. Online verfügbar unter http://de.wikipedia.org/wiki/Wikipedia, zuletzt geprüft am 30.5.2013.

Wikipedia: "Leute informieren, die keine Information haben" (2011). In: Der Standard, 15.01.2011, S. 19.

„Wikipedia sehen wir nicht als Konkurrenz" (2009). In: boersenblatt.net 2009, 27.01.2009. Online verfügbar unter http://www.boersenblatt.net/303697/, zuletzt geprüft am 30.5.2013.

Wikipedia Statistik (2013): Article count (official). Zachte, Eric (Hg.). Online verfügbar unter http://stats.wikimedia.org/EN/TablesArticlesTotal.htm, zuletzt geprüft am 30.5.2013.

Willke, Helmut (2001a): Systemisches Wissensmanagement. 2. Aufl. Stuttgart: Lucius & Lucius.

Willke, Helmut (2001b): Systemtheorie III: Steuerungstheorie. 3. Aufl. Stuttgart 2001. (=UTB für Wissenschaft. Uni-Taschenbücher 2047).

Willke, Helmut (2004): Einführung in das systemische Wissensmanagement. Heidelberg: Carl-Auer-Systeme Verlag.

Wimmer, Reiner (1995): Habermas. In: Jürgen Mittelstraß (Hg.): Enzyklopädie Philosophie und Wissenschaftstheorie, Bd. 3. Mannheim [u.a.], Stuttgart [u.a.]: Bibliograph. Inst; Metzler, S. 249–254.

Winkler, Roland u.a. (2007): Wissensaspekte im Innovationsmanagement. In: Wissensmanagement Forum (Hg.): Das Praxishandbuch Wissensmanagement. Integratives Wissensmanagement. Graz: Verl. der Techn. Univ., S. 44–59.

Wirtschaftsbericht Steiermark 2012 (2013). Im Auftrag der Steiermärkischen Landesregierung. Ausgearbeitet von JOANNEUM RESEARCH Forschungsgesellschaft mbH. POLICIES – Zentrum für Wirtschafts- und Innovationsforschung. Graz.

Wittgenstein, Ludwig (1995): Tractatus logico-philosophicus. Tagebücher 1914 - 1916. Philosophische Untersuchungen. 2. Aufl. Frankfurt am Main: Suhrkamp (Werkausgabe Ludwig Wittgenstein. Bd. 1).

World Bank (2012): worldbank.org. Knowledge Assessment Methodology 2012. Online verfügbar unter http://go.worldbank.org/JGAO5XE940, zuletzt geprüft am 30.5.2013.

Zimmerli, Walther Christoph (2010): Die Universität unterwegs in die Zukunft. In: Werner Lenz (Hg.): Interdisziplinarität - Wissenschaft im Wandel. Beiträge zur Entwicklung der Fakultät für Umwelt-, Regional- und Bildungswissenschaft. Wien: Löcker, S. 37–48.

Abbildungsverzeichnis

VS Forschung | VS Research
Neu im Programm Soziologie

Ina Findeisen
Hürdenlauf zur Exzellenz
Karrierestufen junger Wissenschaft-
lerinnen und Wissenschaftler
2011. 309 S. Br. EUR 39,95
ISBN 978-3-531-17919-3

David Glowsky
Globale Partnerwahl
Soziale Ungleichheit als Motor
transnationaler Heiratsentscheidungen
2011. 246 S. Br. EUR 39,95
ISBN 978-3-531-17672-7

Grit Höppner
Alt und schön
Geschlecht und Körperbilder
im Kontext neoliberaler Gesellschaften
2011. 130 S. Br. EUR 29,95
ISBN 978-3-531-17905-6

Andrea Lengerer
Partnerlosigkeit in Deutschland
Entwicklung und soziale Unterschiede
2011. 252 S. Br. EUR 29,95
ISBN 978-3-531-17792-2

Markus Ottersbach /
Claus-Ulrich Prölß (Hrsg.)
**Flüchtlingsschutz als globale
und lokale Herausforderung**
2011. 195 S. (Beiträge zur Regional-
und Migrationsforschung) Br. EUR 39,95
ISBN 978-3-531-17395-5

Tobias Schröder / Jana Huck /
Gerhard de Haan
Transfer sozialer Innovationen
Eine zukunftsorientierte Fallstudie zur
nachhaltigen Siedlungsentwicklung
2011. 199 S. Br. EUR 34,95
ISBN 978-3-531-18139-4

Anke Wahl
Die Sprache des Geldes
Finanzmarktengagement
zwischen Klassenlage und Lebensstil
2011. 198 S. r. EUR 34,95
ISBN 978-3-531-18206-3

Tobias Wiß
**Der Wandel der
Alterssicherung in Deutschland**
Die Rolle der Sozialpartner
2011. 300 S. Br. EUR 39,95
ISBN 978-3-531-18211-7

Erhältlich im Buchhandel oder beim Verlag.
Änderungen vorbehalten. Stand: Juli 2011.

Einfach bestellen:
SpringerDE-service@springer.com
tel +49 (0)6221 / 3 45 – 4301
springer-vs.de

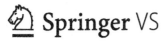
Springer VS

VS Forschung | VS Research
Neu im Programm Erziehungswissenschaft

Gabi Elverich
**Demokratische
Schulentwicklung**
Potenziale und Grenzen einer Handlungs-
strategie gegen Rechtsextremismus
2011. 448 S. Br. EUR 39,95
ISBN 978-3-531-17858-5

Marcel Klaas / Alexandra Flügel / Rebecca
Hoffmann / Bernadette Bernasconi (Hrsg.)
Kinderkultur(en)
2011. 329 S. Br. EUR 34,95
ISBN 978-3-531-16468-7

Sabine Klomfaß
**Hochschulzugang
und Bologna-Prozess**
Bildungsreform am Übergang
von der Universität zum Gymnasium
2011. 360 S. Br. EUR 39,95
ISBN 978-3-531-18127-1

Andreas Knoke / Anja Durdel (Hrsg.)
Steuerung im Bildungswesen
Zur Zusammenarbeit von Ministerien,
Schulaufsicht und Schulleitungen
2011. 166 S. Br. EUR 24,95
ISBN 978-3-531-17888-2

Alexander Lahner
**Bildung und Aufklärung
nach PISA**
Theorie und Praxis außerschulischer
politischer Jugendbildung
2011. 363 S. Br. EUR 49,95
ISBN 978-3-531-18041-0

Andrea Óhidy
**Der erziehungswissenschaft-
liche Lifelong Learning-Diskurs**
Rezeption der europäischen Reform-
diskussion in Deutschland und Ungarn
2011. 239 S. (Studien zur international
vergleichenden Erziehungswissenschaft.
Schwerpunkt Europa – Studies in International Comparative Educational Science.
Focus: Europe) Br. EUR 39,95
ISBN 978-3-531-18113-4

Victor Tiberius
**Hochschuldidaktik
der Zukunftsforschung**
2011. 371 S. Br. EUR 49,95
ISBN 978-3-531-18124-0

Erhältlich im Buchhandel oder beim Verlag.
Änderungen vorbehalten. Stand: Juli 2011.

Einfach bestellen:
SpringerDE-service@springer.com
tel +49 (0)6221 / 345–4301
springer-vs.de

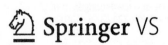 Springer VS

Printed by Printforce, the Netherlands